발해의 문화 2

― 문학 예술 과학기술을 중심으로

발해의 문화 2

· 1판 1쇄 / 2006. 9. 15
· 펴낸이 / 김정숙
· 펴낸곳 / 정토출판
· 지은이 / 방학봉
· 등록번호 / 제22-1008호
· 등록일자 / 1996. 5. 17
· 주소 / 서울특별시 서초구 서초3동 1585-16 (우)137-875
· 전화 / 02-581-0330
· 전송 / 02-587-4077
· 인터넷 / www.jungto.org
· 이메일 / book@jungto.org

ⓒ2006. 정토출판

값 12,000원
ISBN 978-89-85961-45-5 04910
ISBN 89-85961-45-4
ISBN 89-85961-45-X(세트)

발해의 문화 2

— 문학 예술 과학기술을 중심으로

방학봉

정토출판

Ⅰ. 문자와 문학 · 13

발해의 문자 · 14

    1. 발해 문자에 대한 사학계의 몇가지 부동한 견해 · 14

    2. 발해는 한자와 한문을 통용하였다 · 19

    3. 발해는 새 문자를 창제하여 한자 사용의 보충으로 사용하였다 · 27

발해의 문학 · 30

    1. 발해의 문학 작품과 관련되는 자료 · 30

    2. 발해 문학의 발전 · 32

    3. 발해 문학이 높은 수준으로 발전한 조건 · 55

II. 예술 · 59
발해의 음악 · 60
1. 발해 음악 발전의 실황 · 61
2. 발해 음악이 주변 나라들에 준 영향 · 65
3. 발해 음악이 높은 수준으로 발전하게 된 기초와 원인 · 68

발해의 무용 · 78

발해의 회화 · 85
1. 발해 회화에 관한 자료 · 85
2. 정효공주묘 벽화 · 89
3. 3령둔 2호 무덤 벽화 · 112
4. 백묘예술작품 · 113

발해의 공예 · 117
    1. 공예 관리 기관 · 118
    2. 도자기 공예 · 118
    3. 기와와 벽돌 공예 · 147
    4. 금 · 은 공예 · 171
    5. 쇠 · 구리 공예 · 179
    6. 돌 공예 · 191

발해의 조각 · 193
    1. 석등탑 · 193
    2. 대석불 · 197
    3. 돌사자 · 200
    4. 귀부 · 202
    5. 사리함 · 203
    6. 비석 · 209
    7. 향로 · 212
    8. 사자 대가리 · 214
    9. 각종 불상 · 218

Ⅲ. 과학기술 · 223
발해의 천문역법 · 224
발해의 항해기술 · 227
발해의 조선기술 · 231
발해의 의학 · 234
발해의 건축 · 236
1. 발해의 평지도성 · 236
2. 발해의 살림집 건축 · 272
3. 불교 건축 · 276
4. 교량 설계 기술 · 284
5. 24개돌 · 284

[부록1] 발해 세계표 · 300
[부록2] 방학봉 저작일람표(1981~2004) · 302

진정한 발해연구를 위하여

　그리 오래 살진 않았지만 평소 공부에 뜻을 둔 한 보잘것없는 객으로써 나름대로 지론으로 삼고 있는 말이 있다. 박사도 다 같은 박사가 아니며, 학자도 다 같은 학자가 아니라는 것이다. 내 주변에는 공부에 뜻을 둔 많은 사람들이 있다. 그중에는 나이의 많고 적음을 불문하고 정말 존경하고 싶은 사람이 있는 반면, 공부를 더는 안했으면 하는 사람도 있다.

　1992년 발해건축 연구에 뜻을 품고 인천에서 배를 타고 닷새 걸려 중국 연길에 도착했다. 처음 보는 노학자, 처음 보는 진정한 학자가 계셨다. 당시 그 분은 근 3주 정도를 나와 동행하며 발해유적에 대해 많은 것을 느끼고 알게 해 주셨다. 어떠한 대가나 요구도 없이 그저 젊은 연구자가 올바른 연구의 길을 갈 수 있도록 기회를 주신 것이다. 나는 그때 '더는 공부를 안했으면' 하는 부류에 속했던 것 같다. 그러한 나를 지금까지 발해건축 연구에 전념할 수 있도록 기회를 주신 분이 바로 이 책의 저자인 방학봉 선생님이시다. 그때의 그 열정을 지금도 나는 생생하게 기억하고 있다.

　저자는 1952년 연변대학 역사학부를 졸업한 이래 지금까지 발해연구에 모든 인생을 맡기신 분이다. 특히 연변대학에 발해사 연구소를 설립하여 지금까지 200여 편에 가까운 논문들이 나올 수 있도록 몸과 마음을 다 바쳤으며, 저자 본인 스스로도 100여 편의 단행본과 논문을 발표하셨다. 팔순이 얼마 남지 않은 원로 학자로서 중국에서는 발해연구의 최고 권위자이시다. 그 연세에도 불구하고 연구에 전념하시는 모습은 젊은 학자로써 열심히 하지 못하는데 대한 송구스러움과 함께 존경심을 불러 일으키게 한다.

이 책은 『발해의 문화1』에서 다루지 못했던 발해의 문자와 문학, 예술(음악·무용·회화·공예·조각), 과학기술(천문역법·항해·조선·의학·건축) 분야를 다루고 있다. 하나하나 지금이 아니면 정리되지 못할 귀중한 내용들이 소개되어 있다.

특히 건축기술 부분에서는 발해의 도성, 궁전, 관청, 살림집, 묘상, 성곽, 24개돌, 사찰 등 현재 남아 있거나 발굴된 유적을 대상으로 중국, 남북한, 일본의 연구견해를 소개하고 있다. 이와 동시에 어느 한 국가에도 치우치지 않고 객관적 입장에서 발해건축의 특성 및 독자성을 다루고 있어 발해에 관심을 가지고 있는 사람에게는 더할 나위없는 좋은 연구서라고 생각된다. 이러한 성과는 하루아침에 이루어지는 것이 아니라 오랜 시간을 통해 계속적인 관심과 열정을 가지고 있어야 다룰 수 있는 엄청난 작업이기도 하다. 이러한 연구결과는 우리가 알고 있는 발해에 관한 것들을 좀 더 심도 있게 인식함으로써 한국인으로써 발해에 대한 관심을 증폭시킬 수 있는 계기를 제공한다는 점에서도 큰 의의가 있다고 하겠다. 이번 출판이 발해문화에 관한 전반적인 연구가 집대성되는 계기가 될 것이라고 평가하고 싶다.

지금 중국에서는 발해유적이 현대화라는 미명 아래 점점 사라져가고 있는 실정이다. 저자의 말대로 실사구시 방법으로 연구되어야 할 발해연구가 언제까지 지속될지 모르는 현실에서 이번 『발해의 문화2』는 정말 우리에게 귀중한 연구서가 될 것으로 확신한다. 한 가지 바람이 있다면 이 책을 읽는 독자 중에 발해에 대한 진정한 매력과 함께 사라져 가는 발해를 계속 지켜줄 후학들이 나올 수 있는 계기가 되었으면 한다.

2006년 9월
동원대학 실내건축과 이병건

머 리 말

발해는 698년 대조영(大祚榮)이 발해국을 세운 때로부터 926년 말대왕 대인선(大諲譔)이 요(遼)나라의 침입에 의해 망할 때까지 15세대 229년을 경유하였다.

발해는 그가 존속한 전 기간 내에 원유의 기초 위에서 당(唐)나라의 선진 생산기술과 문화를 받아들여 본지역과 본민족의 특점에 맞게 결합시켜 자기의 독특하고 찬란한 문화를 창조하였다. 발해사회의 정치, 경제, 문화는 매우 발전하였으므로 한때 역사에서 《해동성국(海東盛國)》이라고 불리게 되었다.

발해의 사회 경제와 문화가 발전함에 따라 문학, 예술, 과학기술 등 여러 가지 면에서도 상당한 정도로 발전 변화를 일으켜 조국의 문화보고를 풍부히 하였다. 때문에 발해의 문학, 예술, 과학기술을 깊이 있게 연구하여 해명하는 것은 발해사 연구 전반에 있어서 자못 중요한 의의가 있다.

우리나라의 역대 사학자들과 국외의 일부 사학자들은 발해의 문학,

예술, 과학기술에 대해 줄곧 관심을 가져 왔다. 특히 중화인민공화국이 성립된 후 사학자와 고고학자들은 발해의 문학, 예술, 과학기술 등을 더욱 깊이 고찰하고 연구를 진행하여 풍만한 성과를 얻고 힘있게 발해사 연구를 추진하였다. 그러나 아직도 많은 문제들이 해결되지 못하고 있다. 지금까지 단편적인 논문이 몇 편 발표되었을 뿐 깊이 있게 전면적으로 다룬 문장은 없다. 특히 발해의 문학, 예술, 과학기술 등을 전제(專題)로 하여 깊이 연구하여 발표한 저서는 전혀 없다. 하여 발해의 문화, 예술, 과학기술은 해결되지 못한 수수께끼로 남아 있다.

발해의 문학, 예술, 과학기술에 대해 해석할 만한 문헌자료를 발해 자체가 남겨 놓은 것이 거의 없기 때문에 발해의 문학, 예술, 과학기술 등을 연구한다는 것은 매우 어려운 일이다. 그러나 다년간 고고학자들이 심혈을 다해 쌓아놓은 《문물지(文物志)》와 《발굴 보고서》, 일부 연구 문장이 있기에 수수께끼를 풀어나갈 수 있을 것이다.

필자는 선인들이 이미 달성한 성과의 기초 위에서 단편적으로 남아 있는 문헌자료와 고고학 발굴조사 자료에 근거하여 전면적으로 집필하기에 힘썼다. 오늘 《발해의 문자, 문학, 예술, 과학기술》에 관한 소견을 세상에 내놓으면서 앞으로 발해사 연구에 다소 도움이 된다면 천만다행으로 생각하겠다. 자료가 적고 실제조사가 미흡하고 지식 수준의 제한으로 하여 적지 않은 문제점들이 있으리라 짐작된다. 학술계 여러분들의 아낌없는 비평과 조언이 있기를 바란다.

이 책이 세상에 나오기까지 여러 면에서 적극적으로 지지하고 출판비까지 대준 정토회 지도법사 법륜 스님(최석호 선생)에게 충심으로 감사를 드린다.

2006년 9월
연길에서 방학봉

문자와 문학

발해의 문자

　발해의 문자(文字)에 대해 사학계(史學界)에서 오랫동안 연구하여 왔다. 발해사회 내에서 한자(漢子)와 한문(漢文)을 통용(通用)하였다는 문제에 대해서는 자타가 공인하는 바이다. 그러나 발해자체가 자기들의 민족특점에 알맞은 문자를 창제(創製)하여 사용하였는가? 사용하지 않았는가? 하는 문제에 대해서는 같지 않은 두 가지 견해가 쟁론되고 있다. 이 문제는 바로 지금 국내외 사학계에서 연구하고 있는 중요한 과제 가운데 하나이다. 본문은 발해의 역사문헌자료와 발해유지에서 출토된 고고학 자료에 근거하여 나의 견해를 서술하려고 한다.

1. 발해 문자에 대한 사학계의 몇 가지 부동한 견해

　발해의 문자에 대해 토론된 몇 가지 부동한 견해를 인명(人名)별로 소개하면 다음과 같다.

① "발해는 한자(漢字)를 사용한 외 다른 창조적인 자기의 문자를 창제할 만한 기초와 조건이 없었다.······발해민족은 그가 존속한 229년 사이에 자기 본민족의 문자를 창제하지 않았다.······소위 문자가 있었다고 한 것은 한자(漢字)를 사용하였다는 뜻이며 글이 있었다는 뜻이다." [1]

② "······발해는 한자(漢字)를 통용(通用)하였을 뿐 자기의 문자(文字)를 창조하지 않았다." [2]

③ "발해는 관방(官方)에서 한자(漢字)를 통용하였을 뿐······새 문자(新文字)를 창제할 필요가 없었다." [3]

④ "발해사회에서 통용된 문자는 한자이다.······한자 외 丼, 丼 등 두 글자가 보이는데 이는 의심할 바 없이 발해인들이 새로 창조한 글자이다. 발해인들이 새로 창조한 글자는 재래로 사용하던 고유문자, 즉 한자(漢字)의 보충문자이다." [4]

⑤ "발해인들이 한자를 사용하였다는 것은 의심할 바가 못 된다.······그들에게 자체로 만든 특유(特有)한 문자가 있었는가 없었는가 하는 데 대해 아직 정론은 없지만 나의 생각에는 자체(字體)가 특수하고 음(音)과 뜻[意]을 해독(解讀)할 수 없는 글자는 발해 사람들이 창조한 문자일 것이며 매개 글자는 모두 일정한 음(音)과 뜻[意]이 있었을 것이다. 그러나 그는 다만 한자에 대한 일종 보충에 불과했고 한자를 대체하지는 못했을 것이다." [5]

---

1) 이강(李强), 『발해문자를 론함』, 『발해국사』(1), 한국 정음사, 1988년 12월, 157~161쪽. 『발해의 역사와 문화』, 연변인민출판사, 1991년, 305~309쪽.
2) 이전복(李殿福)·손옥량(孫玉良), 『발해국』, 문물출판사, 1987년, 144쪽.
3) 손진기(孫進己), 『당대 발해족의 문화』, 『고구려, 발해 연구집성』, 535쪽.
4) 주국침(朱國忱)·위국충(魏國忠), 『발해사고』, 214~216쪽 흑룡강성 문물출판 편집실, 1984년 214~216쪽.
5) 손수인(孫秀仁), 『당대 발해의 문자와 문자기와』; 왕승례, 류진화 주편, 『발해의 역사와 문화』, 연변인민출판사, 1991년, 287쪽.

⑥ "발해는 한자를 보편적으로 사용하였다. 자체(字體)가 특이하고 지금까지 음[音]과 뜻(意)을 해독할 수 없는 것은 아마 발해 사람들이 자체로 창조한 문자일 것이다. 자체로 창조한 문자는 일종 한자(漢字)에 대한 보충이었을 것이다."[6]

⑦ "발해는……역사적으로 내려오던 한자(漢字)와 한문(漢文)을 주요한 서사도구(書寫道具)로 하였다.……발해는 자기의 민족어를 표기할 수 있는 문자창제(文字創製)의 객관조건이 구비되었다. 그러므로 역사문헌들에서 발해에 문자가 있다고 한 기재(記載)의 문자는 한자(漢字)가 아니라 발해의 문자이다."[7]

⑧ "발해가 사용한 문자는 한자(漢字)이다.……이체자(異體字)와 부호(符號)는 그 수량이 많지는 않지만 이는 발해사람들이 창조한 문자라고 볼 수 있으며 이는 한자(漢字)의 보충으로 쓰였다."[8]

⑨ "발해에서 서사어로는 일반적으로 한자(漢字)와 한문(漢文)을 사용하였으며 이외에는 발해사람들이 한자(漢字) 아닌 특수한 글자를 만들어서 썼다. 이 글자들은 한자 사용의 보충적 수단으로서……그것 자체로서 독립하여 일상생활에 통용하던 글자는 아니다."[9]

⑩ "발해인은 적어도 세 종류의 문자를 사용하였음이 분명하다. 그중에서 첫 번째로 가장 일반적인 문자는 한자(漢字)였다. 발해에 보급된 두 번째 문자(文字)는 8~9세기 위그르 한국(汗國)에서 사용하였던 돌궐(突厥)의 룬(PYbl) 문자였다. 세 번째는 6세기말 신라에서 발명된 《이두(吏讀)》문자에서 힌트를 얻어 만든 제3의 문자이다."[10]

---

6) 진현창(陳顯昌), 『당대의 발해 문자기와』; 손진기 주편, 『고구려발해연구집성』(6), 할빈출판사, 1997년, 624쪽.
7) 최희수(崔羲秀), 『발해문자에 대하여』-이강선생과 상론(商論)함; 『한국전통문화연구』, 1990년 8월 제6집, 효성여자대학교 한국전통문화연구소, 1990년 8월, 124쪽.
8) 정영진(鄭永振)·엄장록(嚴長錄), 『연변고대사간사』, 연변대학교출판사, 2000년, 101~102쪽.
9) 박시형(朴時亨)·송기호(宋基豪) 해제, 『발해사』, 도서출판사, 1989년, 234쪽.
10) 샤브꾸노프, 『로씨아연해주와 발해력사』, 245~247쪽.

이상에서 열거한 10여 명의 관점을 다시 종합 분석해 보면 대략 다음과 같은 세 가지 견해로 귀납된다.

첫째, 발해는 그가 존속한 229년 사이에 한자(漢字)만 사용하였지 자기의 독창적인 문자를 창제하여 사용하지 않았다. 이상에서 열거한 ①, ②, ③은 바로 이에 속한다. 이들이 제기한 주요한 근거는 다음과 같다.

① 건국 전 대조영을 위수로 한 말갈인(靺鞨人)들은 영주(營州-오늘의 요녕성 조양 일대)지방에 거주하는 기간 한문화(漢文化)에 깊이 물들었고 기본상 한화(漢化)하였다.
② 발해는 한자 외 다른 자기의 문자를 창조적으로 창제(創制)할 만한 기초와 조건이 없었다.
③ 발해는 건국 후 한자(漢字)를 통용(通用)하였다. 발해의 상층 통치계층들은 당나라 중앙정부, 일본 천황과의 사이에 왕래한 국서(國書), 표(表), 첩(牒), 장(狀) 그리고 상호간에 읊은 시부(詩賦)는 모두 한문(漢文)으로 표달되었다.
④ 문자기와와 문자벽돌에 새겨진 문자는 대부분이 한자(漢字)이고 해독할 수 없는 '수이자(殊異字)'는 얼마 되지 않는다. 발해유지에서 출토된 문자기와, 문자벽돌에 새겨진 문자는 대부분이 한자이고 일부분이 한자와는 자체(字體)가 다른 문자 별체자(別體字)이며 소량은 부호(符號)이다. 별체자와 잘못 쓰인 것을 제외하면 '수이자(殊異字)'가운데서도 몇 자 남지 않는다. 이렇듯 얼마 되지 않는 '수이자'를 발해인들이 자기들의 어음에 결합시켜 창제한 문자라고 하는 것은 그릇된 견해이다.
⑤ 정혜공주(貞惠公主)와 정효공주(貞孝公主)의 두 비문(碑文)도 모두 한문으로 되어 있다.

둘째, 발해에서 사용한 주요한 통용문자(通用文字)는 한자(漢字), 한문(漢文)이다. 그 외 자기의 민족문자도 창제하여 한자(漢字)의 보충으로 사용하였다. 위에서 열거한 ④,⑤,⑥,⑦,⑧,⑨는 이에 속한다. 이들이 제기한 주요한 근거는 다음과 같다.

1) 원 고구려 사람[原高句麗人]들과 고구려 영향 하의 말갈인들은 한자(漢字)를 사용하였다.
2) 영주 일대에 가서 거주한 대조영 집단도 한자를 사용하였다.
3) 발해유지에서 출토되는 문자기와와 문자벽돌은 발해가 한자를 통용하였다는 것을 실증한다.
4) 당의 선진문화를 적극적으로 받아들였고 당의 선진문화 영향 하에 하나를 통용하였음은 의심할 바 없다.
5) 자체(字體)가 특수하고 음(音)과 뜻[意]을 판독할 수 없는 이체자(異體字)와 부호(符號)는 발해사람들이 창조한 문자일 것이며 매개 자(字)는 모두 일정한 음(音)과 뜻[意]이 있었을 것이다. 그러나 그는 다만 한자에 대한 일종 보충에 불과했고 한자를 대체하지는 못했다.

셋째, 발해는 세 종류의 문자를 사용하였는데 ①은 한자를 통용하였다는 것이고 ②는 돌궐(突厥)의 문자도 사용하였다는 것이며 ③은 이두문자(吏讀文字)를 창제하였다는 것이다. 위에서 열거한 ⑨가 바로 이에 속한다. 그가 제기한 주요한 근거는 세 가지인데 첫째는 문헌자료와 고고학 자료로 보아 발해는 한자를 통용했다. 둘째는 19세기에 남 우쑤리스끄성터에서 발견된 역암(礫岩)에는 돌궐(突厥)의 룬(PYHbI) 문자가 새겨져 있다. 이것은 지금 블라디보스톡의 국립연해주연합지역학박물관에 소장되어 있다. 셋째는 6세기 말 신라에서 발명된 이두(吏讀)문자에서 힌트를 얻어 발해문자를 새로 만들었을 것이다.

이상에서 제기한 세 가지 견해의 공동된 특점은 '발해는 한자를 통용하였다' 는 것이다. 다만 발해는 자기 민족어의 특점에 알맞는 독특한 문자를 새로 창제하여 사용하였는가? 하지 않았는가? 하는 문제에서 분기가 크고 논쟁이 심하다. 이 문제의 해결은 앞으로 심입된 연구가 요구된다.

필자는 의연히 발해는 사회생활에서 한자(漢字)를 통용문자(通用文字)로 사용한 외 또 자기들의 민족어를 표기할 수 있는 독특한 문자를 창제(創製)하여 사용하였다고 본다. 그러나 이 문자는 한자(漢字) 사용의 보충적 수단으로 사용되었을 뿐 그 자체가 한자인 것은 아니었다고 생각한다. 아래에 필자의 견해를 서술하려고 한다. 독자 여러분들의 아낌없는 조언이 있기를 바란다.

2. 발해는 한자와 한문을 통용하였다.

발해 자체가 남겨놓은 문헌자료가 전혀 없기 때문에 발해의 문자(文字)와 서기(書記)에 대해 충분히 이해하기가 매우 어렵다. 그러나 고고발굴사업에 의해 발해유적에서 출토된 고고자료와 일부 국외 문헌자료에 의해 그 대체적인 정황을 찾아 볼 수 있다.

발해는 한자(漢字)와 한문(漢文)을 확실히 통용하였다. 그 주요한 근거는 다음과 같다.

첫째, 『신당서』「발해전」에 "발해는……자못 서계를 알았다(頗知書契)"라 하였고, 『책부원구(冊府元龜)』 956, 종족(種族)에는 "발해의 풍속은 고구려 및 거란(契丹)과 같고 자못 문자 및 서기가 있었다(風俗與高麗及契丹, 頗有文字及書記)"라고 하였다.

서계(書契)는 문자와 그 문자로 기록한 서류를 의미한다. 때문에 서계를 알았다는 말은 문자와 서류를 작성할 줄 알았다는 뜻이다. 바꾸어 말하면 문자와 서류가 있었다는 뜻이다. 『책부원구』에 "자못 문자와 서기가 있었다"라고 한 뜻은 『신당서』「발해전」에 "자못 서계를 알았다"는 문제에 대한 좀 더 구체화된 말이다. 그러므로 『신당서』「발해전」과 『책부원구』의 공동한 뜻은 '발해에 문자와 서기가 있었다' 는 것이다.

둘째, 문자기와, 문자벽돌, 정혜공주와 정효공주의 비문(碑文)을 통해 발해는 한자(漢字)와 한문(漢文)을 통용하였음을 알 수 있다.

상경용천부(上京龍天府-오늘의 흑룡강성 영안시 발해진)와 팔련성(八連城-오늘의 훈춘시 삼가자향 고성촌) 서고성(西古城-화룡시 서성향 북고성촌), 정효공주묘지(貞孝公主墓地-화룡시 용수향 용해촌 용두산), 마적달무덤탑(馬滴達墓塔-훈춘시 마적달향 향소재지 근처)……등 여러 유적지에서 문자기와[文字瓦], 문자벽돌[文字磚]이 많이 출토되었는데 그 가운데서 70~80%는 한자(漢字)이고 나머지 20~30%는 자체(字體)가 특수하고 음(音)과 뜻[意]을 판독할 수 없는 이체자(異體字)와 부호(府號)이다. 예를 들면 정효공주무덤에서 '회방우엄(會邦于广)', '난서(蘭書)', '시뇨산효(屎尿產孝)' 라고 글자를 새긴 문자벽돌 3장이 출토되었고, 1979년 마적달무덤탑을 정리할 때 '한 근 두 량 [一斤二兩]' 이라고 새겨진 문자기와를 발견하였다. 이외 方, 昌, 有, 高, 千, 年, 多, 山, 德, 女, 田, 乙, 丙, 刀, 由十, 保工, 李文, 仏, 珎, 彡, 曰, 乞, 兴, 器, C.., 皿, 囚, 三, ㄨ 등 문자와 부호가 새겨진 문자기와가 많이 출토되었다. 문자기와와 문자벽돌 가운데서 한자(漢字)가 절대다수를 차지한다.

정효공주묘비(貞孝公主墓碑)는 1980년 10월 화룡시 용수향 용해촌 용두산에서 발굴되었다. 정효공주는 발해 제3대 문왕 대흠무(代欽茂)의 넷째 딸이다. 비석은 규형(圭形)이고 화강암으로 만들어졌다. 윗부분은 뾰족하고 밑면이 네모난 것으로 전체 높이는 105cm, 너비는 85cm, 두께는 26cm이다. 글씨체는 해서체(楷書體)로 음각하였다. 비문은 모두 18행으로서 제1행 8자, 제2행 45자, 제3행 43자, 제4행 45자, 제5행 45자, 제6행 44자, 제7행 45자, 제8행 46자, 제9행 45자, 제10행 43자, 제11행 40자, 제12행 39자, 제13행 36자, 제14행 41자, 제15행 43자, 제16행 39자, 제17행 40자, 제18행 41자로 모두 728자이다. 그 가운데 제1행은 비문의 표제이고, 제2행부터 제13행까지는 서문이며, 제14행부터 마지막 제18행까지가 명문 부분이다.

　이보다 앞서 1949년 돈화시 육정산(敦化市 六頂山) 발해 왕실무덤 중에서 문왕 대흠무의 둘째 딸 정혜공주(貞惠公主)의 무덤을 발견하였고 무덤안길에서 정혜공주묘비(貞惠公主墓碑)를 발굴하였다. 이 비문의 글자는 모두 725자인데 그 가운데 234자는 심한 파괴를 입어 알아 볼 수 없었다. 사학가들은 비문을 고증하여 판독하려고 온 힘을 기울여 왔으나 해석하지 못하였으며 계속 어려운 문제로 남아 내려왔다. 그러던 중 1980년 10월 정효공주묘비가 발견됨으로써 난제를 풀 수 있게 되었다. 정혜공주묘지(貞惠公主墓誌)와 정효공주묘지는 개별적인 몇 글자를 제외하고는 그 격식과 내용이 완전히 같아서 두 비문을 대조하여 연구한 결과 정혜공주비문에서 해석할 수 없었던 234자를 거의 다 판독 할 수 있게 되었다. 때문에 정효공주비문을 고역(考譯)하면 정혜공주비문도 따라서 해석할 수 있게 된다. 아래에 정효공주비문을 원문 그대로 소개한다.

발해정효공주묘지(墓誌)

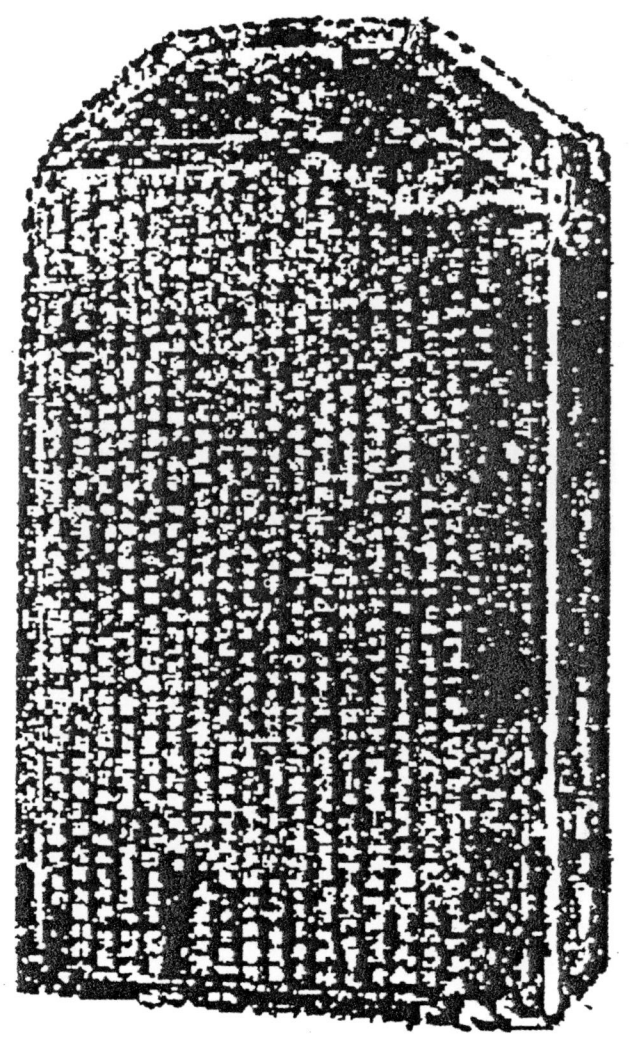

정효공주묘비

정혜공주묘비

정효공주묘지는 '서(序)'와 '명(銘)' 두 부분으로 나누어 기술하였다. '서문'은 공주 일생의 행장을 서술하고 '명문'은 공주에 대한 찬송과 애도를 표시하고 있다.

정효공주비문 728자(字)는 한자(漢字)의 한 서법체(書法體)인 해서체(楷書體)로 새겨졌다. 그러나 그 가운데는 근 10여 개에 달하는 별체자(別體字)도 있다. 예를 들면 '博'자를 '愽', '疆'자를 '壃', '興'자를 '兴', '極'자를 '㱪', '容'자를 '㝐', '喪'자를 '㐮', '筵'자를 '䔖', '卯'자를 '夘' 등으로 새긴 점이다.

모두어 말하면 정효공주묘비문은 한자로 음각한 비문(碑文)이다. 정혜공주묘비문도 한자로 화강암석에 음각한 비문이다.

정효공주비문과 정혜공주비문의 사실로부터 발해왕실 귀족들의 비문(碑文)은 모두 한자로 새겨졌을 것이라고 단정할 수 있다.

셋째, 발해는 당나라, 일본, 신라, 거란 등 주변 나라들과 내왕할 때 쓴 국서(國書), 표(表), 첩(牒), 장(狀), 시문(時文) 등은 모두 한자(漢字)를 사용했고 한문(漢文)으로 상호간의 정황을 알렸고 사상 감정을 표달하였다. 당시 한자(漢字)와 한문(漢文)은 이미 중국을 위수로 한 주변 나라 즉 동방각국에서 통용 문자로 사용되었다. 한자와 한문은 당시 동방 각 국의 국제적 내왕과 교류를 촉진하는 중요한 매개물이었다.

넷째, 일찍 고구려는 한자(漢字)를 광범히 사용하였다. 『삼국사기(三國史記)』권 20「고구려 본기(高句麗 本紀)」에 의하면 소수림왕 2년(기원 372년)에 고구려는 수도 환도성(丸都城-오늘의 길림성 집안현성)에 태학(太學)을 세우고 자제를 교육하였다. 수·당시기에 이르러 관립학교가 상당히 발전하였을 뿐만 아니라 민간(民間)에서도 '사학(私學)'이 점차 발전하기 시작하였는데 '경당(扃堂)'의 학생들은 주로 평민과 일반지주의 자제였다.

고구려 관할 하에 있던 속말말갈(粟末靺鞨)과 백산말갈(白山靺鞨)인들 중에서도 한자를 사용하였다. 고구려인들과 말갈인들 가운데서 한자를 사용한 것은 발해국이 건국한 후 한자(漢字)와 한문(漢文)을 사용하고 통용할 수 있는 충분한 기초가 있었다는 것을 설명하며 발해는 건국 후 바로 이러한 기초 위에서 한자를 통용하였다.

다섯째, 발해는 건국 후 적극적으로 당나라의 선진생산기술과 한자, 한문을 포함한 선진적인 문화를 받아들여 본지구와 본민족의 특점에 알맞게 잘 결합시켜 독창적인 발해문화를 창조하였다.

대조영(大祚榮)은 기원 714년 학문(學問)을 갖춘 '생도(生徒)' 6명을 당나라에 파견하여 수도 장안(長安)에 있는 '태학(太學)'에서 공부하게 하였다. 그 후 역대 왕들도 생도를 당나라에 파견하여 공부하게 했다. 그들은 당조의 '고금 여러 제도를 학습하여[習識古今制度]'[11] 본 국의 문화교육의 발전을 더욱 촉진하였다.

738년 문왕 대흠무는 사신을 당조에 파견하여 『당례(唐禮)』, 『한서(漢書)』, 『진서(晉書)』, 『16국 춘추(春秋)』를 베껴 오게 하였다. 대흠무는 재위 50여 년 동안에 사절단을 54차례나 당조에 파견하였다. 어떤 해에는 4,5차례나 파견하기도 하였다. 대흠무 시기에 파견한 유학생 수는 그 이전 시기보다 많았고 받아들인 내용도 폭 넓었기 때문에 유학생들이 가지고 돌아오는 유가 경전도 갈수록 많아졌다.

이상과 같은 원인으로 하여 한자(漢字)는 관방(官方)의 중요한 통용(通用)문자로 되었을 뿐만 아니라 민간(民間)에도 널리 사용되었으며 당(唐), 일(日), 신라(新羅), 거란(契丹)과의 대외관계에서도 상호왕래와 교

---

11) 『신당서』 「발해전」

류의 주요한 교제공구가 되었다. 이리하여 한자는 발해사회의 통용문자 (通用文字)가 되었을 뿐만 아니라 발해 사회의 전반 경제와 문화적 발전을 촉진함에 있어서 중대한 작용을 하였다.

3. 발해는 새 문자를 창제하여 한자 사용의 보충으로 사용하였다

발해는 한자(漢字)를 통용한 외에 본민족의 실제 정황에 알맞은 문자를 만들어 사용하였다. 문자(文字)는 언어를 기사(記寫)하는 부호이다. 그러므로 한자(漢字)로써 발해 자신이 자기 민족의 언어를 정확하게 기록할 수 없고 자기의 사상 감정을 정확하게 표달(表達)할 수 없었다. 때문에 발해는 한자(漢字)와 구별되는 새로운 문자를 창제하여 자기 민족의 언어와 사상 감정을 정확히 표달하기에 힘썼다.

이와 유사한 사실은 당시 중원지구(中原地區)와 인접해 있었던 각 민족, 나라들과의 관계에서도 표현된다. 그때 한자(漢字)와 한문(漢文)은 발해, 신라, 일본, 요나라, 금나라에서 통용한 주요 문자였다. 그러나 한자(漢字)만으로는 각 민족, 각 국의 실제 정황 즉 각자의 언어와 사상 감정을 정확히 표달할 수 없어 선후하여 새로운 문자를 창제하게 되었다. 예를 들면 신라에서 이두(吏讀), 일본에서 일본문(日本文), 요(遼)와 금(金)에서 거란문(契丹文)과 여진문(女真文)을 창제하였고 장기간 한자와 자기 민족 문자를 함께 썼다.

발해가 자기의 새 문자를 창제하였다는 주요한 근거는 두 가지이다.

첫째, 발해 말기 일본을 방문한 발해 사신 2명은 일본의 연희정(延喜庭)에서 첩, 장(牒, 狀)을 올리었다. 사신 2명의 성명은 茾와 茾였다. 당시 일본에서는 이 두 글자를 아는 사람이 없었다. 다행히 기가(紀家)라

고 하는 한 일본 관원(官員)이 비록 두 글자의 뜻은 알지 못하지만 丼는 オノツブリ丸, 丼는 石ノマブリ丸라고 해석하고 나서 이 두 글자는 이국(異國-발해를 가리킴)에서 만든 글자라고 하였다. 발해사신은 이 해석을 두고 매우 감탄하였다.[12]

丼과 丼는 이때까지 한자에 없던 발해가 새로 창제하여 사용한 글자이며 이미 일본 조정의 승인을 받은 발해문자이다.

둘째는 발해유지에서 해석하기 어려운 '수이자(殊異字)'가 많이 나오는 것이다. 물론 문자기와와 문자벽돌 가운데서 한자(漢字)가 절대 다수를 차지한다. 그 이외 한자를 뒤엎어 썼거나 한자를 잘 못 쓴 것도 있고 한자의 속자(俗字)도 있다. 그러나 '수이자'도 적지 않다. 예를 들면 昻, 卯, 㐲, 延, 甲, 舍, 曰, 乞, 羊, 刋, 写, 借, 市, 化, 平, 兴, 羊, 仏, 文, 又, 羊, 不, 半, 优, 帚, 儿, 之, 写, 敗, 耻, 耂, 佛, 黽, 秎, 孛, 王, 犁, 睸, 切, ㄨ, C., ∴, 皿, 囟, 冄, 脌, ㄨ, 罒, 三, 犭 등이다. 이는 발해가 새로 창제한 문자가 아닌가 생각된다. 이 문제의 해결은 앞으로 발해사에 대한 깊은 연구와 발해 고고사업의 발전을 기다릴 수밖에 없다. 그러나 발해에 '수이자(殊異字)'가 있었다는 것만은 객관 사실이다.

발해가 새로 창제한 문자는 한자(漢字)의 보충한자(補充漢字)인 것이 아니라 독창적인 문자였을 것이다. 丼와 丼 두 글자는 재래의 한자(漢字) 가운데 없는 새로 창제된 글자이다. 이는 발해가 창제한 새 문자는 한자(漢字)의 보충한자인 것이 아니라 독창적인 문자였다는 것을 실증하는 좋은 실례 가운데의 하나이다. 그리고 새로 창제한 문자는 발해인들의 언어와 사상 감정을 충분히 표달하기 위해 만든 것이기 때문에 한자의

---

12) 『발해국지장편』 부유(補遺), 〈홍담초(紅談抄)〉

보충 한자인 것이 아니라 독창적인 문자일 수밖에 없다.

　　모두어 말하면 발해에 문자와 서기가 있었다. 국내와 국제관계 중에서 한자(漢字)가 통용되었고, 한자는 발해문화 발전에서 아주 중요한 작용을 하였다. 발해는 또 자기 민족의 언어와 사상 감정을 충분히 표달하기 위해 새롭고 독창적인 문자를 창제하여 사용하였다.

발해의 문학

1. 발해의 문학 작품과 관련되는 자료

　해동성국 발해는 문학 면에서도 경제, 정치, 문화의 발전과 함께 당시로서는 높은 수준으로 발전하였을 것이라는 것은 자타가 공인하는 바이다. 그러나 발해 자체가 남겨 놓은 문헌 자료가 전혀 없기 때문에 발해 문학의 발전정황을 해석하기에는 어려운 점이 매우 많다.
　발해인들이 남긴 문학 작품들은 중국과 일본의 역사문헌과 발해 고고사업 가운데서 발견된 비문(碑文)등 일부가 있다.
　중국문헌에 남은 것으로는 남송(南宋)의 홍호(洪皓)가 지은 『송막기문(松漠紀聞)』에 실린 「하정표(賀正表)」1편이 있다.[1] 「하정표」는 4・6구(句)의 변려문(騈儷體)형식을 띠고 있고 한 해의 시작을 축복하는 내용을 담고 있다.
　일본의 역사문헌 『일본일사(日本逸史)』, 『일본후기(日本後紀)』, 『속일본기(續日本紀)』, 『삼대실록(三大實錄)』 등에 서(書) 15편, 첩(牒) 7편,

---

1) 홍호, 『송막기문(松漠紀聞)』권 하 ; 김육불, 『발해국지장편』권 18, 표(表).

전(箋) 1편, 장(狀) 1편이 실려 있고『경국집(經國集)』과『문화수려집(文華秀麗集)』,『입당구법순례행기(入唐求法巡禮行記)』등에는 발해인의 시, 9수(首)가 실려 있다.

　비문(碑文)으로는 1949년 돈화시 육정산 발해왕실무덤떼 내의 정혜공주무덤(貞惠公主墓)에서 출토된 정혜공주무덤비문과 1980년 길림성 화룡현 용수향 용해촌 용두산 발해왕실귀족무덤떼(吉林者 和龍縣 龍水鄕 龍海村 龍頭山 渤海王室貴族墓群) 내의 정효공주무덤(貞孝公主墓)에서 출토된 정효공주무덤 비문 두 개가 있다.

　서(書), 첩(牒), 전(箋), 장(狀), 시(詩) 등을 다시 자세히 살펴보면 국서(國書)로는 무왕(武王)이 일본 성무(聖武)천황에게 보낸 것, 문왕이 일본 성무천황에게 보낸 것, 문왕이 일본 순인(淳仁)천황에게 보낸 것, 강왕(康王)이 일본 환무(桓武)천황에게 국상(國喪)을 알린 것, 강왕이 일본 환무천왕에게 왕위를 이어받았음을 알린 것, 강왕이 일본 환무천황에게 보낸 것(정력(正曆) 2년), 강왕이 일본 환무천황에게 보낸 것(정력 4년), 강왕이 일본 환무천왕에게 다시 보낸 것, 정왕(定王)이 일본 차아(嵯峨)천황에게 보낸 것, 선왕(宣王)이 일본 차아천황에게 보낸 것(건흥(建興) 원년), 선왕이 일본 차아천황에게 보낸 것 (건흥 3년), 왕 이진(彛震)이 일본 인명(仁明)천황에게 보낸 것, 왕 이진이 일본 인명천황에게 별장(別狀)으로 보낸 것, 왕 이진이 일본 인명천황에게 보낸 것, 왕 건황(虔晃)이 일본 청화(淸和)천황에게 보낸 것(건황 3년), 왕 현석(玄錫)이 일본 청화천황에게 보낸 것, 왕 현석이 일본 양성(陽成)천황에게 보낸 것 등이 있다.

　첩과 전으로는 발해 중대성(中臺省)이 일본에 보낸 첩(대흥 22년), 사도몽(史都夢)이 일본 광인(光仁)천황에게 올린 전, 중대성이 일본 태정관(太政官)에 보낸 첩(함화(咸和) 11년), 중대성이 일본 태정관에 보낸 첩(함화 18년), 중대성이 일본 태정관에 보낸 첩(건황 원년), 중대성이 일본 태정관에 보낸 첩(건황 14년), 중대성이 일본 태정관에 보낸 첩(현석 5년),

중대성이 일본 태정관에 보낸 첩(현석 20년) 등이 있다.[2]

일본의 『경국집』, 『문화수려집』, 『입당구법순례행기』 중에 발해인들이 지은 시 9수가 남아 있는데 그것들로는 양태사(楊泰師)가 지은 〈밤에 다듬이질 소리를 듣고 지은 시(夜聽擣衣詩)〉, 〈조신 기공에 화답하여 눈을 읊은 시(奉和紀朝臣公咏雪詩)〉, 왕효렴(王孝廉)이 지은 〈칙령을 받들어 궁중잔치에 배석하다(奉敕使陪内宴)〉, 〈봄날에 비를 보고 정자(情字)를 운(韻)으로 하여 지음(春日對雨得情字)〉, 〈변정(邊亭)에서 산꽃을 보고 지어 두 영객사(領客使) 및 자삼(滋三 '滋野貞主')에게 희롱삼아 줌(在邊亭賦得山花戲寄兩領客使並滋三)〉, 〈밝은 달 보고 고향생각 나서 지어 영객사 판상금웅(坂上今雄)과 화답하다(和坂領客對月思鄉之作)〉, 〈운주를 떠나면서 두 칙사에게 정을 드리노라(出雲州書情寄兩敕使)〉, 석인정(釋仁貞)이 지은 〈7일 동안 궁중 연회에 배석하여(七日禁中陪宴)〉, 석정소(釋貞素)가 당에서 지은 〈일본국 내공봉 대덕령선 중(和尚-승려)을 곡하는 시 및 서(序) (器日本國内供奉大德靈仙和尚詩并序)〉등이다.[3]

2. 발해 문학의 발전

(1) 발해 문학의 발전 개황

발해의 문학(文學)은 비교적 높은 수준으로 발전하여 국내는 물론 국외까지 널리 영향이 미치었다. 당나라와 일본인들도 발해의 문학작품과 문인들에 대해 아주 높이 평가하였다.

왕 현석 시기(872~893년)의 발해문인 고원고(高元固)는 당나라를 방

---

2) 표, 서, 첩, 전 등은 김육불, 『발해국지장편』 권 18, 문징(文徵)에 수록되었다.
3) 김육불, 『발해국지장편』 권 18, 문징.

문하였을 때 같은 시기에 과거에 급제한 당나라 시인 서인(徐夤)을 만나러 민중(閩中-복건성 복주)으로 갔다. 그는 서인을 만나 서인이 지은 〈참사검부(斬蛇劍賦)〉, 〈어구수부(御溝水賦)〉, 〈인생기하제부(人生幾何諸賦)〉를 발해 사람들은 집집마다 금으로 써서 병풍을 만들어 놓았다는 말을 전하였다.4) 이는 비록 과장된 것이기는 하지만 발해인들이 문학에 대한 애착과 취향, 열정을 충분히 반영하고 있다.

문학 예술적 재능이 높았던 발해 사람들은 많은 작품들을 창작하였으며 그것들은 이웃 나라로 널리 알려졌고 높은 평가를 받았다.

발해의 한 왕자(王子)가 당나라 서울 장안에 가서 학습하였는데 그의 문학적 재능은 당나라 문인들의 호평을 받았다. 왕자가 귀국하려 할 때 당나라의 저명한 시인 온정균(溫庭筠)은 〈발해왕자를 고국에 보내며[送渤海王子歸國]〉라는 시 한 수를 지어 송별시로 하였다. 그 시의 원문 가운데 다음과 같은 내용이 있다.

疆理雖重海 | 먼 바다 사이 둔 우리 두 나라
詩書本一家 | 수레도 글도 똑 같은 한 집안
盛勳歸舊國 | 그대는 영예지니고
佳句在中華 | 고국에 돌아가나 아름다운 시구를 중화에 남겼어라.5)

이는 발해와 당나라와의 관계 및 발해 문학의 성세를 충분히 반영한다. 발해인들이 남겨놓은 문학작품은 모두 한자와 한문, 한문격식(漢文格式) 특히 당나라 문화의 격식으로 지었고 자기 민족의 독특한 독창적인 문자로 지은 것은 지금까지 찾아 볼 수 없다.

---

4) 김육불, 『발해국지장편』 권 10, 제신렬전, 고원고조(高元固條).
5) 김육불, 『발해국지장편』 권 18, 문징, 시조(詩條).

(2) 한시(漢詩)

예술적 재능이 높은 발해 문인들에 의해 많은 문학작품들이 창작되어 국내에서 널리 감상하게 되었을 뿐만 아니라 멀리 국외까지 널리 알려져 높은 평가를 받았다. 그러나 유감스러운 것은 그 우수한 작품들이 거의 다 없어지고 몇몇 작품만이 중국과 일본의 일부 문헌에 남아있을 뿐이다.

발해인들이 창작한 시가운데서 정소(貞素)가 당나라에서 지은 1수를 제외하고는 모두 일본에 파견한 양태사(楊泰師), 왕효렴(王孝廉) 석인정(釋仁貞), 석정소(釋貞素), 배정(裴頲), 배료(裴璆) 등이 지은 시가 남아 있다.

1) 양태사의 시

8세기 중엽에 지은 양태사(楊泰師)의 시 〈밤에 다듬이 소리를 듣고 [夜聽擣衣]〉는 발해문학의 발전모습을 보여주는 대표적 작품의 하나이다.

이 작품은 시인이 일본에 사신으로 갔을 때에 어디선가 들려오는 다듬이 소리를 듣고 고국과 고향이 그리워 창작한 것이다.

밤에 다듬이 소리를 듣고 | 夜聽擣衣詩

양태사 | 楊泰師

霜天月照夜河明, 客子思歸別有情.
厭坐長宵愁欲死, 忽聞鄰女擣衣聲.
聲來斷續因風至, 夜久星低無暫止.
自從別國不相聞, 今在他鄉聽相似.
不知綵杵重將輕, 不悉青砧平不平.
遙憐體弱多香汗, 預識更心勞玉腕.
爲當欲救客衣單, 爲復先愁閨閣寒.
雖忘容儀難可問, 不知遙意怨無端.
奇異土兮無新識, 想同心兮長歎息.

此時獨自閨中聞, 此夜誰知明眸縮.
憶憶兮心已懸去, 重聞兮不可穿.
卽將因夢尋聲去, 只爲愁多不得眠.[6]

서릿 기운 가득한 하늘에 달빛 비추고 은하수도 밝은데
나그네 돌아갈 일 생각하니 감회가 새롭네
홀로 앉아 지내는 긴긴 밤 근심에 젖어 마음 아픈데
홀연히 이웃집 아낙네 다듬이질 소리 들리누나
바람결에 그 소리 끊기는 듯 이어지는 듯
밤 깊어 별빛 낮은데 잠시도 쉬지 않네
나라 떠나 타국에서 아무 소식 듣지 못하더니
이제 타향에서 듣는 듯 하구나
방망이 무거운지 가벼운지 알 수 없고
다듬이돌 평평한지 아닌지 알길 없구나
멀리 타국에서 가녀린 몸에 땀 흘리는 모습 측은히 여기며
밤 깊도록 옥 같은 팔로 다듬이질 하는 모습 보는 듯 하네
나그네에게 따뜻한 옷 지어 보내려고 하는 일이지만
그대 있는 방 찬 것이 먼저 걱정이구려
비록 예의 잊어 묻기 어렵지만
속절없이 원망하는 그대 마음 모를 리야 있겠는가
먼 이역 땅에 있네 그래도 새로 사귄 사람 없지
한 마음이기를 원하네 그러면서 길게 탄식하네
이때 홀로 규중으로부터 탄식소리 들리니
이 밤 아름다운 눈동자에 눈물 고인 것 그 누가 알리
생각하고 또 생각하네 마음은 이미 그대에 젖어 있는데
또 들리누나 괴로운 이 마음
차라리 잠들어 꿈속에서 소리 찾아 가고 싶은데
다만 근심으로 잠 못 드누나

---

6) 『경국집(經國集)』 권 13 ; 『발해국지장편』 권 18, 문징, 시조.

작자는 고향생각에 묻힌 주인공의 모습을 그리는 데로부터 시작하여 다음에는 그러한 고향생각을 더 간절하게 하는 다듬이질 소리와 다듬이질하는 여인의 모습에 대한 상상, 그 여인의 모습에서 자기 아내의 심정을 그려보는 모습 그리고 이 모든 것으로 하여 잠들 수 없도록 더욱더 고향생각을 애타게 하는 주인공의 심리세계[7] 등을 그리었다. 이 시는 7언 율시(七言律詩)이다.

양태사는 발해 제3대 문왕 대흠무통치 시기에 귀덕장군(歸德將軍)을 하였다. 그는 사절단의 부사(副使)의 직책을 지고 양승경(楊承慶) 등과 함께 일본을 방문하였다. 당시 일본에서는 양태사에게 종3위(從三位)의 관위를 수여하였다. 양태사는 시 창작에 매우 능하였다.

2) 왕효렴(王孝廉)의 시

〈봄날에 비를 보고 정자를 얻어 운으로 하여 지음 [春日對雨得情字]〉 이 시는 왕효렴이 일본 조정에서 환대를 받아 즐거운 마음을 표현한 것이다.

主人開宴在邊廳 ㅣ 주인이 변청에서 잔치를 열어
客醉如泥等上京 ㅣ 상경에서처럼 심히 취하였네
疑是雨師知聖意 ㅣ 아마 우사도 성의를 안 듯
甘滋芳潤灑羈情 ㅣ 단비가 촉촉이 내려 나그네 마음을 적셔 주네[8]

왕효렴은 희왕(僖王) 대언의(大言義) 시기에 태수(太守) 벼슬에 있었다. 주작(朱雀) 2년(814년) 발해 대사의 신분으로 석인정(釋仁貞) 등과 함께 일본을 방문하고 다음 해 5월에 귀국하였다.

---

7) 사회과학원 력사연구소 편, 『발해사』, 1989년, 한마당, 182쪽.
8) 『문화수려집(文華秀麗集)』상 ; 김육불, 『발해국지장편』권 18, 문징, 시조.

칙령을 받들어 궁중잔치에 배석하다 | 奉敕陪內宴

왕효렴

海國來朝自遠方, 百年一醉謁天裳.
日官座外何攸見, 五色雲飛萬歲光.9)

먼 곳에서 바다나라 조회를 와서
평생에 처음 취학 천상(일본 황제)을 배알하였네.
일본 궁정 바깥으로 보이는데
오색구름 날으니 만세에 빛나도다.

밝은 달보고 고향 생각 나서 지어 영객사 판상금웅(坂傷今雄)과 화답하다 和坂領客對月思鄕之作

왕효렴

寂寂朱明夜
團團白月輪
幾山明影徹
萬象水天新
棄妾看生恨
羈情對動神
誰云千里隔
能昭兩鄕人10)

고요한 여름밤에,
둥실 뜬 밝은 월륜.
그 빛은 몇몇 산은 꿰뚫었는지,
일만현상 수천(水天) 위에 새로웁구나.
달 대하니 임버림 아쉬웁고,
객의 마음 새 정신이 감도는구나.

---

9) 『문화수려집(文華秀麗集)』상 ; 김육불, 『발해국지장편』권 8, 문징, 시조.
10) 『문화수려집』상 ; 김육불, 『발해국지장편』권 19, 문징, 시조.

그 누가 천리 길이 막혔다 말했는가,
그 광채 양쪽 사람 비쳐 주리라.

　이 시는 왕효렴이 일본에 출사하여 머나먼 수 천리 이국 타향에서 밝은 달을 보고 고국 생각, 고향 생각, 아내를 그리워하는 정(情)을 표달한 것으로서 지금 남아 있는 왕효렴의 시 5편 가운데서 대표작이라 볼 수 있다.

변정에서 산꽃보고 두 영객사, 자삼에게 희롱삼아 줌
丨在邊亭賦得山花戲寄兩領客幷滋三

왕효렴

芳樹春花色甚明, 初開似笑聰無聲.
主人每日專攀盡, 殘片何時贈客情.[11]

방수의 봄 꽃이 색상 참 고웁고나,
웃는 듯 피었지만 웃음소리 안 들리네.
주인이 혼자서 매일같이 애무하니,
그 잔편이 어느 때나 객에게 주어질고.

　영객사(領客使)는 외국에서 오는 사절단을 영접하고 배동하는 일본의 관리였다. 자삼(滋三)은 당시 일본의 시인 자야정주(滋野貞主)이다.
　이 시는 7언절구(七言絶句)로서 왕효렴과 일본 벗들 사이의 친밀한 감정을 묘사하였다.

---

11) 『문화수려집』상 ; 김육불, 『발해국지장편』 권 18, 문징, 시조.

운주를 떠나면서 두 칙사에게 정을 드리노라 | 出雲州書情寄兩敕使

왕효렴

南風海路連歸思, 北雁長天引旅情.
賴有鏘鏘雙鳳伴, 莫愁多日住邊亭.[12]

남풍 부는 바닷길 돌아가고파,
기러기 나는 북쪽의 긴긴 하늘
나그네 마음 끄는구나.
장장한 두 봉황새 짝하게 되어서,
변방의 오랜 체류 근심을 않네.

이 시는 왕효렴이 일본을 떠나면서 지은 7언율시이다.

3) 석인정의 시

석인정(釋仁貞)은 왕효렴을 따라 일본을 방문하였다. 그는 사절단 가운데서 녹사(錄事)의 직무를 맡았다. 인정은 시(詩)에 매우 능하여 일본의 여러 대신들과 시로써 화답하였다. 일본은 그에게 종5의하(從五位下)의 관급을 주었다. 석인정은 일본에서 사망하였다. 어떤 이들은 인정을 승려[和尚] 혹은 불교신도라고 한다. 그가 지은 시 한수가 지금 보존되어 있다.

7일 동안 궁중 연회에 배석하여 | 七日禁中陪宴

석인정

入朝貴國慙下客, 七日承恩作上賓.
更見鳳聲無妓態, 風流變動一國春.[13]

귀국에 조회 온 하찮은 객이,
7일 동안 은혜 받아 상빈이 되었다네.
다시 보니 봉황소리 기생태는 없으니,

---

12) 『문화수려집』상 ; 김육불, 『발해국지장편』권 18, 문징, 시조.
13) 『문화수려집』상 ; 김육불, 『발해국지장편』권 18, 문징, 시조.

그 풍류 온 나라를 변동시키리.

이 시는 7언율시로서 궁중에서 베푼 연회에 배석하여 느낀 바를 묘사한 것이다.

4) 석정소의 시

석정소(釋貞素)는 학문승(學問僧)으로 한문과 범문(梵文)에 정통(精通)했고, 당나라에 여러 번 다니면서 불법(佛法)을 연구하고 불경(佛經)을 본국에 많이 전파하였으며 당나라의 불교경전번역에도 참가하여 자기의 정력을 다하였다. 825년 고승조(高承祖)가 거느리는 발해 사절단이 일본으로 출사할 때 석정소는 사절단의 주요한 성원의 일원으로 일본을 다녀왔다. 발해 중 석정소와 일본 중 영선(靈仙) 사이에 맺어진 우의는 사람을 몹시 감동시킨다. 828년 4월 석정소는 영선을 만나려고 오대산으로 찾아갔다. 그러나 유감스럽게도 영선은 영경사(靈境寺)에 옮겨가 살다가 이미 독사(毒死) 당한 뒤였다. 정소는 너무 비통하여 나무판 위에 시 한 수를 써서 벽위에 박아 두어 영선을 애도하였다. 그 시는 다음과 같다.

일본국 내공봉 대덕 영선 승려를 곡하는 시 및 서
| 哭日本國內供奉大德靈仙和尚詩

석정소

不体塵心淚自涓, 情因法眼奄幽泉.
明朝儻問滄波客, 的説遺一鞋白足還.[14]

깨달음을 얻지 못한 진심에는 눈물이 저절로 흐르고,
정은 법안으로 인하여 유천에 가리웠네.
훗날 혹시 나에 대해 묻거든,
신을 남겨두고 맨발로 돌아갔다고 분명히 말하시오.

---

14) 『입당구법순례행기』 권 3 ; 김육불 『발해국지장편』 권 18, 문징, 시조.

이 시는 7언율시로 쓰여졌다. 석정소는 당나라로부터 귀국하던 도중 도리포(途里浦)에서 모진 풍랑을 만나 익사하였고 영선에게 전해 주려던 황금도 바다에 빠졌다. 841년 발해는 하복연(賀福延)을 일본에 파견하여 정소의 죽음을 일본에 알리도록 하였다.

위에서 제기한 시인(詩人)들 외 또 이웃 나라에 널리 알려진 주원백(周元伯), 배정(裴挺), 배구(裴璆), 고원고(高元固) 등 시가 창작에 조예가 높은 문인들이 있었다. 그중에서 배정과 배구의 성취가 가장 돌출하다. 그러나 유감스러운 것은 이들의 작품이 남아 있는 것이 없는 것이다.

배정은 발해 대현석왕(大玄錫王) 시기에 문적원소감(文籍院少監), 정4품(正四品)의 관직에 있었다. 그는 학식이 높고 시창작에 능하였다. 882년과 894년 일본으로 출사하였을 때 일본의 관인, 시인들과 능숙하게 시로서 화답하였다. 일본의 유명한 시인 관원도진(官原道眞)는 배정을 '칠보지재(七步之才),' 즉 7보 걸음을 걷는 사이에 시를 짓는 재사라고 감탄해 마지 않았다.

배구는 배정의 아들이다. 그는 문적원소감 벼슬에 있다가 후에는 정당성 소경[政堂少卿] 벼슬을 지냈는데 시에 매우 조예가 깊었고 발해 후기 문안에서 성망 높은 저명한 문학가였다. 배구는 발해 말기 908년과 919년에 2차, 발해가 망한 후인 929년 즉 동단국(東丹國)에 1차 도합 3차 일본으로 출사하였다. 그는 일본 조정의 열정적인 접대를 받았고 일본의 관원 및 시인들과 화답하여 발일(渤日)간의 우호적인 감정을 표달하였다. 일본 조정은 그에게 종3위의 관형과 의복 한 벌을 하사하였다. 배구는 시문학에 독특한 재능이 있는 것으로 하여 일본 문단에서 '독보지재(獨步之才)'의 영예를 지니었다.

발해 문학영역에서 거둔 배씨 부자(父子)의 성과는 발해문학의 고도적인 발전을 설명할 뿐만 아니라 발일(渤日) 우호왕래의 역사와 양국간의 문화교류와 영향을 체현한 것이다.

(3) 산문(散文)

발해의 산문도 시가(詩歌)와 마찬가지로 우리들에게 남겨놓은 것이 매우 적다. 그러나 지금 남아있는 적은 자료로 그 면모를 살펴보려고 한다. 발해의 산문은 비교적 높은 수준으로 발전했고 당나라 산문체의 영향을 많이 받았다. 지금 보존되어 온 주요한 것으로 서(書), 표(表), 첩(牒), 장(狀), 비문(碑文) 등이 있다. 아래에 몇 편만 예로 들어 간단히 살펴보기로 하겠다.

발해 무왕이 일본 성무천황에게 보낸 국서

무예가 아룁니다. 강산이 다르고 국토가 다른 이역이지만 오래 전부터 대왕님의 위풍과 모략을 들어오노라니 오직 경앙하는 마음만 늘어날 뿐입니다. 엎드려 생각하면 하늘이 대왕님께 영을 내려 일본으로 하여금 기업을 닦게 하였고 대업이 다시 빛을 보게 하였으며 자손들이 대대로 이어가며 번성해지게 하였습니다. 무예는 마침 여러 나라들을 만나게 되어 기탄없이 제번을 통합하고 고구려의 옛 땅을 되찾고 부여의 유속을 이어나가게 되었습니다. 그러나 길이 멀고 통할 수 없었으며 또 먼 바다가 막혀 소식이 통하지 못하고 길흉을 알아 볼 길 없었습니다. 어진 이와 가까이 하고 원조와 단결하며 옛날의 예법대로 처사하려 하였으며 사신을 파견하여 이웃나라를 방문하려 하였는데 이 모든 것을 오늘에야 비로소 시작된 셈입니다. 삼가 영원장군 낭장 고인, 의유장군 과의도위 덕주와 별장 사나루 등 24명을 파견하여 편지를 가지고 가게하며 또 담비가죽 300장을 보내어 대왕님께 올립니다. 비록 토산물은 흔한 것이지만 작은 물건을 올리는 성의라도 표시하기 위해서이며 가죽과 비단은 진품이 아니지만 부꾸러워 입을 가리우며 듣는 꾸짖음을 면하려는 것입니다. 진리를 주관함에 있어서는 한계가 있고 정성을 표시함에 있어서는 끝이 없는 것 같습니다. 때때로 훌륭한 조언을 계승하여 영원히 이웃 나라와의 친선을 독촉하려 합니다.

(武藝告 : 山河異域, 國土不同, 廷聽風猷, 但增傾仰. 伏惟大王, 天朝受命, 日本開基, 奕葉重老, 本支百世. 武藝忝當列國, 濫總諸藩, 復高麗之舊居, 有扶余之遺俗. 但以天涯路阻, 海漢悠悠, 音耗未通, 吉凶絶問. 親仁結授, 庶葉前經 ; 通使聘鄰, 始于今日, 謹遣寧遠將軍郎高仁, 義游將軍果毅都尉德周, 別將舍那婁等二十四人賚狀, 并附貂皮三百張奉送. 土宜雖淺, 用表獻芹之誠, 皮布非珍, 還慚掩口之誚. 主理有限, 坡瞻未期, 時嗣音徵, 永敦鄰好.)[15]

이 문장은 발해가 일본에 보낸 국서들 가운데서 가장 이른 것으로 전문은 172자이며 발해국의 정황, 양국이 우호적으로 사이좋게 보낼 것을 원하는 창의의 뜻을 표달하였다.

발해 선왕이 일본 차아천황에게 드리는 글

인수가 아룁니다. 가을철이어서 날씨가 이미 차가워졌습니다. 엎드려 생각컨대 천황께서 모든 일에 만복하시니 이에 인수가 은혜를 입어 모감덕 등이 돌아올 수 있게 되었습니다. 엎드려 문안의 글을 받을 건데, 저의 작은 정성을 위안하심에 기쁜 마음을 말로 다 비유할 수 없습니다. 이들 사신들이 일본으로 떠난 후 바다에서 폭풍을 만나 선박이 부서져 거의 파도에 밀려갈 뻔 하였습니다. 천황께서 제 때에 은혜를 베푸시어 이끌어 주셨는데 그 모습과 마음이 돈후하셨으며 표창하여 하사하신 선물 많았고 그 공급이 번중하셨습니다. 이에 실로 천황께서 하사하신 선박으로 귀국하였으니 저의 마음은 감사하기 그지없습니다. 아주 행복하고 행복합니다. 엎드려 생각컨대 두 나라가 우호관계를 이어나감에 있어서 지금과 옛날이 똑같고 만리에 수호(친선)를 도모함이 시종 변함이 없습니다. 삼가 문적원 술작랑 이승영을 보내어 계

---

15) 『속일본기(續日本紀)』권 10 ; 김육불 『발해국지장편』권 18, 문징, 국서조(國書條).

를 가지고 배알하도록 하였으며 아울러 감사를 표하도록 하였습니다. 비록 타산물이 적지만 삼가 별장에 적어 보내드리니, 굽어 헤아려 주셨으면 다행이겠습니다. 운해에 길이 멀어 배알을 계약하지 못하고 삼가 계를 받들어 올립니다.

> (仁秀啓：仲秋己涼, 伏惟天皇起居萬福, 即此. 仁秀蒙免, 慕感德等廻到, 伏奉書問, 慰沃寸誠, 欣幸之情, 言無以喻. 此使去日, 海路遭風, 船舶摧殘, 几漂波浪. 天皇時垂惠領, 風義修敦, 嘉貺頻繁, 供億繁重, 實賴船舶歸國, 下情每蒙感荷, 厚幸厚幸. 伏以兩邦好, 今古是常;萬里尋修, 始終不替. 謹遣文籍院述作郎李承英賚啓入覲, 兼令申謝. 有少土物, 謹錄別狀, 伏垂昭亮, 幸甚. 雲海路遙, 未期拜展, 謹奉啓.)"16)

이 문장은 발해 제10대 선왕(宣王) 대인수(大仁秀)가 일본 차아천황(嵯峨天皇)에게 보낸 국서인데 문장에서 주로 발해와 일본의 우호관계와 그의 끊임없는 발전을 도모하는 데 관한 내용을 반영하였다.

(4) 무덤 비문(碑文)

무덤 비문으로는 정혜공주무덤비문(貞惠公主墓碑文)과 정효공주무덤비문(貞孝公主墓碑文) 두 개가 있다.

정혜공주무덤비는 1949년 돈화시 육정산(敦化市 六頂山) 발해왕실 무덤떼 가운데서 발굴되었다. 글자는 모두 725자인데 그중 234자는 심한 파괴를 입어 판독할 수 없었다. 사학가들은 비문을 고증하여 판독해 보려고 힘을 기울여 왔으나 해석하지 못한 어려운 난제로 남아 내려왔다. 그러던 중 정효공주묘비가 출토됨으로 하여 이 난제를 풀 수 있게 되었다.

정효공주묘비는 1980년 10월 화룡현 용수향 용해촌 용두산(和龍縣

---

16) 『일본일사(日本逸史)』권 27 ; 김육불『발해국지장편』권 18, 문징, 국서조(國書條).

龍水鄉 龍海村 龍頭山) 발해 제3대 문왕 대흠무의 넷째 딸 정효공주무덤에서 출토되었다. 비석은 '규형(圭形)'이고 화강암으로 만들었다. 윗부분이 뾰족하고 밑면이 네모났는데 전체 높이는 105cm, 너비는 85cm, 두께는 26cm이다. 글씨체는 해서체(楷書體)로 음각하였다. 비문은 모두 18행으로서 도합 728자이다. 그 가운데서 제1행은 비문의 제목이고 제2행부터 제13행까지 서(序)문이며 제14행부터 마지막 제18행까지 명(銘)문 부분이다.

정혜공주묘비는 개별적인 몇 글자를 제한 외 그 격식과 내용이 완전히 정효공주묘비와 같다. 하여 두 비문을 대조하여 연구한 결과 정혜공주 비문에서 해석할 수 없었던 234자를 거의 다 판독할 수 있게 되었다. 비문의 글씨체는 해서체(楷書體)이고 비문 둘레에는 만초문(蔓草紋)이 음각되어 있고 비 머리에는 권운무늬[圈雲紋]가 음각되어 있다.

두 개의 비문은 발해문학연구에 있어 얻기 어려운 진귀한 작품이다. 아래에 정효공주비문의 전문을 싣는다.

(판독의 편리를 위해 다음과 같이 표점부호를 달아 놓는다.)

정효공주묘지병서 | 貞孝公主墓誌并序

夫緬覽唐書, 嬀汭帝女之濱; 博詳丘傳, 魯館開王姬之筵. 豈非婦德昭昭. 譽名期於有後; 母儀穆穆; 餘慶集於无壃. 襲祉之稱, 其斯之謂也. 公主者, 我 大興寶曆孝感金輪聖法大王之第四女也. 惟祖惟父, 王化所興, 盛烈戎功, 可得而論焉若乃乘時御辨, 明齊日月之照臨; 立極握機, 仁均坤軋之覆載. 配重華而肖夏禹, 陶殷湯而韜周文. 自天祐之, 威如之吉. 公主稟靈氣 於巫岳 感神仙於洛川 生於深宮, 幼閑婉嫕. 壤姿稀遇, 瞱似瓊樹之業花; 瑞質絶倫, 溫如崐尤之片玉. 早受女師之敎, 克比思齊, 每慕曹家之風, 敦詩悅禮. 辨慧獨步, 雅性自然, 好仇, 嫁於君子. 標同車之容義, 叶家人之永貞,柔恭且都; 履慎謙謙. 簫樓之上, 韻調雙鳳之聲; 鏡臺之中, 舞狀兩鸞之影. 動響環珮, 留情組絪. 黼藻至言, 琢磨潔節 繼敬武於勝利, 擬魯元於豪門. 琴瑟之和, 蓀蕙之馥. 誰謂夫智先化, 無終助政之謨. 稚女又夭, 未廷弄瓦之日. 公主出織室而灑涙, 望空閨而結愁. 六行孔備, 三從是亮. 學恭姜之信失, 銜杞婦之哀悽. 惠于 聖人, 聿懷闡德而長途夫半, 隙駒疾馳, 逝水成川, 藏舟易動. 粤以大興五十六年夏六月九日壬辰終於外第, 春秋三十六.

諡曰貞孝公主. 其年冬十一月廿八日己卯, 陪葬於染谷之西原, 禮也. 皇上罷朝興慟, 避寢弥懸喪事之儀, 命官備矣. 挽郎嗚咽, 遵阡陌而盤桓, 馬轅悲鳴, 顧郊野而低昂. 喻以鄂長, 榮越崇陵. 方之平陽, 恩加立厝.

荒山之曲, 松標森以成行; 古河之隈, 泉堂邃而永翳. 惜千金於一別, 留尺石於萬齡. 乃勒銘曰:

不顯烈祖, 功等一匡. 明賞慎罰, 奄有四方. 爰及君父, 壽考無疆. 對越三五, 囊括成康. 其一. 惟主之生, 幼而洵美. 聰慧非常, 博聞高視. 北禁羽儀, 東宮之姊. 如玉之顏, 舜華可比. 其二. 漢上之靈, 高唐之精. 婉變之態, 聞訓茲成.

嬪于君子, 柔順顯名. 鴛鴦相對, 鳳凰和鳴. 其三. 所天早化, 幽明殊途. 雙鸞忽背, 兩劍永孤. 篤於潔信, 載史應圖. 惟德之行, 居貞且都. 其四. 愧桑中詠, 愛 舟詩. 玄仁匪悅, 白駒疾辭. 尊殯已畢, 即還靈輀. 魂歸人.

選, 角咽茄悲. 其五. 河水之畔, 斷山之邊. 夜臺何曉, 荒隴幾年. 森森古樹, 蒼蒼野煙. 泉扃俄悶, 空積悽然. 其六.

이전에 읽은 『상서』「요전」을 돌이켜 보면 제왕 요의 두 딸 아황과 여영이 귀여 강가에 강림하여 우순에게 시집갔다는 것이 적혀있고 『좌전』을 상세히 읽어보면 노장공이 집을 짓고 주천자의 딸 왕희의 혼례식을 주최했다는 것이 적혀 있다. 이 어찌 부덕이 밝고 밝으니 후세에도 그 이름 지닐 것이며 모의가 아름답고 온화하니 전인들이 쌓은 은혜를 무궁무진하게 전해지게 하는 것이 아니라 하겠는가? 조상의 복을 물려받는 것이란 바로 이것을 가리키는 것이다.

공주는 우리 대흥 보력 효감금륜성법대왕의 넷째 딸이다. 조상과 부왕께서는 왕도를 창도하시었으며 그들이 쌓아놓은 위대한 업적과 무공은 그 누구도 비기지 못하였다. 만약 그들이 시기를 장악하고 정사를 처리하면 그 빛발은 해와 달처럼 온 천하를 비추었고 기강을 세워 나라의 정권을 장악하면 그 어진 정치는 온 천하에 차고 넘쳤다. 그들이야말로 중화와 짝될 만하고 우임금과 비슷하며 상조 상탕왕의 지모로 양성되고 주 문왕의 계략을 갖춘 이들이다. 그들은 하느님의 보살핌과 도움을 받았으며 그 위업은 영원히 길이 대길할 것이다.

공주는 무산신녀의 정기를 타고 낙수여신의 체질과 성미를 가졌고 궁중에서 탄상하여 자라면서 어릴 때부터 온화하고 공손함에 소문이 났다. 자태와 용모 또한 보기 드물게 아리따워 마치도 옥나무에 핀 꽃송이처럼 빛을 뿌렸으며 품성이 뛰어나게 고결하여 곤륜산 높은 봉의 아름다운 옥과도 같이 온화하고 유순하였다. 그는 일찍 여스승의 가르침을 받아 능히 사제와 비길 수 있었고 늘 조가 가문의 반소를 경모하고 시서를 열독하기에 노력하며 예의범절을 지키기를 즐기었다. 그는 총명과 재질이 남달리 뛰어났고 고결한 품성은 아주 완미하였다.

공주는 훌륭한 배필을 만나 시집갔다. 한 수레에 탄 용의를 나타내며 한 집의 사람으로 영정을 이루었다. 공주는 온화하고 부드럽고 아름다웠으며 그 행실 또한 겸손하고 단정하였다. 소루에서 퉁소를 불 때면 그 곡조가 마치도 한 쌍의 봉황새 노래하는 듯 하였고 경대를 마주서서 춤을 출 때면 거울 속에 비낀 그림자 마치 한 쌍의 난조새와도 같았다. 몸에 단 패옥은 잘랑잘랑 소리를 내었고 의복단장을 더욱 소중히 여겼다. 공주는 아름답고도 이치에 맞는 말을 하기에 힘썼으며 고상하고 순결한 덕행을 갖추기에 애를 썼다. 그는 경무공주처럼 승지에서 살았고 노원공주처럼 명문가정에서 생활하였다. 금슬은 이와 같이 잘 어울리고 손혜는 이와 같이 향기로웠다. 누가 알았으랴 남편이 먼저 돌아가 끝까지 나라의 정사를 돕는 모략을 다하지 못 할 줄이야. 어린 딸이 또한 일찍 죽어 방추를 가지고 노는 때(연령)에 까지 이르지 못하였다. 공주는 직실을 나와 슬피 눈물을 흘리었고 빈 집을 바라보며 수심에 잠기었다. 그는 융행을 지킴에 완성완미 하였고 삼종을 지킴에 현혁하였다. 공주는 공강의 맹세를 따라 배우고 기부의 애처로움을 한가슴에 품었다. 부왕께 은혜받고 부인으로 지켜야 할 도덕규범을 잊지 않았다. 인생의 길 걸어온 지 아직 절반도 안 되는데 세월은 달음질하고 흐르는 물은 내를 이루니 계곡 깊이 감추어진 배도 쉽게 움직인다. 아아. 대흥 56년 여름 6월 9일 임진시에 외제에서 사망하였는데 당신의 나이는 36세였다. 이에 시호를 정효공주라고 하였다. 이해 겨울 11월 28일 기묘시에 염곡의 서쪽 언덕에 배장하였다. 이것은 예의에 맞는다.

　황상은 조회마저 정지하고 몹시 비통해 하시며 침식을 잊고 노래와 춤추는 것도 중지시켰다. 조상하는 의식은 관부에 명령하여 빈틈없이 마련하였다. 상여군들이 목메어 우는 소리 발길 따라 머뭇거리고 영구차를 끄는 말이 뒤를 돌아보며 우는 소리 들판 따라 오르내리네 사망된 후 악장공주처럼 영예는 능릉보다 높았으며 평양공주의 장례식을 본받아 영구를 잠시 멈춰놓았다가 일후 정식으로 안장하기를 기다렸다. 황산의 굽인돌이에는 묘지를 정하였고 묘지 주위에는 소나무, 가래나무가 무성하게 자라나 있었다. 강물 굽이친 곳에 지어 놓은 분묘는 깊고도 어두웠다. 애석하고나! 천금과 영별하자니, 그이를 영원히 기념하고 저 비석을 세우고 비명을 새겨두노라.

　위대하고 현혁한 선조들은 천하를 통일하고 인정과 상벌을 분명히 하고 실시하여 그 덕이 사면팔방에 미치게 하였으며 부왕 때에 와서는 국세가 강성하여지고 나라 운명이 장구하게 되었다. 그들이야말로 3황5제와 짝으로 될 만하고 성왕과 강왕의 치국정책을 실시한 이들이다. 이것이 첫째이다.

　공주는 세상에 태어나 어려서부터 참말로 예쁘고 비상히 총명하고 영민하였으며 지식이 넓고 멀리 내다보아 궁중에서의 본보기로 되었으며 태자의 누나였다. 그 얼굴이 옥처럼 아름다워 무궁화 꽃만이 비길 수 있었다. 이것이 둘째이다.

　공주는 한강여신의 영기와 고당여신의 정기를 타고 몸매가 아름다우며 훌륭한 가르침 속에서 성장하였다. 군자에게 시집가서 님을 공대하고 님에게 유순하였으므로 그 명성이 높았다. 그들은 원앙새처럼 짝을 무었고 봉황새처럼 의좋게 속삭이었다. 이것이 셋째이다.

　님은 일찍 세상을 떠나고 음과 양의 길이 각기 달라 마치 한 쌍의 난조가 갑자기 등을 지고 날아가듯 한 쌍의 자웅 검이 따로 떨어져있듯 외롭게 지냈다. 그는 고결한 지조를 굳게 지켰으니 마땅히 그이를 역사책에 써 넣고 그림을 그려주어야 할 것이다. 그는 부덕에 의해 행실하고 정조를 지킴에 완전무결하였다. 이것이 넷째이다.

　공주는 『상중』에 쓰여있는 음란한 시를 읽기 싫어하였고 『백주』에 쓰여있는 시 읽기를 즐기었다. 그는 대인인이었으나 근심으로 하여 기뻐하지 않았는데 세월은 너무도 빨리 갔다. 장례도 끝내고 영구차도 돌아갔다. 사람들이 그의 영혼을 천당으로 모실 때 주악소리 슬프기도 하였다. 이것이 다섯째이다.

> 강변, 뭇산으로 에워싸인 한 작은 산에 자리 잡은 야대는 어느 때에 가서야 광명을 다시 볼 수 있으며 황후한 분롱(墳壠)은 얼마만한 세월이 지나야 하는가? 묘위에는 고목이 무성하고 안개가 자욱하리라. 묘문(墓門)을 갑자기 봉하자니 처량한 기분이 차넘치누나. 이것이 여섯째이다.

공주의 비문에 반영된 몇 개 문제를 살펴보면 다음과 같다.

1) 한 편의 전형적인 변려체 문장으로서 서(序)와 명(銘)으로 구성되었다. 서문에서는 정효공주의 일생과 가계, 본적, 사적을 기술하였으며 명문에서는 정효공주를 칭송하고 추모하였다.

서문(序文)은 네개 단락으로 나눌 수 있다. 첫째 단락은 요의 두 따님과 왕희부인의 도덕을 서술한 것을 머리말로 하여 전문을 이끌었으며, 둘째 단락은 고귀한 출신에 대하여 서술하였고, 셋째 단락은 공주의 성미, 외모, 교양, 출가로부터 부처간의 사랑, 님과 딸을 잃고 실의 낙망하여 수절하고 세상을 이별한 것을 서술하였으며, 넷째 단락은 안장한 정형을 서술하였다.

명문(銘文)은 여섯 단락으로 나눌 수 있다. 첫째 단락은 출신에 대하여 썼고, 둘째 단락은 예쁘고 총명하고 영민한데 대하여 썼으며, 셋째 단락은 출가한 정형을 썼고, 넷째 단락은 수절한 정형을 썼으며, 다섯째 단락은 장례한 정형을 썼고, 여섯째 단락은 애도하는 정형을 썼다. 비문은 층차가 명확하고 구성이 엄밀하다.

2) 비문은 전반을 통하여 유가의 사상과 봉건윤리도덕이 관통되어 있다. 비문에는 발해 국왕을 "明薺日月 ,……, 仁均乾坤, 明賞慎罰……"의 성주(聖主)로 칭송하였고 우순(禹舜), 하우왕(夏禹王), 상탕왕(商湯王), 주문왕(周文王), 주무왕(周武王), 주성왕(周成王), 주강왕(周康王) 등을

따라 배울 본보기로 삼고 있다. "明濟日月之照臨"은 대무에, 대흠무를 노래한 것으로 그 밝음은 해나 달의 빛과 같이 온 천하를 비춘다는 것이다. "仁均乾坤之覆載"는 인정(仁政)이 천하에 미쳤다는 것이며 "明賞愼罰"은 상벌을 분명히 했다는 뜻이다. 이로 보아 발해에서 국왕에 대해 요구한 도덕표준과 행위의 규범은 유가(儒家)의 '인효(人孝)'와 봉건윤리도덕이었음을 알 수 있다.

공주에 대해서는 사상과 행위 면에서 "克比思齊, 敦詩悅禮, 六行孔備, 三從是亮"할 것을 요구하였다. "克比思齊, 敦詩悅禮"는 여사(女師)의 가르침을 받아 사제와 비길 수 있게 되며 시서를 열독하기에 노력하라는 것이다. "六行孔備, 三從是亮"은 6행을 갖추고 3종에 밝았다는 것이다. 이는 6행과 3종을 행실의 준칙으로 삼고 지키도록 노력하라는 요구이다. '六行'은 행위의 표준으로서 효(孝), 우(友), 목(睦), 인(姻), 임(任), 휼(恤) 등 여섯 가지 내용이 있다. '三從'은 봉건시대 부녀들을 속박하는 윤리도덕이다. 비문장자는 시집가기 전에는 아버지를 따르고 시집가서는 남편을 따르고, 남편이 죽으면 아들을 따르는 3종의 전형적인 인물로 공주를 묘사하였다. 또한 공주가 따라 배워야 할 본보기는 공강(恭姜), 기부(杞婦) 등이라고 비문에 기재하였다. 유가사상에 의하면 부녀들이 남편을 잃고 정조를 지키는 것은 일종의 사회적 도덕규범이다. 공주의 남편은 공주보다 먼저 사망하였고 어린 자식마저 일찍 죽었다. 비문에는 공주가 정조를 지킨데 대해 극진하게 칭송하였다. "公主出織室而灑淚, 望室闈而結愁……學恭姜之信失, 銜杞婦之哀悽"에서 織室은 궁중 내에서 비단을 짜는 실이라는 것과 천공(天空)에 있는 직녀의 실이라는 두 가지 다른 설이 있다. 작자는 '직실'이라는 어휘를 빌어 정효공주가 '직녀'와 마찬가지로 짝을 떠나 홀로 있으면서 예의에 쫓아 정조를 지켰음을 표명하였다. '室闈'는 부녀가 홀로 수절하는 실이고 '信矢'의 矢는 맹서[誓]와 같으며 '信

矢'의 뜻은 맹세하였던 마음을 변치않고 슬픔을 참으며 수절한다는 것이다. 그 대의는 "공주가 직실을 나와 슬픈 마음으로 눈물을 흘리며 홀로 수절하는 칸을 바라보는데 마음은 수심으로 엉겼다.……공강의 신절(信節 : 신실과 같은 뜻)을 따라 배우고 기부와 같은 비통을 품었다."는 것이다. '공강'은 남편이 죽은 후 재가하지 않고 정조를 지킨 전형적인 여성이다. '기부'는 춘추 시기 제(齊)나라 대부 기량(杞梁)의 처 맹강(孟姜)이다. 맹강은 남편이 거국(莒國)을 치러갔다가 죽었다는 소식을 듣고 거국의 수도 교외에 가서 죽은 남편의 시체를 맞았다. 전설에 의하면 그가 7일 동안 대성통곡하였더니 성벽이 무너졌다고 한다. 후에 맹강은 치수(淄水)에 빠져 죽었다. 후세의 사람들은 기량을 진(秦)나라 사람이라 하고 맹강녀(孟姜女)가 통곡하여 장성이 무너졌다는 이야기를 꾸며냈다. '공강'과 '맹강녀(기부)'는 중국 역사에서 유명한 정녀열부(貞女烈婦)이다. 이들에 대한 전설과 이야기는 봉건통치계급의 고취와 선양으로 널리 유전되어 사회에 심각한 영향을 남겼다. 공주가 그들을 따라 배울 본보기로 삼았다는 것은 발해 상층인물들이 유가의 윤리도덕의 영향을 얼마나 깊게 받았는가 하는 것을 보여 준다.

3) 언어와 문자를 사용한 예술성이 매우 높다. 전편에 걸쳐 많은 곳에서 4자, 6자의 구절이 서로 교대로 나타나 4, 4, 6, 6구절식의 변화를 보이고 있다. 7자로 된 것도 있다.

緬覽唐書, 嬀汭帝女之濱 ; 博詳丘傳, 魯館開王姬之筵.
이전에 읽은 『상서』「요전」을 돌이켜보면 제왕 요의 두 딸 아황과 여영이 귀여강가에 강림하여 우순에게 시집갔다는 것이 적혀 있고, 『좌전』을 상세히 읽어보면 노장공이 집을 짓고 주천자의 딸 왕희의 혼례식을 주최했다는 것이 적혀있다.

乘時御辨, 明齊日月之照臨 ; 立極握機, 仁均乾坤之覆載.

시기를 맞추어 정사를 보면 그 빛이 해와 달처럼 밝게 비쳤고, 기강을 세워 나라의 정권을 장악하면 그 어진 정치가 온 천하에 차고 넘쳤다.

  壤姿稀遇, 曄似瓊樹之叢花; 端質絶倫, 溫如崑峰之片玉.
  공주의 자태와 용모는 보기 드물게 아름다워 마치 옥나무에 핀 꽃송이처럼 빛을 뿌렸으며 품성이 뛰어나게 고결하여 곤륜산 높은 봉의 아름다운 옥과도 같이 부드럽고 온화하였다.

위의 것은 4,7식이다.
아래에 4,6구절식을 예로 들면,

  婦德昭昭, 譽名期於有後; 母儀穆穆, 餘慶集於無疆.
  부덕이 밝고 밝으니 후세에도 그 이름 기릴 것이며, 모의가 온화하고 아름다우니 여경이 끝없이 전해질 것이다.

  簫褸之上, 韻調雙鳳之聲; 鏡臺之中, 無狀兩鸞之影
  소루에서 퉁소를 불 때면 그 곡조가 마치 한 쌍의 봉황새가 노래하는 것 같았고 경대와 마주서서 춤을 출 때면 거울 속에 비낀 그림자가 마치 한 쌍의 난조새 같았다.

4,4구절식의 예를 들면,

  動響環珮, 留情組紃; 黼藻至言, 琢磨潔節.
  몸에 단 패옥은 짤랑짤랑 소리를 냈고 의복단장을 더욱 소중히 여겼으며 말을 다듬어 쓰는 것을 명심하였고 고상하고 순결한 덕행을 소유하려고 애썼다.

6,6구절식의 예는 다음과 같다.

  稟靈氣於巫岳, 感神仙於洛川.
  무악에서 영가를 받고 낙천에서 신선에 감응하였다.

  標同車之容儀, 叶家人之永貞.
  한 수레에 탄 용의를 나타내고, 한 집안 사람으로서의 영정을 따른다.

전편에 걸쳐 구절과 글귀가 다양하고 대구가 정연하며 고전을 적절하게 이용하여 썼으므로 글의 표현이 매우 화려하다. "標東車之容儀, 叶家人之永貞"에서 '標'와 '叶'이 대응되고 '同車'와 '家人'이 대응되며 '容儀'와 '永貞'이 대응된다. 이곳에서 작자는 『시경(詩經)』의 "有女同車, 顔如蕣華"(나와 한 수레에 탄 연인, 그 얼굴 무궁화꽃 같다)와 고시(古詩) 〈일출동남우(日出東南隅)〉의 "窈窕多容儀 (용모가 아주 정숙하도다)"를 전형적인 옛이야기로 인용하여 용모를 표현함으로써 공주를 미화하였다. 또 『역경(易經)』의 가인(家人)과 분(賁) 두 괘에서 단사(彖辭), 효사(爻辭)를 취하여 공주의 신혼을 묘사하였고, 아울러 '貞孝' 공주의 시호가 내포하고 있는 찬양의 의의를 은연중에 나타냈다. 이러한 것들은 작자가 『시경』, 『역경』 등에 익숙할 뿐만 아니라 그것에 대한 깊은 연구가 있었다는 것을 알려 준다. 예컨대 '嬀汭降女帝'는 『상서』「요전」에서 '魯館王姬'『춘추』와 『좌전』 그리고 『시경』에서 '婦德'은 『예기』에서 나온 것이다. 그밖에도 작자는 사서(史書)와 문학에 대해서도 깊은 조예가 있어서 공주의 비문은 한 편의 훌륭한 작품을 이루고 있다.

4) 공주의 비문은 높은 예술성 뿐아니라 진귀한 사료로 사학계의 높은 평가와 중시를 받고 있는 한편 일부 부족한 점이 있음을 지적하여야 한다. 정효공주는 발해 왕실 귀족들 가운데서 1급 귀족에 속하였으므로 국왕과 왕실 귀족들의 사랑과 주목을 받았다. 공주가 죽자 문왕 대흠무는 "너무 슬퍼 통곡하며 잠을 이루지 못하였고 조회를 정지하였으며 상사에 관한 의식은 수하에 명령하여 빈틈없이 처리하게 하였다." 안장은 아주 높은 대우로 장례하였다. 때문에 그들의 비문에는 글 구절이나 문장에 오자가 없어야 한다. 그러나 유감스럽게도 정혜공주묘비문에는 10개, 정효공주묘비문에는 4개의 오자가 있다.

정효공주묘비문에는 공주를 칭송하기 위해서 중원지구(中原地區) 역대공주들의 옛이야기와 전설을 인용하였는데 대부분이 매우 합당하게 잘 인용되었다. 그러나 정효공주를 한조(漢朝) 때의 경무공주(敬武公主), 악장공주(鄂長公主)와 비교하고 그들을 따라 배워야 할 본보기로 정한 것은 그리 합당하지 않다. 경무공주는 서한(西漢) 선제(先帝)의 딸로 장림(張臨)과 결혼하였다. 그 후 남편 장림이 죽자 과부로 있다가 설선(薛宣)에게 재가하였다. 설선마저 또 불행히 죽고 경무공주는 그 후 다른 사람들과 사통(私通)하였다.[17] 한 여인이 남편이 사망한 후 정조를 지키지 않고 재가하는 것은 본래의 봉건윤리도덕에 맞지 않는 것이다. 더구나 다른 사람들과 사통한다는 것은 봉건윤리도덕에서 절대 용납할 수 없는 행위이다. 악장공주는 한무제(漢武帝)의 딸로 개후(蓋候)에게로 시집갔기 때문에 악읍개장공주(鄂邑蓋長公主)라고 불렀다. 악(鄂)은 현명(懸名)인 동시에 그의 봉읍(封邑)이었다. 그는 한소제(漢沼帝)의 누나였으므로 장공주(長公主)라고 불렀다. 악장공주도 사통의 혐의가 있는 사람이다. 문헌에 "昭帝始立, 年八歲, 帝長姊鄂邑蓋長公主居禁中, 共养帝. 蓋主私近子客河間丁外人"[18] 라고 한 기재가 있다. 이같이 단정하지 못한 여인을 봉건윤리도덕에서 따라 배울 본보기로 내세우지 않을 것인데 어찌 맹강녀와 기부(杞婦)를 따라 배우며 그와 도덕 품행을 병론하여 비길 수 있는 정효공주의 본보기로 제기할 수 있겠는가? 이는 아마 작자가 경무공주의 존귀한 출신과 악장공주의 영화만 보고 그들의 음사(陰私)에 대해서는 알지 못한 데 그 원인이 있을 것이다. 아무렇든 이는 큰 실수이다.

정효공주의 비문은 부족한 점도 있지만 내용이 풍부하고 주제가 명확하며 예술성이 높은 발해의 석각문자(石刻文字)이다. 공주의 비문은 발해의 역사와 문화를 연구함에 있어서 매우 중요한 의의가 있다. 특히 연변조선족자치주 구역내에서 정혜공주(1949년에 발견)와 정효

---

17) 『한서(漢書)』「설선주박전(薛宣朱博傳)」
18) 『한서(漢書)』「외척전(外戚傳)」.

공주의 두 무덤과 비석을 발견하여 세상에 공개한 것은 참으로 자랑할만한 기쁜 일이다.

3. 발해 문학이 높은 수준으로 발전한 조건

발해문학이 높은 수준으로 발전하게 된 데는 다음과 같은 세 가지 조건이 구비되었기 때문이다.

첫째, 높은 수준으로 발전한 원유의 기초가 있었기 때문이다. 원유의 기초란 주로 고구려의 문학, 말갈인들 내에서의 문화교육의 발전, 영주일대에 체류된 말갈인들과 고구려 유민들의 당문화의 흡수 등을 가리킨다.

본래부터 고구려 옛 지역에 거주하던 고구려인들은 일찍부터 유가교육을 받았으며 일정한 문화기초가 있는 편호(編戶)들이었고 한자와 한문을 통용했고 문학기초가 높았다. 고구려는 372년에 유학의 최고 학부인 태학(太學)을 세우고 5경 3사(五經三史)를 가르쳤다. 지방에 경당(扃堂)이 있었다. 편당은 사학(私學)의 한 형식으로서 후세의 사숙(私塾)과 같으며 그곳에서 배양하는 대상은 '衡門廝養', 즉 일반 지주의 자제와 보통평민의 자제를 배양하였다. 발해국이 건립된 후 이들 가운데 핍박에 의해 영주(營州) 일대로 이주한 사람들을 제외하고 계속 원지역에 남아서 생활한 사람들은 모두 발해의 주민이 되었다. 그들 가운데는 유가교육을 받고 문화수준이 있는 자가 적지 않았다. 이들은 자기 자식들이 계속하여 교육을 받고 문화수준을 계속 높일 수 있는 조건을 마련하려고 힘을 썼을 것이다. '扃堂' 과 같은 교육형식은 발해의 5경, 적어도 경기지방에는 보류되었거나 상대적으로 보급되었을 것이다.

고구려의 옛 지역 내에서 고구려의 통치를 받아온 말갈족 여러 부의 상층인물과 자제들 중에서도 많은 사람들이 유학교육을 받았을 것이다. 특히 속말말갈(粟末靺鞨)과 백산말갈(白山靺鞨)은 본래 고구려에 종속되었고 그들의 상층인물과 자제들은 오랫동안 고구려 통치계급이 수행한 유가사상의 통치와 관수를 받았고 문화수준도 상당한 정도로 발전하였다.

고구려가 멸망된 후 당나라는 고구려의 유민과 고구려의 통치하에 있던 속말말갈인과 백산말갈인을 강제로 영주와 중원지대에 대량으로 이주시켰다. 영주는 그 당시 당나라가 동북에 있는 여러 민족들을 통제하는 정치, 군사의 중심지였다. 그 관할구역 내에는 한인(漢人), 거란인(契丹人), 해인(奚人), 돌궐인(突厥人) 이외에 또 많은 수의 고구려인과 말갈인들이 거주하고 있었다. 고구려인과 말갈인들은 한인들과 오랫동안 함께 사는 가운데 그들의 선전적인 생산기술과 문화를 배웠고 봉건윤리도덕과 공맹사상의 영향을 깊게 받았다. 그 후 영주에서 일어난 봉기를 계기로 대조영(大祚榮) 등은 대오를 거느리고 동모산(東牟山)에 이르러 나라를 세웠다. 이가 바로 발해국이다.

이상과 같은 사정으로 문화교육이 원유의 기초위에서 재빨리 발전하였다.

둘째, 발해 통치자들이 취한 일부 조치는 발해 경내에서 발해 문화가 발전하는데 매우 유리하였다. 발해의 역대 왕들은 대부분, 유학과 문화의 발전을 중시하고 문화수양이 있는 인사들을 중용하였다. 기원 714년(발해 고왕 17년) 대조영은 6명의 '생도'를 당나라 수도 장안에 파견하여 '국학(國學)'에서 학습하게 했다. 그 뒤를 이어 시기마다 끊임없이 '유당생(留唐生)'을 장안에 보내 학습시키고 육성하여 각급 관료기구의 관리로 보충하였다. 유학생 수는 적으면 몇 명, 많으면 10여 명이었다. 그 가운데 많은 사람들이 정치가, 학자, 시인, 예술가, 발명가, 항해사가 되었다. 예컨대 오소도(烏炤度), 관찬(光贊), 고원고(高元固) 등은 빈공과 (賓貢科) 시험을 거쳐 진사에 급제하는 영예를 지니게 되었다. 어떤 이들은 학업을 마친 후 당나라에 남아서 벼슬길에 올랐다. 그 중에는 한림학사(翰林學士)로 관급이 이부상서(吏部尚書)에까지 오른 이도 있었다. 『신당서』「발해전」에 "初, 其王數遣者王生詣京師太學, 習職古今制度"라고 한 사실은 고왕과 무왕 두 세대 때의 일이나 실상 이 시기에는 유학생을 보낸 수가 많지 않았다. 그러나 대흠무 시기부터는 정황이 달랐다. 737년에 제3대 문왕 대흠무가 계위하였다. 그는 고왕과 무왕시기에 '무치(武治)' 정책을 버리고 '문치(文治)' 정책을 실시하였다. 대내로는 일련의 중대한 개혁을 단행하고 대외로는 당나라의 선진 생산 기술과 문화를 받아들이고 문화영역에서의 개혁을 중시하였다. 이러한 정책은 문화사업의 흥성과 발전을 더욱 촉진시켰고 통치계급의 지식인을 적지 않게 배양하였다. 738년 대흠무는 사신을 당나라에 파견하여 당례(唐禮), 한서(漢書), 진서(晉書), 16국 춘추(十六國春秋) 등을 베껴오게 하였다. 대흠무는 재위 50여 년 동안에 사절단을 54차례나 당조에 파견하였다. 어떤 해에는 4, 5차례나 파견하기도 하였다. 대흠무 시기에 파견한 유학생수는 그 이전시기보다 많았고 받아들인 내용도 폭넓었기 때문에 유학생들이 가지고 돌아오는 유가경전도 갈수록 더 많아졌다. 그밖에 장안, 낙양, 유주(幽州), 등주(登州), 청주(青州) 등지에 출사한 관원, 사절수령, 왕자, 왕제(王弟)들도 조근(朝覲), 조공(朝貢), 하정(賀正), 숙위(宿衛) 등의 기회를 이용하여 유학의 세례(洗禮)를 얻었다. '유당생'의 증가 그리고 유가경전의 대략적인 수입과 전파는 발해의 문화발전을 대대적으로 촉진하였다.

셋째, 당나라 선진문화의 전파는 발해문화의 신속한 발전을 대대적으로 촉진하였다. 대조영, 대무예, 대흠무 세 왕, 특히 대흠무는 그가 즉위한 다음 해 사람을 당나라 서울 장안에 파견하여 유가경전을 베껴오게 하였고 당조의 선진문화를 적극적으로 받아들이게 하였다. 당나라의 선진문화는 대량으로 발해에 전파되었고 발해는 자기의 실제정황에 알맞게 결합시켰기 때문에 큰 성과를 거두었다. 당나라 선진문화의 영향하에서 발해는 자신들이 필요로 하는 많은 지식인들을 배양하였다. 지금까지 알려진 바에 의하면 발해의 최고 시인은 제3대 문왕 대흠무시기의 양태사(楊泰師)이다. 그는 일본에 출사하였을 때 시 두 수를 지었는데, 지금까지 일본 고시집(古詩集)에 보존되어 있다.[19] 특히 발해 제3대 문왕 대흠무의 두 딸, 정혜공주와 정효공주의 비문은 당나라의 유가문화와 사상이 발해사회에 미친 심각한 영향을 충분히 보여준다. 그러므로 당나라 목종(穆宗)은 발해를 "知義之道"를 행하며 "興華夏同風"[20]한 나라라고 칭찬하였고 당나라 시인 오정균(溫庭筠)은 "車書本一家"[21]라고 하였다. 발해의 우수한 문화는 당나라 문화의 발전에 적지 않은 영향을 끼쳤다.

    모두어 말하면 발해문학이 높은 수준으로 발전하여 '해동성국'의 문화를 자랑할 수 있게 된 것은 당시로서는 비교적 높은 수준으로 발전한 전대(前代)의 기초가 있었기 때문이며 그 기초에서 발해 통치자들이 취한 일부 문화의 발전에 유리한 조치는 발해문화의 발전을 대대적으로 촉진시켰다. 그리고 당나라의 선진적인 문화의 영향은 발해문화의 발전에 큰 영향을 주었다. 발해는 적극적으로 당나라의 선진문화를 받아들여 본민족과 본지구의 실제에 알맞게 결합시켜 창조적인 발해문화, 발해문학을 창조하였다.

---

19) 『경국집(經國集)』권 13.
20) 『원씨장경집(元氏長慶集)』.
21) 『온비경시집전주(溫飛卿詩集箋注)』.

예술

발해의 음악

음악(音樂)은 음향의 예술적 현상을 통하여 현실생활, 체험, 사상과 감정을 반영하는 예술의 한 형태이다. 음악은 사회, 정치, 경제, 문화생활의 반영이며, 그 시대의 사회 문화생활과 직접적으로 밀접한 관계가 있다. 음악은 성악(聲樂)과 기악(器樂) 두 가지로 나뉜다. 발해의 음악에도 성악과 기악 두 가지가 있었다.

발해는 698년에 건립 되어 926년에 망하였다. 발해는 그가 존속한 229년 사이에 원유의 기초 위에서 당나라의 선진생산 기술과 문화를 적극 받아들여 본지역과 본민족의 특점에 맞게 결합시켜 자기의 독특하고 찬란한 문화를 창조하였다. 발해 사회의 정치, 경제, 문화는 매우 발전하였으므로 한때 역사에서 《해동성국(海東盛國)》이라 불리게 되었다.

발해의 음악도 《해동성국》의 실황을 제대로 나타내는 예술로 국내외에 널리 알려졌을 것이다. 그러나 발해 자체가 남겨 놓은 자료가 전혀 없기 때문에 그 전 면모를 이해하기는 매우 어렵다. 지금 단편적으로 일부 남아 있는 문헌자료와 고고학 자료를 모아 발해음악을 서술하려고 한다.

1. 발해 음악 발전의 실황

발해는 민간 음악과 궁전 음악이 발전함에 따라 태상시(太常寺)를 설치하고 발해의 음악, 무용, 제사 등을 관리하였다. 음악, 무용, 제사에 관한 것은 본래 의부(義部)에서 맡아 보는 업무였으나 발해 음악과 무용이 발전하는 수요에 따라 새로 독립적인 기구인 '태상시'를 설치하고 예악과 제사(郊廟之事)를 관리하였다. 『발해국지장편 (渤海國志長遍)』권 15.「직관고. 문직(職官考. 文職)」조에 의하면 "태상시에는 경 1명이 예악(禮樂)과 교묘(郊廟-제사)에 관련된 예악(禮樂)을 관장했는데 나머지 관원들에 대한 것은 자세하지 않다(太常寺卿一人掌禮樂郊廟之事餘官未詳)"라고 하였다. 태상시는 음악뿐만 아니라 무용과 악기 제작도 관장하였을 것이며, 악사(樂師)들의 지도하에 악생(樂生)들이 발해악(渤海樂-발해음악)과 발해무(渤海舞-발해춤)를 창작하여 널리 불렀고, 멀리 외국에까지 전파되게 하였다. 악사, 악생들의 창작이 없었다면 발해악과 발해무는 당(唐)나라, 송(宋)나라, 금(金)나라, 일본(日本)에 까지 전해져 그 나라 궁전 음악의 일종으로 될 수 없었을 것이다.

『금사(金史)』권 39에는 금나라 때 "발해악(渤海樂)과 발해무(渤海舞)를 전문 관리하는 교방(敎坊)을 설치하고 발해악을 익히도록 하였다는 기록이 있다. 교방이란 궁중에서 음악, 무용을 맡아보는 기구였다. 그러므로 금나라에서 설치한 발해교방(渤海敎坊)은 금나라 궁중에서 발해의 음악과 무용을 전수하고 익히는 곳이었다. 금사(金史) 외 중국의 정사문헌(正史文獻), 일본 고대문헌, 조선 고대문헌에 발해교방에 대한 기록은 전혀 없다. 그러나 금사에 기재된 기록으로 보아 발해 자체 내에도 교방이 설치되었을 것으로 추리되며 발해 교방은 가무예술가들로 구성된 국가적 기구로서 태상시(太常侍)에 소속되었다.

거란(契丹)으로 출사(出使)한 송나라 사신은 가는 도중 유하관(柳河

館)에서 발해 유민들이 춤을 추고 노래하는 정경을 보았다고 한다. 이에 관한 사료는 『거란국지(契丹國志)』「왕기공행정록(王圻公行程錄)」에 기록되어 있다. 즉 "발해의 풍속에 세시(歲時)이면 사람들이 한데 모여 노래한다. 먼저 노래와 춤에 능한 사람 몇이 앞으로 나가면서 노래를 부르면 그 뒤로 여러 사람이 따라 부르며 원활하고도 자유롭게 빙빙 돌면서 춤을 춘다."『송회요집고. 번이 2(宋會要輯稿. 蕃夷 二)』에도 같은 내용이 기재되어 있다. 이는 일종의 민간집체무(民間集體舞)로서 발해 사회에 광범히 유행된 전통적인 풍속놀이다.

　　발해 제3대 문왕 대흠무(文王大欽舞)의 둘째 딸 정혜공주(貞惠公主)와 넷째 딸 정효공주(貞孝公主)의 두 비문에 다음과 같은 내용이 새겨져 있다.

① 소루에서 퉁소를 불 때면 그 곡조가 마치 한 쌍의 봉황새가 노래하는 듯 하였고 경대를 마주서서 춤을 출 때면 거울 속에 비낀 그림자 마치 한 쌍의 난조와도 같았다. 簫樓之上, 韻調雙鳳之聲, 鏡臺之中, 舞狀兩鸞之影.
② 황상은 조회마저 정지하고 몹시 비통해 하시며 침식을 잃고 노래와 춤추는 것도 중지시켰다. 조상하는 의식은 관부에 명령하여 빈틈없이 마련하였다. 皇上罷朝興慟, 避寢弛懸, 喪事之儀, 命官備矣.
③ 공주는 '상중'에 쓰여 있는 음란한 시를 읽기 싫어하였고 '백주'에 쓰여 있는 시 읽기를 즐기었다. 그는 대인인이었으나 근심으로 하여 기뻐하지 않았는데 세월은 너무도 빨리 갔다. 장례도 끝내고 영구차도 돌아갔다. 사람들이 그의 영혼을 천당으로 모실 제 주악소리 슬프기도 하였다. 愧桑中詠, 愛柏舟詩, 玄仁匪悅, 白駒疾辭 奠殯已畢, 即還靈輀, 魂歸人逝, 角咽笳悲.

※ '각(角)'은 피리인데 옛날 군중(軍中)에서 사용된 악기의 일종이다. '가(笳)'는 갈잎피리(고대 악기의 일종)

　　위에서 본 바와 같이 "소루에서 퉁소를 불 때면……경대를 마주서서 춤을 출 때면……황상은 너무도 비통하여 노래와 춤추는 것 마저 중지시키고……그의 영혼을 천당으로 모실 제 주악 소리 슬프기도 하였다." 한 것은 발해의 궁전 음악과 무용, 장례(葬例) 때 연주하는 장례악(葬禮樂) 등이 구비되어 있었을 뿐만 아니라 그 수준이 높았다는 것을 알 수 있다. 그리고 피리(角), 갈잎피리(茄), 퉁소 등 악기(樂器)도 갖추어져 있었다.

정효공주무덤벽화(貞孝公主墓壁畵)에도 악기를 휴대한 인물화가 그려져 있다. 정효공주는 대흥(大興) 20년(756년)에 태어나 대흥 56년(792년) 6월 9일 임진(壬辰)에 외제(外第)에서 사망하였으며 그때의 나이는 36세였다. 같은 해 11월 28일 기묘(己卯)에 화룡현 서고성(和龍縣西古城-발해 때의 중경 혁덕부의 소재지)에서 13리 떨어진 용수향 용해촌 용두산(龍水鄕龍海村龍頭山) 발해왕실귀족 무덤지에 안장되었다.

정효공주무덤의 벽화는 무덤안간[墓室]과 무덤안길[甬道-義道] 내에 그려져 있다. 무덤 안길 동, 서 두 면과 무덤 안간의 동, 서, 북, 세 벽에 12명의 인물화가 그려져 있다. 그 중에서 악기를 휴대한 인물화는 무덤 안간 서쪽 벽에 그려졌다. 서쪽 벽에는 인물화가 모두 넷이 있는데 첫 번째 사람은 공주를 보호하는 직책을 담당한 호위병이고 두 번째, 세 번째, 네 번째 사람은 공주를 시중드는 악기(樂伎)들이다. 두 번째 사람은 머리에 두 날개를 교차시킨 복두를 쓰고 얼굴은 희게, 입술은 붉게 칠하였으며 얼굴이 풍만하다. 흰색 바탕에 꽃잎 무늬가 있는 목둘레가 둥근 도포를 입고 허리에는 가죽 띠를 하고 발에는 삼(麻)으로 엮은 신을 신고 두 손은 갈색 비단 주머니를 안고 손에 박판(拍板)처럼 생긴 것을 들었다. 세 번째 사람은 머리에 복두를 쓰고 둥근 얼굴을 희게 칠하였으며, 입술은 붉고 눈썹은 가늘다. 짙은 푸른색 바탕에 꽃잎무늬가 그려진 목둘레가 둥근 도포를 입고 비단주머니를 안고 손에 공후(箜篌 : 현악기의 일종)같은 물건을 들었다. 네 번째 사람은 머리에 복두를 쓰고 작은 입에 입술은 붉게 칠하였으며 얼굴은 아름답고 흰 바탕에 꽃잎무늬가 돋친 도포를 입고 갈색 비단 주머니를 들었는데 비단주머니의 밑 부분이 아래로 향했으며 손에 비파(琵琶) 같은 물건을 들었다.

12폭의 인물화는 공주가 생전에 호화로운 생활을 했음을 반영한 것이다. 즉, 호화로운 궁전에서 무사가 대문을 지키고 시위(侍衛)들이 철퇴와 검을 가지고 뜨락을 지키고 노복들이 둘러서서 시중을 들며 악기(樂伎)들이 노래와 연주로 즐겁게 하고 있다. 시종들은 권장(權杖) 또는 양산을 들고서 따라 다녔다.

정효공주무덤벽화에 그려진 악기(樂器)는 박판(拍板), 공후(箜篌), 비파(琵琶) 세 가지 이다. 박판은 중원지구(中原地區)에서 유행되던 악기이다. 고구려나 말갈족들 사이에서는 박판이 유행되지 않았다. 그러므로 이는 당나라 악기의 일종인 박판을 본받아들였음을 의미한다. '공후' 와 '비파' 는 고구려 사회에서 많이 유행되던 중요한 악기이다. 고구려에는 공후, 비파, 쟁, 생, 젓대, 소, 피리, 긴저 등 우아하고 부드러운 음조를 내는 악기가 있었고 그 밖에도 요고(腰鼓), 제고(齊鼓), 첨고(檐鼓) 등의 북이 있었다. 고구려의 악기는 발해에 이어져 발해악(渤海樂)이 발전하는 기초가 되었다.

정효공주무덤벽화에 그려져 있는 박판, 공후, 비파는 고구려 무덤벽화에서 찾아 볼 수 없다. 그러나 『삼국지』의 「악지」에는 "고구려의 무악에서는 17종의 악기를 가진 큰 관현악단이 연주하고 이에 따라 네 사람이 춤을 췄다. 17종의 악기 가운데는 쟁, 공후, 비파, 긴저, 젓대 등이 있었다."라는 기록이 있다. 이 기록에 의하면 고구려에는 확실히 공후, 비파가 있었음을 알 수 있다.

정효공주무덤 비문과 무덤벽화에 반영된 악기로는 각(角-피리), 공후(箜篌), 비파(琵琶) 등 여섯 가지의 종류가 있어 발해악과 발해무(渤海舞)를 연주 하였을 것이다.

2. 발해 음악이 주변 나라들에 준 영향

발해 사람들에 의해 창작된 발해악(발해음악)은 국내에서 널리 성행하였을 뿐만 아니라 멀리 일본, 당나라에 전해졌고, 발해가 망한 후에는 송(宋), 금(金) 등 나라에까지 전해졌다. 발해악은 740년 (발해 문왕 대흥 4년, 일본 천황 천평 2년) 12월, 일본의 성무천황(聖武天皇)이 발해 사신 이진몽(已珍夢)을 위하여 베푼 잔치에서 처음으로 본국의 악(樂)을 연주 하였다.[1]

발해악은 일본인들의 열렬한 환영을 받았다. 749년(발해 대흥13년, 일본 천평 승보 원년) 12월 정해(丁亥), 5천여 명이 참석한 성대한 불교 법회에서 발해악은 당악(唐樂), 오악(吳樂), 오절전무(五節田舞), 구미무(久米舞) 등과 더불어 연주 되었다.[2]

『일본의 음악』이란 책에 의하면 752년(발해 대흥 16년, 효겸천황 천평 승보4년) 일본 궁정(宮廷)에서 거행한 성대한 동대사(東大寺) 배불의식(拜佛儀式)에서 발해악을 연주하였다.[3] 이리하여 발해악은 일본사람들이 즐겨하고 열렬히 환영하는 일본 궁전 아악(雅樂) 가운데의 중요한 부분으로 조성되었다.

당나라 대종(代宗) 대력(大曆) 12년(777년) 발해는 이미 전에 일본에서 발해로 보내온 여악(女樂-舞女) 11명을 당나라에 보냈다.[4] 이로부터 발해와 일본은 부단히 음악문화교류를 진행하고 있었다는 것을 알 수 있다. 후에 일본은 내웅(內雄) 등을 발해에 파견하여 발해의 음성(音聲-음악 즉 발해악)을

---

1) 『속일본기』13 ; 『발해국지장편』권20. 발해악.
2) 『속일본기』17; 『발해국지장편』권 20. 발해악.
3) 서달음(徐達音), 『발해악고금탐미(渤海樂古今探微)』; 『만족연구(滿族硏究)』1991년 2기; 『고구려 발해 연구 집성』; 『발해』 권2, 129쪽.
4) 『발해국지장편』권1; 『구당서』 「발해전」.

배우도록 하였다. 내웅 등은 발해악 배움이 이뤄지자 763년에 귀국하였다.[5]

『무악요록(舞樂要錄)』의 글을 인용한 『가무품목(歌舞品目)』의 기록에 의하면 '906년 (발해 대위해 13년, 일본 연희 6년)에 발해악으로 태평무(太平舞)의 답무(答舞)를 삼았는데 발해악에 포함된 춤이 신말갈(新靺鞨)이라는 춤인지 대말갈(大靺鞨)이란 춤인지 재고(再考)를 요한다.'[6] 라고 한 것은 발해에서 전해진 악곡(樂曲)일 가능성이 많다.

높은 수준으로 발전한 발해음악은 당, 요, 금, 송 등 나라에도 전해져 그 나라들의 음악 발전에 좋은 영향을 주었다. 발해는 818년 (발해 희왕 주작 7년, 간왕 태시 원년, 선왕 건흥 원년, 당나라 헌종 원화 13년) 4월에 당나라에 악기와 함께 악곡(樂曲) 2부를 보냈다.[7]

발해가 망하고 그 터전에 건립된 동단국(東丹國)은 930년 요(遼)나라에 옥적(玉笛-옥으로 만든 피리)을 바쳤다.[8] 발해가 자체로 제작한 옥적은 료나라에 전해져 요나라 궁전음악의 성황에 더욱 이채를 돋우었다.

발해가 멸망된 후 약 200년이 지나 여진족(女眞族)에 의해 건립된 금(金)에 의연히 '발해악(渤海樂)'과 '발해교방(渤海敎坊)'이 있었고 또 금나라 궁정음악(宮廷音樂) 가운데는 '아악(雅樂)', '연악(燕樂)', '산악(散樂)'과 더불어 '발해악(渤海樂)'이 있었다. 금나라에서의 발해악은 발해악인(渤海樂人)들의 후예에 의해 전승된 것이라고 보인다.[9] 금나라 장종 완안경 명창(章宗 完顔璟 明昌) 연간(1190~1195년)에 발해교방으로 하여금 겸해서 익히도록 했다[10]는 기록이나 발해 교방 30명이 금나라의 교방 50명, 문수서녀공(文繡署女工) 50명, 출궁녀(出宮女) 160명 등과 함

---

5) 서달음, 『발해악 고금탐미』; 『만족연구』 1991년 2기; 『고구려 발해 연구 집성』; 『발해』 권2, 130쪽
6) 『발해국지장편』 권 20 「발해악」.
7) 사회과학원 력사연구소, 『조선전사』(5), 과학백과사전출판사, 1979년, 171쪽.
8) 주국침·위국충, 『발해사고』, 흑룡강성 문물출판사, 1984년, 226쪽.
9) 『금사(金史)』 권31.
10) 『금사』 권 39.

께 활약한 기록은[11] 발해의 악무(樂舞)가 금나라의 궁전에서 전승되고 있었음을 말해 준다. 문헌기재에 의하면 송(宋)나라에서 순희(淳熙) 12년 (1185년) 3월에 발해악(渤海樂)의 연습을 중지 시켰다[12]는 기록과 발해금 (渤海琴)이 송나라 궁중에서 연주되었다[13]는 기재가 있다. 발해금은 현악기(絃樂器)의 일종이다. 그러나 어떤 종류의 금(琴-거문고)인지 확실하지 않다. 그렇지만 발해 음악의 연원을 따져 보면 고구려의 현금(玄琴)이 고구려가 망한 후 고구려 유민들에 의해 발해에 전승되고 발전하여 발해금 즉 발해의 현악기로 되었다. 발해가 망한 후에는 발해악인(渤海樂人)들의 후예들에 의해 송나라에 전승 되었을 것이다 하여 송나라에서 '발해금' 이라고 칭하였다.

---

11) 『금사』 권 12.
12) 『금사』 권 35.
13) 『금사』 권 131.

3. 발해 음악이 높은 수준으로 발전하게 된 기초와 원인

(1) 기초

발해음악이 높은 수준으로 발전하게 된 것은 원유의 기초가 높았기 때문이다. 원유의 기초란 고구려 음악 수준과 말갈(靺鞨) 음악 수준을 가리킨다. 발해는 옛 고구려 지역과 말갈 지역에 건립된 새로운 나라이다. 그 지역 내에 주로 고구려 족과 말갈족이 거주하였다. 때문에 고구려 음악문화와 말갈족의 음악문화는 발해 음악문화의 발전과 직접적으로 관련되며 또한 그의 기초가 된다. 발해는 고구려 음악과 말갈 음악을 계승하여 자기의 독특한 발해악을 창조하였다. 고구려 음악문화와 말갈 음악문화 가운데서 주로 고구려 음악문화가 발해 음악문화에 많이 계승되었다.

1) 고구려 음악

고구려는 당시 동북아(東北亞)에서 제일 강대하고 문화가 아주 높은 수준에 도달하여 세계가 주목하는 나라였다. 고구려 사람들은 노래와 춤을 즐겼다. 음악과 무용, 교예와 각종 놀이 등은 고구려 사람들에게 있어서 언제나 뗄 수 없는 생활의 한 부분이 되고 있었다. 고구려 사람들이 노래를 부르고 춤을 추면서 즐기기를 좋아하였다는 것은 『후한서(後漢書)』, 『삼국지(三國志)』의 「고구려전」에도 쓰여 있다. 『삼국지』에는 "고구려 사람들은 노래와 춤을 즐겨하였는데 수도나 마을들에서는 해가 지면 남녀들이 모여서 무리를 지어 서로 노래하며 즐겼다"고 하였다. 고구려에서는 많은 노래들이 창작되어 불리우고 있었고 무덤 벽화에도 음악 연주와 무용을 그린 것이 많다.

지금까지 알려진 문헌 기재와 무덤벽화에 그려진 그림을 통해서 본다면 고구려에는 약 40종의 악기가 있었다. 즉, 뿔나팔(각), 작은 뿔나팔

(소각), 두 가닥 뿔나팔(쌍두대각), 작은 나팔, 긴 저대(장적), 가로저대(횡적), 의취적, 소피리, 대피리, 도피피리, 소, 생황, 호로생, 패(나패), 현금, 4현금, 6현금, 완함, 5현, 탄쟁, 추쟁, 와공후, 수공후, 봉수공후, 비파, 5현비파, 세운 북(건고), 매단 북(현고), 메는 북(담고), 말북(마상고), 큰북(대고), 흔든 북(도고), 손북, 장고(요고), 제고, 메는 종(담종), 요, 징 등이 있었다.14) 이를 유형 별로 보면 관악기, 현악기, 타악기 등 크게 세 가지가 있었다. 고구려의 악기가 다종다양하였다는 것은 곧 고구려의 기악 음악이 당시로서는 높은 수준으로 발전하였다는 것을 설명한다. 『수서(隋書)』에는 고구려의 가곡으로서 '지서가', '지서무곡'이 있었다는 것을 전하고 있다.15)

고구려 음악은 신라, 백제, 북위, 수, 당, 돌궐, 일본 등 나라에도 널리 퍼져서 그 나라들의 음악 발전에 기여하였다. 고구려 음악은 발해에 이어졌고 발해 음악은 고구려 음악을 주되는 기초로 하여 더욱 새롭게 발전하였다.

2) 말갈 음악

발해의 관할범위 내에는 고구려족이 거주한 옛 지역이 있는 외에 또 말갈족들이 거주한 광대한 지역도 망라되었다. 발해국이 건립되기 전, 말갈족은 7대(七大)부로 나뉘어져 있었고 그들의 활동지역은 대체로 송화강(松花江)과 목단강(牧丹江)을 중심으로 하여 동쪽으로 러시아의 연해주를 지나 바다에 이르렀고 서쪽으로는 송화강과 눈강(嫩江)이 합류하는 지대에 이르고 남쪽으로는 장백산을 넘어 요동(遼東)의 넓은 지역에 이르렀으며 북쪽으로는 흑룡강 중하류 유역에 이르렀다.

---

14) 손영종, 『고구려사』(3), 과학백과사전종합출판사, 1999년, 127쪽.
15) 위의 같은 책, 133쪽.

말갈족의 사회발전 정황은 각 부(部)의 생산력 발전수준이 다르기 때문에 사회 형태, 경제 형태, 문화 발전 정도가 각기 달랐다. 어떤 부(部)는 원시사회 말기의 원시씨족공사제도 시기에 처해 있었고 어떤 부는 원시사회로부터 계급사회에로 전환하는 과도기에 처해 있었으며 백산부와 속말부는 이미 계급사회로 이행하였다. 말갈의 7부 가운데서 흑수말갈부의 사회 발전이 제일 늦었고 속말말갈과 백산말갈은 사회, 경제, 정치, 문화가 상당히 발전하였다. 속말부는 고구려의 통치하에 있었다. 발전한 당나라와 고구려의 봉건적인 선진 생산기술과 문화의 영향 하에서 사회적 발전이 가속화 되었다. 이리하여 속말말갈부에는 계급국가의 경제형태가 이미 나타났고 문화도 더욱 빨리 발전하였다. 『이역지(異域志)』에는 여진인(女眞人) 조상들의 옛 풍속 노래와 춤을 즐겼다는 기재가 있다. 또 『금국지(金國志)』「초흥풍토(初興風土)」에는 금나라 조상들이 사용한 악기로는 고(鼓-북)와 적(笛-피리)이 있었고 노래로는 자고(鷓鴣-메추라기와 같고 조금 큰새)라는 것이 있었는데 그 곡이 아름다워 자고의 소리와 같았다고 하는 기재가 있다. 이는 여진인들의 조상 말갈인들은 피리[笛]를 부는 것을 즐기었고 유명한 악곡(樂曲) '자고곡(鷓鴣曲)'이 있었다는 것을 실증한다. 그리고 말갈인 들은 벚나무 껍질(樺皮)로 각(角-피리)을 만들어 사슴이 우는 소리를 내는 것으로 다른 사슴을 유인하여 잡았다는 기재도 같은 책에 있다.

    말갈인들의 음악문화는 높은 수준으로 발전한 고구려 음악문화에 비길 바 못되지만 그러나 말갈의 음악은 말갈족이 거주하는 지역 내에서 의연히 서서히 발전 하였다. 말갈지역과 고구려 옛 지역에 새로 건립된 발해는 말갈인의 음악 문화를 이어받아 고구려 음악문화와 함께 발해 음악문화를 창조하는 기초로 삼았다.

(2) 발해 음악이 높은 수준으로 발전하게 된 원인

발해 음악이 높은 수준으로 발전하여 국내에 널리 보급되고 주변 나라들에까지 전하여져 그 나라 사람들의 열렬한 환영을 받고 그 나라 사람들의 음악 발전에 좋은 영향을 준 데는 다음과 같은 몇 가지 원인이 있다.

첫째, 발해 통치자들이 음악, 무용을 비롯한 문화 발전에 실시한 유리한 조치는 발해의 음악 발전을 촉진하였다. 제3대 문왕 대흠무(文王大欽茂)는 고왕(高王)과 무왕(武王) 시기에 실시한 무치정책(武治政策)을 버리고 문치정책(文治政策)을 실시하였다. 그는 안으로는 개혁(改革)을 단행하고 밖으로는 개방(開放)을 실시하여 당나라, 일본 등 나라들과의 관계를 밀접히 하고 그들의 장점을 많이 배웠다. 그는 발해의 음악, 무용 등을 포함한 문화의 발전을 추진하는 개혁조치를 실시하였다. 문왕이 죽은 후 국내에 난이 있었고 왕위의 빈번한 교체와 정세의 불안정은 발해의 문화 발전을 일정한 정도로 저해하였다. 그러나 제10대 선왕 대인수(宣王 大仁秀) 시기에 이르러 정치국세가 안정되니 사회 문화 발전이 다시 활기를 띠기 시작하였다.

둘째, 전면적으로 중원(中原)의 선진적인 문화를 적극 받아 들여 본국, 본민족(나라와 민족)의 실제 정황에 알맞게 결합시켰기에 발해의 문화발전을 크게 추진하였다.

『신당서』「발해전」에 발해는 당나라의 '고금의 제도를 배웠다(習識古今制度)'라고 기재 되어 있다. 이는 발해가 당나라의 선진적인 생산기술과 문화, 제반제도를 따라 배웠다는 뜻이다. 중원지구의 선진 생산기술과 문화의 전파는 발해의 정치, 경제, 문화의 발전을 추진하여 9세기에 이르러서는 《해동성국(海東盛國)》이 되었고 발해악(渤海樂), 발해무(渤海舞)는 국내외에 널리 알려졌다. 정효공주무덤벽화 중의 악기(樂伎)가

들고 있는 박판(拍板)은 중원지구(中原地區)에서 유행되던 악기(樂器)였는데 발해가 배워 온 것이다. 이는 발해가 중원의 선진문화를 배운 좋은 실례이다.

셋째, 발해악사(渤海樂師), 발해악생(渤海樂生), 발해악인(渤海樂人)들의 신근한 노력은 발해의 음악, 무용의 발전을 크게 추진하여 세상에 널리 알려진 '발해악(渤海樂)', '발해무(渤海舞)'가 창조되었다.

발해에는 궁전음악과 민간음악이 높은 수준으로 발전하여 사회에 널리 보급되고 주변의 여러 나라들에까지 전해져 그 나라들의 궁전음악의 하나가 되었다. 음악과 무용을 관리하는 기구로는 태상시와 교방이 있었다. 악기로는 관악기, 현악기, 타악기 등 다종다양한 종류가 구비되어 있었다. 발해 음악이 높은 수준으로 발전하게 된 것은 원유의 기초가 좋았기 때문이다. 특히 높은 수준으로 발전한 고구려음악은 발해음악이 발전하는 기초가 되었다. 그리고 발해통치계급들이 실시한 발해문화의 발전에 유리한 조치, 당나라의 선진적이고 고도로 발전한 음악 문화의 영향, 발해사람들의 신근한 노력의 결과이다. 모두어 말하면 발해는 원유의 기초 위에서 선진적이고 고도로 발전한 당나라의 음악문화를 적극 받아들여 본지구와 본민족의 특점에 맞게 결합시켜 독창적인 자기 민족 음악문화를 창조하였다.

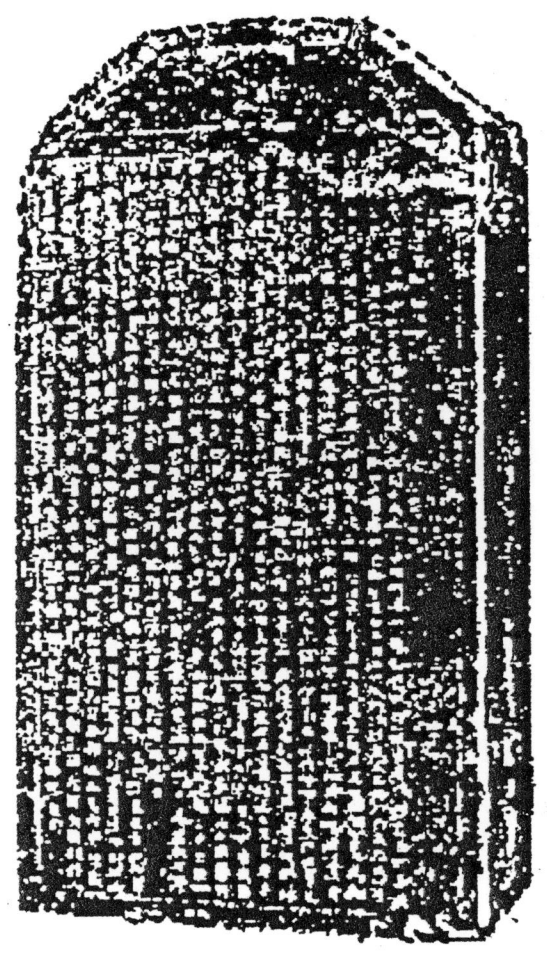

정효공주묘비

정효공주묘벽화

1. 큰뿔나팔 (춤무덤 벽화)   2. 큰뿔나팔 (대안리 1호 무덤벽화)
3. 작은뿔나팔 (고국원왕릉 벽화)   4. 두가닥뿔나팔 (강서큰무덤벽화)
5. 긴저 (고국원왕릉 벽화)   6. 소 (고국원왕릉 벽화)
7. 저대 (춤무덤 벽화)

고구려 관악기

1. 완함(고국원왕릉 벽화)   2. 완함(세칸무덤벽화)   3. 완함(강서큰무덤벽화)

고구려 현악기

1. 세운 북 (평양역전 벽화무덤 벽화)   2. 매단 북 (안악1호무덤벽화)
3. 말북 (고국원왕릉벽화)   4. 메는 북 (수산리벽화무덤 벽화)
5. 메는 북 (약수리벽화무덤벽화)   6. 흔들북 (약수리 벽화무덤 벽화)
7. 장고 (집안(통구)다섯무덤의 4호 무덤벽화)
8. 메는 종(고국원왕릉 벽화)   9. 요 (고국원왕릉 벽화)

고구려 타악기

발해의 무용

발해의 무용(舞踊-춤)에 대해 발해 자체가 남겨놓은 문헌자료는 전혀 없기 때문에 발해의 춤의 실황(實況)을 밝히기는 매우 어렵다. 그러나 중국, 일본 등 나라들의 고대사서(古代史書)에 기재된 토막 자료와 일부 고고학 자료에 의해 그의 실황을 밝혀 보려고 한다.

발해는 고구려 문화와 말갈(靺鞨)의 문화를 계승하였다. 특히 주로 고구려의 문화를 많이 계승하고 선진적이고 진보한 당나라의 문화를 적극 받아들여 본지구와 본민족의 실정에 알맞게 결합시켜 독특한 발해 문화를 창조하였다. 이것이 바로 역사에서 말하는 《해동성국(海東盛國)》의 문화이다. 발해의 춤도 발해의 음악(音樂)과 함께 당시로서는 아주 높은 수준에 도달하였다.

춤이란 사람의 율동적인 움직임을 기본 수단으로 하여 인간생활을 형상적으로 반영하는 예술의 한 형태이다.

발해에서는 음악과 함께 춤(舞-무용)도 높은 수준으로 발전하였다. 발해의 가무(歌舞)로《답추(踏錘)》라고 하는 한 종류가 있었는데 이 춤은 각종 명절과 경축행사 때에 흔히 진행되었다.《답추》는 노래를 잘 부르고 춤을 잘 추는 사람들을 앞세우고 여러 사람이 뒤를 따라 소리를 메우고 받으면서 흥겹게 춤추며 돌아가는 하나의 군중가무이다.《답추》는 군중들이 흔히 추는 집체무이다.

『발해국지장편(渤海國志長篇)』권 16「예속(禮俗)」조에 의하면 북송(北宋)때 요나라에 파견된 송조(宋朝)의 사신 왕증(王曾)은 요나라로 가는 도중 유하관(柳河館-오늘의 요녕성 조양 일대)에 이르러 그곳에 거주하는 발해유민들이 모여서 춤을 추는 것을 보았다고『왕기공행정록(王沂公行程錄)』에 기재했다. 그 원문에 의하면 "발해 풍속에 세시(歲時)마다 사람들이 모여 노래를 부르며 논다. 먼저 노래와 춤을 잘 추는 사람 몇 명을 앞에 세우고 그 뒤를 사녀(士女)들이 따르면서 앞에서 선창하면 뒤에서 따라 화답하면서 흥겹게 노래를 부르며 빙빙 돌고 구르고 하는데 이를 답추라고 한다. (渤海俗, 每歲時聚會作樂, 先命善歌舞者數輩前行, 士女上隨, 更相唱和, 回旋宛轉, 號曰踏錘)"고 하였다.

발해 정효공주무덤비문(貞孝公主墓誌幷序) 제6행에
簫樓之上, 韻調雙鳳之聲,
鏡臺之中, 舞狀兩鸞之影. 라는 구절이 있다.

대의 : 소루에서 퉁소를 불 때면 그 곡조는 마치 한 쌍의 봉황새가 노래하는 듯 하였고, 경대를 마주서서 춤을 출 때면 거울 속에 비낀 그림자가 마치 한 쌍의 난조와도 같았다.

《簫樓》는 진(秦)나라 부마(駙馬-임금의 사위) 소사(簫史)와 공주 농옥(弄玉)이 거처하던 집이다.《韻》은 운인데《韵》과 뜻이 같다.《簫樓之上,

韻調雙鳳之聲》은 소사와 농옥에 대한 이야기에서 발췌한 것인데 이는 부부간의 화목과 화애로움을 나타낸 것이다.

　　진나라에 소사라고 하는 한 젊은이가 있었다. 그는 퉁소를 잘 불었다. 그가 퉁소를 불면 난조라는 새도 음에 맞추어 춤을 출 정도였다. 때마침 진나라 목공(穆公)에게도 농옥이라고 하는 공주가 있었다. 그도 퉁소를 잘 불었다. 진목공은 딸 농옥을 소사에게 시집보내고 봉대(鳳臺)를 지어주어 그곳에서 살게 하였다. 그런데 몇 년이 지난 후 농옥은 봉황을 타고 소사는 용을 타고 하늘로 올라갔다.

　　《鏡臺》는 거울을 안장한 화장대, 《鸞》은 난조라는 새이다. 난조는 봉황새의 일종인데 습관적으로 푸른 봉황새를 가리킨다. 전하는 바에 의하면 난조새는 거울 가운데 있는 자기의 그림자를 보기만하면 그칠 줄 모르고 춤을 춘다고 한다. 때문에 이 구절도 부부간에 의가 좋고 화애로움을 비유하여 쓴 것이다.

제10행에는
皇上罷朝輿慟　避寢懸
喪事之儀, 命官備矣. 라는 구절이 있다.

　　대의 : 황상은 조회마저 정지하고 몹시 비통해 하시며 노래와 춤추는 것도 중지시켰다. 조상하는 의식은 관부에 명령하여 빈틈없이 마련하였다.

　　《罷朝》는 조회를 정지하다, 《慟》은 애통, 《輿慟》은 매우 비통하다, 《避》는 피하다, 혹은 잃다, 《彌懸》은 《徹懸》과 같은 뜻으로 음악을 듣지 않고 오락을 정한다는 것이다. 『예기(禮記)』『곡례하(曲禮下)』에 《祭事不懸》이라 하였다. 《喪事》는 상사에 관한 일, 《儀》는 장사에 관한 의식, 《官備》는 관가에 빈틈없이 준비했다는 뜻이고 《命官備》는 국왕이 관가에 명령하여 상사에 관한 의식을 빈틈없이 준비하였다는 것이다. 이로 보아 정효공주에 관한 상사는 국가에서 맡아 처리한 것 같다.

위의 두 개 구절의 내용은 발해의 궁전과 통치 계급에게는 높은 수준에 도달한 노래와 춤이 있었다는 것을 설명한다.

제7행에는 또 《금비지화(琴瑟之和)》라는 구절이 있다. 《琴瑟》는 거문고와 비파이므로 발해시기에 거문고와 비파 같은 종류의 악기가 있었다는 것을 알 수가 있다. 이러한 악기는 노래와 함께 춤을 추는데 반주의 역할을 담당했을 것이다.

발해 무용은 주변의 여러 나라들에게 전해져 그 나라들의 환영을 받았을 뿐만 아니라 그 나라 궁전무용의 한 부분으로 되어 오래 전해졌다. 일본 인명천황(仁明天皇-833~849년) 당시 아악료(雅樂寮)의 악제개편(樂制改編) 때 발해악(渤海樂)은 우방악(右方樂)에 속하였다. 다시 말하면 《악제개혁》 이전에는 백제악(百濟樂), 고구려악(高麗樂), 신라악(新羅樂), 발해악(渤海樂)이라고 각기 따로 부르던 명칭이 악제 개편 이후에는 고구려악(高麗樂)이란 명칭으로 통합되어 불리었으며, 통합된 고구려악은 우방악(右方樂)에 속하여 중국계와 인도계 음악을 통합한 좌방악(左方樂)의 당악(唐樂)과 대칭을 이루었다. 때문에 발해악에 포함되었던 발해 춤도 우무(右舞)였던 고구려악의 무악(舞樂)에 포함되었을 것이다.

『속일본기(續日本紀)』권 22에 의하면 순인천황(淳仁天皇)은 759년 악녀(樂女)를 귀국하는 발해 사절단에 보냈다는 내용이 기재되어 있고『책부원구(冊府元龜)』권 97에는 777년 발해왕 대흠무는 일본국(日本國)의 무녀(舞女) 11명을 당나라에 바쳤다는 기재가 있다. 이로부터 알 수 있는바 일부의 가무(歌舞)가 발해에 전해져 발해의 가무 발전에 영향을 주었을 뿐만 아니라 또 중원지구(中原地區)에도 전해져 중원 가무문화의 발전에 좋은 영향을 끼쳤다. 이러한 사실은 발해에도 악녀(樂女)와 무녀(舞女)들이 있어 주변 나라들에까지 출국하여 연출하였을 것이라는 것을 추단하게 한다.

발해춤은 발해가 망한 후에도 발해 유민들에 의해 요(遼), 금(金), 송(宋) 등 나라에 전해졌다. 북송(北宋)의 사신이 유하관에서 발해 유민들이 《답추》를 추는 것을 보았다고 하였는데 유하관은 한 때 요나라 지역에 속하였다. 금나라 명창(明昌-1190~1195년) 년간에 발해 교방(渤海敎坊)으로 하여금 겸해서 익히도록 했다(自明昌間以渤海敎坊兼習)는 기재와 발해교방 30명이 금나라 교방 50명, 문수서녀공(文繡暑女工)50명 등과 함께 활약한 기록은 발해무가 금나라 궁중에 전해졌음을 알 수 있다.

발해교방은 발해악과 발해무를 직접 관리하는 전업기구이다. 그리고 또 중앙 행정관리 기구로는 태상시(太常寺)가 설치되어 있어 발해악, 발해무를 관계하였다.

발해는 말갈춤 문화와 고구려춤 문화를 계승하고 당나라의 선진문화를 적극 받아들였다. 특히 고구려음악 문화를 주되는 기초로 하여 독창적인 자기의 발해춤 문화를 창조하였다.

수(隋)나라 고조(高祖-문제)때 말갈사신(靺鞨使者)이 수나라에 가서 조공(朝貢)하였다. 문제(文帝-수문제 양견)는 연회를 베풀어 반가이 접대하였다. 말갈사신은 수행 인원들과 함께 수나라 문제 앞에서 정채로운 말갈무(靺鞨舞)를 추었는데 그 곡절(曲折)은 전투(戰鬪)를 형용하는 것이 많았다. 이것은 씩씩하고 용감한 말갈인들이 싸움에서 용맹을 떨치는 모습을 형상한 것이다. 《말갈무》는 발해가 망한 후 여진(女眞), 만족인(蠻族人)의 무용 가운데 이어졌다.

고구려사람들은 노래와 춤을 즐기었고 높은 수준으로 발전시켰다. 손영종 저『고구려사』(3).「무용조」에 의하면 고구려의 춤은 종류가 많고 형식이 다양하였다. 출연하는 인수에 따라 독무, 쌍무, 군무(群舞-여러 사람이 함께 추는 춤)로 갈라지고 무용수들이 이용하는 악기(樂技)와 소도구(小道具)에 따라 탈춤, 칼춤, 창춤, 북춤 등으로 갈라지며 춤추는 동작에 따라 경무와 연무로 갈라졌다.

힘있고 씩씩한 동작으로 추는 경무 가운데서 대표적인 것은 창춤과 북춤이었다. 이러한 춤은 주로 남자들이 추는 춤이었다. 부드럽고 우아한 동작으로 추는 춤은 주로 여자들이 추는 춤이었다. 부드럽고 우아한 동작으로 추는 춤에서 공통적인 것은 춤추는 사람들이 음악에 맞추어 주로 팔을 놀리면서 춤을 추는 것이다. 그들의 옷차림도 그에 어울리게 소매 긴 저고리, 두루마기를 입고 옷의 색깔도 서로 어기어기 달라지게 맞추었다.

『삼국사기』권32 악지에는 《고려(高麗-고구려)》춤에 대하여 소개 하였는데 이 춤은 17종의 악기로 편성된 기악의 반주에 맞추어 네 사람이 추는 것이었다.

악사들은 자색 비단모자에 새 깃을 장식하고 누런 큰 소매 달린 웃옷에 자색 비단띠를 띠고 통이 넓은 바지에 붉은 가죽신을 신고 오색 물을 들인 줄로 장식하였다.

고구려 춤은 발해에 이어져 더욱 높은 수준으로 발전하였다.

춤이 효과적으로 잘 이루어지려면 막기, 동작(動作-팔, 다리, 몸 등의 놀림)이 잘 배합되어야 하며 무용복(옷차림)과 무구(舞具-춤출 때 사용되는 소도구)도 적당히 갖추어져야 한다. 이러한 정황은 고구려의 춤무덤, 안악3호무덤, 통구12호무덤, 장권1호무덤, 마선구1호무덤 등 무덤벽화에 생동하게 그려져 있다. 발해의 춤은 고구려춤과 말갈춤을 토대로 하여 더욱 높은 수준으로 발전한 춤이기 때문에 노래, 악기, 옷, 소도구 등이 더 잘 배합된 춤이었을 것이다. 그러나 발해 자체가 남겨놓은 자료가 없고 벽화도 제한되어 있어 발해춤의 실황을 제대로 그려 내지 못함이 참으로 유감스러운 일이다.

　　정효공주 무덤비문에 "……경대를 마주서서 춤을 출 때면 거울 속에 비낀 그림자가 마치 한 쌍의 난조와도 같았다"는 공주 부부간의 화목과 화애로움을 나타낸 것으로 부드럽고 우아한 동작으로 춘 쌍무(雙舞)였을 것이다. "황상은 조회마저 정지하고 몹시 비통해 하시며 노래와 춤추는 것도 중지 시켰다."는 궁중(宮中)의 노래와 춤을 반영한 것으로 노래, 악기, 옷, 소도구 등 잘 갖추어진 독무, 쌍무, 군무(群舞-집단무), 행렬무 등이 있었을 것이다. 송나라 사신이 유하관에서 발해 유민들이 추는 집단무를 보았다고 하였는데 이런 춤은 여러 사람이 열을 지어 앞에서 메기면 뒤에서 받으면서 흥겹게 돌면서 춤추는 군무인데 이 경우 옷차림, 몸놀림이 경쾌하게 움직여져 경대 앞에서 춘 공주의 춤과는 대조를 이룬다. 말갈춤과 고구려춤에는 모두 곡절(曲折)이 많고 전투를 형용하는 춤의 종류가 있는데 이러한 춤은 발해에 이어져 씩씩하고 용감한 발해 사람들의 기백을 나타내고 있다.

발해의 회화

발해의 회화(繪畫)에 대해 발해자체가 남겨 놓은 문헌 자료가 전혀 없기 때문에 발해 회화의 실황(實況)을 제대로 알기는 매우 어렵다. 그러나 주로 고고학 자료에 의거하여 살펴보려고 한다.

1. 발해 회화에 관한 자료

발해 회화와 관련 되는 자료는 문헌자료(文獻資料)와 고고학자료(考古學資料) 두 가지로 나누어 볼 수 있다.

(1) 발해 회화에 관한 문헌자료

1) 『해동역사(海東歷史)』, 「발해조(渤海條)」에 《화사회요(畫史繪要)》의 내용을 인용한 데 의하면 "대간지(大簡之)는 발해사람(渤海人)으로 송석소경(松石小景)을 잘 그렸다고 한다. 송석소경은 경물화이다.《송석소

경》을 잘 그렸다는 뜻은 《경물화》를 잘 그렸다는 뜻이다. 발해국지장편(渤海國志長編)』권13. 「유예열전. 대간지조(遺裔列傳.大簡之條)」에 "대간지는 금나라(金代) 때 태어난 사람으로 발해 대씨 왕족의 후예이고 발해국 시기의 화가(畫家)는 아니다"라고 하였다.

이상의 사료로 보아 대간지는 발해 대씨 왕족의 후예로서 《송석소경-경물화》를 잘 그리는 명화가(名畫家-이름난 화가)였다는 것을 알 수 있다.

2) 『송막기문(松漠紀聞)』에 "발해의 후예들이 말(馬)을 잘 그렸다"고 기재하였다. 이 내용이 『발해국지장편』권1. 「총략상(總略上)」에도 게재되어 있다 『해동역사(海東歷史)』에는 대간지는 경물화를 훌륭하게 그렸다고 하였고 『송막기문(松漠紀聞)』에는 발해의 후예들이 말(馬)을 훌륭하게 그렸다고 기재하였는데 이 기록들을 통해 발해사람들 가운데는 그림을 잘 그리는 화가들이 있었고 회화 예술도 비교적 크게 발전하였음을 추리할 수 있게 한다. 그러나 전해 내려온 작품이 없기 때문에 지금까지 그 구체적 정황을 확실히 알 수 없다.

(2) 발해 회화에 관한 고고학적 자료

발해시대 회화미술의 실용범위(實用範圍)는 아주 넓었다. 궁전(宮殿), 사원[寺廟], 무덤, 조각, 공예(工藝) 등 여러 방면에서 벽화조각이 출토 된다. 지금까지 고고 발굴 조사 가운데서 출토된 회화와 그 조각을 모두어 보면 다음과 같다.

1) 1949년 10월 돈화시 육정산(敦化市 六頂山) 진릉무덤(珍陵墓-발해 제2대 무왕 대무예의 무덤)을 조사하고 발굴할 때 주검간의 감탕에서 부서진 돌사자귀, 꽃무늬벽돌, 질그릇 손잡이와 함께 벽화 조각이 나왔다. 돌사자귀와 벽화조각이 발굴 되었다는 것은 특히 벽화조각이 출토되었다는 것은 이 무덤에 벽화가 있었다는 것을 설명한다. 이 무덤은 일찍 도굴당하여 파괴된 정도가 매우 심하기 때문에 벽화의 실태를

알 수가 없다.

2) 1971년 길림성 화룡현 팔가자 하남촌 발해 왕실의 귀족부부 합장 무덤에서 금치레거리[金飾件]를 비롯하여 여러 가지 유물이 많이 출토되었다. 귀족부부 합장 무덤 근처에서 묘상건축물(墓上建築物) 담벽조각에 그려진 벽화조각을 발견하였다. 이 벽화 각에는 구름무늬[卷雲紋]와 화초도안(花草圖案)이 그려져 있다.[1]

3) 발해 상경용천부(上京龍泉府)의 관서(官署)와 침전(寢殿) 등 유지에서도 벽에 그렸던 벽화 조각을 발견하였다.[2] 이 벽화는 대부분 조각이고 도안화이며 완전하지 못하다.

4) 1964년 상경용천부 유지에서 벼루에 새겨진 선각인물화가 발견되었다.[3]

5) 1975년 4월 상경용천부 내성에서 동으로 몇 백 미터 되는 곳에 위치한 한 절터 즉, 오늘의 발해진 토대자촌(土臺子村) 부근에서 사리함(舍利函)을 발견하였다. 사리함에는 꽃과 새의 도안, 상운문(祥雲紋), 사천왕상(四天王像)이 조각되어 있다.[4]

6) 1992년 9월 상경용천부 내성(內城) 동남쪽 성벽으로부터 동쪽으로 약 100m 떨어진 절터에서 벽화조각이 발굴되었다. 이 벽화조각은 지금 상경박물관(上京博物館)에 보존되어 있다.

7) 1980년대에 화룡현 용수향 용해촌(和龍縣 龍水鄉 龍海村) 정효공주무덤 근처에서 길을 보수할 때 벽화조각을 발견하였다.

8) 1958~1960년 러시아 연해지구의 향산절터(香山寺址)를 발굴할 때 절간 벽 외면(外面)에 채색벽화를 그린 것을 발견하였다. 이 벽화는 몇

---

1) 손옥량 저, 『발해사료 전편』, 425쪽 : 왕승례, 「돈화륙정산 발해 무덤 청리발굴기」 『사회과학전선』, 1979년 3기.
2) 곽문괴 저, 「화룡 발해옛무덤에서 출토된 몇 개 금치레거리」 『문물(文物)』 1973년 8기 ; 정영진·엄장록 편, 『연변고대간사(延邊古代簡史)』, 104쪽.
3) 『새 중국의 고고발견과 연구』, 1984년 5월, 문물출판사, 625쪽.
4) 중국사회과학원고고연구소 편, 『륙정산과 발해진』, 중국대백과전서출판사, 1997, 44쪽.

개의 꽃무늬로 조합(組合)되었다.⁵⁾

9) 1980년 10월 길림성 화룡현 용수향 용해촌 용두산(吉林省 和龍縣 龍水鄉 龍海村 龍頭山)에서 발해 제3대 문왕 대흠무(大欽茂)의 넷째 딸 정효공주무덤을 발굴할 때 무덤안길(甬道-羨道) 동·서 두 벽과 무덤 안간에서 벽화를 발견하였다. 벽화는 12명으로 된 인물화이다. 그리고 무덤안간 관대(棺床) 주변 남쪽 부분에 상서도(祥瑞圖)가 그려져 있다.⁶⁾ 정효공주무덤 벽화가 나옴으로써 완전한 발해벽화를 처음으로 볼 수 있게 되었다. 이 중대한 발견은 발해의 역사, 회화예술, 복장, 생활 그리고 풍속을 연구하는데 아주 중대한 의의를 지닌다.

10) 1991년 9월과 10월 사이에 흑룡강성 영안시 삼릉향 삼령둔(黑龍江省 寧安市 三陵鄉三靈屯)에서 발해시기의 벽화 무덤을 발견하였다. 네 개의 벽과 천정, 무덤 안길의 양측엔 정미로운 벽화가 그려져 있다. 벽화는 모두 15명으로 된 인물화이다. 무덤간 천정은 모두 화려한 꽃무늬로 단장하였다. 삼령둔 벽화무덤을 삼령둔 제2호 무덤이라고 한다. 삼령둔 벽화 무덤은 정효공주무덤 벽화가 발견된 후 두 번째로 발견한 벽화무덤이다.⁷⁾

11) 발해의 건축 재료와 불교유물 가운데는 화초도안과 구름무늬 등 그림이 그려진 것이 적지 않게 발굴되는데 이도 발해회화연구에 있어서 일정한 도움이 된다.

---

5) 손옥량 편, 『발해사료전편』, 471쪽 ; 에. 붸. 샤브꾸노프 저·림수산역, 『발해국 및 그가 연해변구에서의 문화유산』제4장 『연해변구의 발해문화유산』. 『동북고고와 력사』 1982년 제1집.
6) 방학봉 저, 『발해문화연구』, 109~110쪽.
7) 흑룡강신문 1991년 12월 18일 제 1판.

2. 정효공주묘 벽화

정효공주(貞孝公主)는 발해 제3대 문왕 대흠무(文王大欽茂)의 넷째 딸이다. 그는 대흥(大興) 20년(756년)에 태어나 대흥 56년(792년) 6월 9일 임진(壬辰)에 외제(外第)에서 사망하였으며 그때의 나이는 36세였다. 같은 해 11월 28일 기묘(己卯)에 화룡현 서고성(西古城-발해 중경 현덕부 소재지)에서 13리 떨어진 용수향 용수촌 용두산(龍水鄕 龍海村 龍頭山) 발해왕실 귀족무덤지에 안장하였다.

(1) 정효공주묘 벽화 발견의 의의

1980년 10월 정효공주무덤을 발굴할 때 무덤안길(甬道) 동·서 두 벽과 무덤 간에서 벽화를 발견하였다. 건국 이래 돈화시 육정산(敦化市 六頂山) 발해왕실귀족 무덤떼 가운데 진릉(珍陵-발해 제2대 무왕 대무예의 무덤)과 화룡현 하남둔(河南屯) 발해 무덤 근처 상경용천부 관서와 궁전 등 여러 유지에서 벽화조각이 나왔다. 그러나 그것은 단지 벽화조각에 불과하였을 뿐 완정한 것은 아니었다. 정효공주무덤 벽화가 나옴으로써 완정한 발해벽화를 처음으로 볼 수 있게 되었다. 정효공주무덤 벽화도 도굴한 사람들에 의해 적지 않게 파괴 되었고 또 오랫동안 풍화의 침습을 받아 어떤 곳은 누기가 들어 그림이 희미해졌지만 지금도 의연히 비교적 완정하게 보존되어 있다. 또한 정효공주무덤 벽화는 그림을 그린 기술이 비교적 뛰어나서 그 선조(線條), 색채, 인물현상, 옷차림, 물건, 기구 등을 분명히 볼 수 있다. 이 중대한 발견은 발해의 역사, 회화예술, 복장, 생활 그리고 풍속을 연구 하는데 중대한 의의를 지닌다.

(2) 정효공주무덤 벽화의 실황

벽화가 있는 무덤 안길과 무덤 간의 크기는 같지 않다. 무덤 간의 길이는 3.10m이고 너비는 2.10m이며 높이는 1.90m이다. 무덤안길(羨道)의 길이는 1.90m이고 너비는 1.60m이며 높이는 1.80m이다.[8]

무덤안길 뒤켠과 무덤간 동, 서, 북, 세 벽에는 12명의 인물 벽화가 있다. 그리고 무덤간 관대(棺床) 주변 남쪽 부분에 상서도(祥瑞圖)가 그려져 있는데 사자의 머리인 듯하다. '상서도'는 심한 손상을 입어 대부분 떨어졌기 때문에 지금은 희미하게 알아 볼 수 있다.

정효공주묘 벽화에 그려진 인물은 그 직분에 따라 무사(武士), 시위(侍衛), 악기(樂伎), 시종(侍從), 내시(內侍)등의 부류로 나누어 볼 수 있다.

1) 무덤 안길 벽화

무덤 안길 뒤켠에는 무덤간 문을 지키는 무사 2명이 그려져 있는데 동쪽과 서쪽에서 서로 마주하고 있다. 키는 약 0.98m이다. 그들은 붉은 술을 단 투구를 쓰고 전포(戰袍 : 갑옷 위에 입는 긴 웃옷, 즉 전쟁 때 입는 군복)를 입고 옷깃을 마주 여미고 검은색 허리띠를 동이고 붉은 옷 가장자리에 검은 이삭 장식을 한 고기 비늘무늬 갑옷을 걸치고 왼쪽 허리에 검을 차고 왼손으로 잡았으며 오른손으로 철퇴(鐵槌 : 무기의 일종)를 잡아 어깨에 메고 우뚝 서서 경계를 하고 있는 모양이다. 몸체의 중간 이하는 색칠이 벗겨져 잘 알 수 없으나 목이 긴 검은 신을 신은 것은 똑똑히 보인다.[9]

---

8) 연변박물관, 『연변문물간편』, 110~111쪽.
9) 연변박물관, 『연변문물간편』, 110~111쪽.

2) 무덤간 동쪽 벽 벽화

무덤안간 동쪽 벽에는 키가 1.13~1.17m 되는 사람 넷이 그려져 있다. 남쪽으로부터 첫 번째 사람은 머리를 빗어 쪽지고 말액(抹額 : 머리띠)으로 둘렀고 얼굴은 희게, 입술은 붉게 칠하였다. 목둘레가 둥근 적갈색 도포를 입고 가죽 띠를 하고 있으며 어깨에는 철퇴를 메고 있다. 두 번째 사람은 두 날개를 교차시킨 복두(襆頭)를 쓰고 있고 둥근 얼굴을 희게 칠하였다. 흰색 바탕에 붉은색 꽃무늬로 장식된 목둘레가 둥근 도포를 입고 가죽 띠를 하고 손에는 구리거울을 들고 있다. 세 번째 사람은 두 날개를 교차시킨 복두를 쓰고 얼굴은 희게, 입술은 붉게 칠하였다. 진한 푸른색 꽃잎무늬로 장식된 목이 둥근 도포를 입고 손에는 흰색 봇짐을 들고 있다. 네 번째 사람은 두 날개를 교차시킨 복두를 쓰고 둥근 얼굴에 흰색을 칠하였다. 붉은색 바탕에 꽃잎장식의 목둘레가 둥근 도포를 입고 가죽 띠를 하고 붉은 봇짐을 들고 있다. 첫 번째 사람은 공주를 보호하는 직책을 담당한 시위(侍衛)이고 두 번째, 세 번째, 네 번째 사람은 공주의 시중을 드는 내시(內侍)들이다.[10]

3) 무덤간 서쪽 벽 벽화

서쪽 벽에도 키가 약 1.13~1.17m되는 사람 넷이 그려져 있다. 첫 번째 사람은 머리를 빗어 쪽지고 말액을 둘렀고 둥근 얼굴을 희게, 작은 입술을 붉게 칠하였다. 가죽 띠를 하고 도포 섶을 걷어 올려 허리띠에 끼우고 왼쪽 허리에는 활 통을 달고 오른쪽 허리에는 검과 화살주머니를 찼다. 오른손으로 검을 잡고 왼손으로는 철퇴를 쥐어 어깨에 메었다. 두 번째 사람은 머리에 두 날개를 교차시킨 복두를 쓰고 얼굴은 희게, 입술은 붉게 칠하였으며 얼굴이 풍만하다. 흰색 바탕에 꽃잎무늬가 있

---

10) 연변박물관, 『연변문물간편』, 110~111쪽.

는 목둘레가 둥근 도포를 입고 허리에는 가죽 띠를 하고 발에는 삼(麻)으로 엮은 신을 신고 두 손은 갈색 비단주머니를 안고 손에 박판(拍板)처럼 생긴 것을 들었다. 세 번째 사람은 머리에 복두를 쓰고 둥근 얼굴을 희게 칠하였으며 입술은 붉고 눈썹은 가늘다. 짙은 푸른색 바탕에 꽃잎무늬가 그려진 목둘레가 둥근 도포를 입고 비단주머니를 안고 손에 공후 같은 물건을 들었다. 네 번째 사람은 머리에 복두를 쓰고 작은 입에 입술은 붉게 칠하였으며 얼굴은 아름답고 흰 바탕에 꽃잎무늬가 돋친 도포를 입고 갈색 비단주머니를 들었는데 비단주머니의 밑 부분이 아래로 향해 있으며 손에 비파(琵琶) 같은 물건을 들었다. 이들 가운데 첫 번째 사람은 보호하는 직책을 담당한 호위병이고 두 번째, 세 번째, 네 번째 사람은 공주를 시중드는 악기(樂伎)들이다.

4) 무덤간 북쪽 벽 벽화

북쪽에는 두 사람이 그려져 있는데 몸을 옆으로 돌려 서로 바라보고 있다. 키는 약 1.17m이다. 서쪽 사람은 날개를 교차시킨 복두를 쓰고 노란색 바탕에 꽃잎무늬로 장식된 목둘레가 둥근 도포를 입고 있으며 허리에는 가죽 띠를 하고 있다. 왼쪽 어깨에는 화살 통을 메고 등에는 활을 지고 두 손은 쌍대가리 지팡이를 가슴 앞으로 들고 있다. 발에는 삼으로 엮은 신을 신고 있다. 동쪽 사람은 두 날개를 교차시킨 복두를 머리에 쓰고 있고 얼굴은 희게, 입술을 붉게 칠하였다. 자색 바탕에 꽃잎무늬가 그려진 목둘레가 둥근 도포를 입고 있다. 왼쪽 허리에는 화살 통을 하고 왼쪽 어깨에는 활을 멨다. 두 손은 양산 같은 물건을 들고 있으며 그 형상이 화개(華蓋) 같다. 이들은 공주를 보살펴 주는 시종(侍從)들이다.[11]

---

11) 리전복, 손옥량, 『발해국』, 137쪽

(3) 정효공주묘 벽화의 화법

공주 무덤의 벽화는 선조가 미끈하고 색깔이 아름다우며 형상이 생동하여 입체감이 난다. 벽화는 먼저 종이에 초고를 작성하며 그 작성한 초고를 무덤 벽에 붙이고 바늘 같은 물건으로 찔러 벽에 묘사한 다음 먹으로 윤곽을 그리고 다홍색, 붉은색, 적갈색, 푸른색, 검은색, 흰색 등을 칠하고 다시 먹으로 선(線)을 올렸다. 지금도 침 같은 물건으로 초고를 찔러 벽에 묘사한 흔적이 남아 있다.

12폭의 인물화는 공주가 생전에 호화로운 생활을 했음을 반영한 것이다. 즉 호화로운 궁전에서 무사가 대문을 지키고 시위들이 철퇴와 검을 가지고 뜨락을 지키고 노복들이 둘러서서 시중을 들며 악기(樂伎)들이 노래와 연주로 즐겁게 하고 있다. 시종들은 권장(權杖) 또는 양산을 들고서 따라다녔다.

화가는 사실주의적 기법을 응용하여 단선과 전면적으로 칠하는 방법으로 여러 인물들의 성격을 그대로 그려냈다. 무사들은 위엄 있고 호위병들은 영준하며 내시와 악기들은 공손하고 겸허하게 표현하였으며, 시종들에게는 공경과 조심성을 부여한 것 같다. 그림의 구성과 배치에서도 좌우가 대칭되고 전후가 조응되게 하는 등 화가의 독특한 지혜를 발휘하였다.

정효공주무덤 벽화에 그려진 인물들의 옷차림은 머리에 복두를 쓰거나 말액을 둘렀고 몸에는 붉은색, 푸른색, 자색, 흰색의 목둘레가 둥근 도포를 입었으며 허리에는 가죽띠를 하고 발에는 가죽신이나 삼으로 엮은 신을 신었다. 이들 인물들의 얼굴 모습은 둥글고 살이 쪘는데 얼굴은 흰색으로, 입술은 붉은색으로 칠하였다. 눈썹은 가늘고 눈은 작으며 코가 낮고 입이 작다.

(4) 정효공주묘 벽화와 당나라 무덤 벽화와의 비교

정효공주무덤의 벽화는 그 풍격, 내용, 인물모습, 옷차림, 휴대한 물건 등 여러 가지 면에서 섬서성(陝西省) 건현(乾縣)에 있는 당나라 고종(高宗)과 그의 처 무측천(武則天)의 건릉(乾陵) 앞에 배장(陪葬)된 영태공주묘(永泰公主墓)와 의덕태자묘(懿德太子墓), 장회태자묘(章懷太子墓) 등에 그려진 벽화의 풍격, 인물모습, 옷차림, 휴대한 물건 등과 비슷한 점이 많다.12) 이는 발해의 회화 예술이 당나라 회화예술 가운데서 우수한 점을 많이 본받았다는 것을 의미한다. 그래서 정효공주 무덤안간 서쪽 벽 두 번째 사람은 두 손으로 갈색 비단주머니를 안고 손에 박판처럼 생긴 것을 들었다. 박판은 중원지구에서 유행되던 악기이다. 고구려나 말갈족들 사이에서는 박판이 유행되지 않았다. 그러므로 이는 당나라 악기의 일종인 박판을 본받아들였음을 의미한다. 그리고 서쪽 벽 세 번째 사람과 네 번째 사람은 '공후'와 '비파' 같은 물건을 들었다. 공후와 비파는 고구려 사회에서 많이 유행되던 중요한 악기이다. 고구려에는 공후, 비파, 쟁, 생, 젓대, 소, 피리, 긴저 등 우아하고 부드러운 음조를 내는 악기가 있었고 그 밖에도 요고(腰鼓), 제고(齊鼓), 첨고(檐鼓) 등의 북이 있었다.13)

발해의 중앙기구로 3성, 6부, 1대, 7시, 1원, 1감, 1국이 있었다. 7시(七寺) 가운데 태상시(太常寺)라는 것이 있는데 그의 직책은 제사, 음악, 무용 등에 관한 일을 관장하였다. 그리고 중앙에 또 음악과 무용을 전문 적으로 관리하고 배양하는 전업 전문기구인 교방(敎坊)이라는 것이 설치되어 있어 당나라의 우수한 악기와 음악을 받아들여 본국의 실제에 알맞은 음악을 창조하고 발전시켰다.

---

12) 리전복, 손옥량, 『발해국』, 137쪽
13) 『조선전사』 권3, 348~352쪽.

정효공주무덤의 벽화는 당나라의 벽화와 비슷한 점도 있지만 또 발해 사람으로서의 독특한 풍격을 나타내는 점도 있다. 이제 그 독특한 풍격을 다음의 다섯 가지로 나누어 보기로 하겠다.

첫째, 정효공주무덤에 그려져 있는 12명의 인물은 모두 남자 차림을 한 인물이며 여자 차림을 한 인물은 하나도 없다. 그러나 자세히 살펴보면 부사, 시위, 시종은 남자이고 악기와 내시는 여자라는 것을 알 수 있다. 그것은 ① 공주는 여자이기 때문에 문을 지키고 보위를 담당한 무사, 시위, 시종은 남자가 그 직책을 짊어졌을 것이고 공주의 시중을 드는 내시와 악기는 마땅히 여자가 그 직무를 담당하였을 것이다. ② 악기와 내시는 모두 여자를 남자로 차림하였다. 그들은 머리를 빗어 높이 쪽지고 얼굴을 희게, 입술을 붉게 칠하였으며 얼굴과 뺨은 포동포동하고 눈썹과 눈이 가느스름하며 코가 낮고 입이 작고 후두(喉頭)가 앞으로 돌기(突起)하지 않았고 몸맵시가 아름답고 옷차림이 화려하였다. 이러한 사실은 여자들에게만 구비되는 특징으로 여자를 남자로 차림하였음이 틀림없다. 특히 공주가 여자라는 것을 생각할 때 그의 시중을 드는 내시는 여자로 선정하여 시중을 들게 하였을 것이다.

둘째, 정효공주무덤 벽화는 관대 남쪽 주변에 있는 상서도를 제외한 나머지 벽에 그린 그림이 모두 인물화이고 인물마다 자기 직분에 따라 검, 활, 철퇴, 악기, 봇짐, 활통, 화살통, 구리거울 등을 휴대하였다. 이러한 사실은 발해 사람들이 종래로 지혜롭고 용감무쌍하며 음악을 즐겼다는 것을 설명한다. 그리고 전통적인 사신도(四神圖)인 청룡(青龍), 백호(白虎), 주작(朱雀), 현무(玄武)와 같은 상서도(祥瑞圖)는 그리지 않았다.

셋째, 정효공주무덤 벽화 가운데 도포, 비단주머니, 봇짐, 활통, 화살통에는 모두 도안 혹은 장식화를 그렸다. 도안은 대부분이 식물도안이고 소수가 동물도안이다. 식물도안은 붉은색, 다홍색, 적갈색, 푸른색, 흰색, 검은색 등으로 곱게 칠하였는데 그 형태는 부채 모양, 둥근 모양, 네모 모양 등이 있다. 이러한 도안들은 당나라 벽화에서는 찾아보기 어렵다. 특히 옷에 그린 도안은 당나라 무덤벽화에서는 찾아 볼 수 없다. 이는 발해 사람들의 독특한 풍격과 습관을 나타낸 것이고 발해 사람들의 회화예술과 장식예술이 매우 높은 수준으로 발전하였다는 것을 설명한다.

넷째, 정효공주무덤 벽화에 그려진 인물들이 휴대한 기물, 무기, 악기를 당나라의 무덤 벽화에 그려진 그것들과 비교하여 보면 비슷한 점들이 있긴 하지만 자세히 살펴보면 발해 사람들의 독특한 특징이 반영되었다. 예컨대 정효공주무덤 벽화에 그려져 있는 철퇴의 손잡이 아랫부분은 흰색으로, 윗부분은 검은색으로 칠하였는데 그 부분의 크기가 크다. 그러나 당나라 의덕태자(懿德太子)무덤 벽화에 있는 철퇴의 자루는 모두 검은색으로 칠하였고 윗부분이 작다. 시위들이 메고 있는 활을 비교하면 정효공주무덤 벽화에 있는 활은 등을 검은색, 안쪽 부분을 흰색으로 칠하였다. 안쪽 부분은 또 흰색을 바탕으로 하여 그 위에 '〈' 형 도안을 그렸다. 활의 시위는 팽팽하다. 그러나 의덕태자무덤 벽화의 활은 색깔과 도안을 그린 흔적이 보이지 않는다. 활시위는 느슨하고 짐승의 꼬리로 만든 피투(皮套 : 가죽으로 만든 주머니)를 씌웠다. 화살통 모양도 같지 않음을 볼 수 있다. 정효공주 무덤 벽화에는 밑이 둥근 원통형의 화살통 하나가 있다. 화살통에는 머리를 뒤로 둘리면서 날쌔게 달리는 노루 한 마리가 그려져 있다. 당나라 무덤벽화에서는 이와 비슷한 화살통을 찾아 볼 수 없다.

다섯째, 옷차림에서도 같지 않음을 볼 수 있다. 정효공주무덤 벽화의 인물들이 입은 도복은 모두 길고 그 아래 끝이 발등까지 내리드리웠다. 그러나 당나라 무덤 벽화에 있는 도복은 모두 짧고 그 아래 끝이 장화를 신은 신목 첫 부분까지만 내리드리웠다.

위에서 서술한 바와 같이 발해는 자기 나라의 회화예술을 바탕으로 당나라의 발전된 회화예술을 적극적으로 흡수하여 본국의 실제 정황에 알맞은 회화예술을 창조·발전시켰다.

(5) 정효공주묘 벽화와 고구려무덤 벽화와의 비교

고구려의 통치 계급은 사람이 죽은 후에도 영혼은 있어 살아 있을 때와 마찬가지로 권력과 부귀영화를 누린다고 믿었다. 이리하여 무덤 안을 지상의 생활환경처럼 그림으로 장식하였다.

지금까지 알려진 고구려의 벽화 무덤은 모두 68기[14]로 길림성을 중심으로 한 일대에 14기, 평양시와 평안남도에 43기, 황해남도에 5기, 기타 지역에 6기가 있다.

고구려의 벽화 무덤에는 무덤의 안길에서부터 문간, 앞간, 곁간, 안간, 천정 등에 여러 가지 그림이 그려져 있다.

벽화는 대부분 자연돌로 쌓은 벽면에 석회, 모래, 황토 등을 섞어 버무린 회사무리를 하고 회죽을 곱게 바른 위에다 그림을 그리기도 하고 더러는 깨돌이나 대리석(호남리 사신무덤)을 다듬어 만든 통돌 벽면에 직접 그리기도 하였다.

정효공주무덤 벽화는 완정한 무덤 벽화로서 우리들에게 처음으로 발해 사람들의 형상을 보여주었다. 『발해국지장편』권13 「유예열전」에 의하면 발해족의 후예인 민간화가 대간지(大簡之)는 경물화를 훌륭하게 그렸다고 하였고 『송막기문』에는 발해의 후예들이 말[馬]을 훌륭하게 그렸다고 하였고 발해유적에서 발굴되는 벽화조각에 의하면 발해 사람들

---

14) 『조선전사』권3, 348~352쪽.

가운데는 그림을 잘 그리는 화가들이 있었고 회화예술도 비교적 크게 발전하였음을 추리할 수 있다. 그러나 전해 내려온 작품이 없었기 때문에 지금까지 그 구체적 정황을 확실히 알 수 없었다.

　　1949년 이래 발해 고고발굴사업이 진전됨에 따라 발해의 무덤과 유지들에서 벽화조각을 발견하였다. 육정산 진릉의 무덤, 하남둔 무덤근처, 상경용천부 궁전과 관서, 사원유지 등에서 벽화조각을 발견하였다. 이러한 벽화조각을 통하여 발해의 궁전과 무덤에 절간 벽화를 그린 것이 있다는 것을 짐작 할 수는 있었지만 그 구체적인 형상에 대해서는 알지 못하였다. 1980년 정효공주무덤의 벽화가 발견됨으로써 처음으로 발해벽화의 인물현상을 보게 되었다.

　　아래에 발해 정효공주무덤 벽화와 고구려 무덤 벽화를 대비하여 분석하려고 한다. 고구려 무덤 벽화의 실물을 전면적으로 보지 못해 채 대비하기 때문에 결함이 있으리라고 믿는다. 발해사를 깊이 연구하고 계시는 선배들의 사심없는 지적을 바란다.

　　지금까지 알려진 고구려 벽화무덤은 모두 68기이고 발해의 벽화무덤은 정효공주무덤 벽화와 삼령둔 2호 무덤 두 기뿐이다. 그중 삼령둔 2호 무덤 발굴보고서가 아직 발표되지 않고 있기 때문에 그 구체적 정황은 알 수가 없다.

　　발해 정효공주무덤 벽화는 무덤 안길 뒤켠에 무덤간 문을 지키는 무사 2명이 그려져 있고 무덤간 동, 서, 북 세 벽에 10명의 시위, 악기, 시종, 내시들이 그려져 있으나 무덤 안간 관대 주변 남쪽 부분에는 상서도가 그려져 있을 뿐, 천정과 남쪽 벽에는 그림을 그리지 않았다. 그러나 고구려 벽화무덤은 무덤의 안길에서부터 문간, 앞간, 곁간, 안간, 천정 등에 빈 곳이 없이 여러 가지 그림이 그려져 있다.

　　발해 무덤 벽화 가운데서 완정한 것으로 세상에 알려진 것은 오직 정효공주무덤 벽화 하나밖에 없기 때문에 발해 무덤 벽화의 발전과정은 알 수 없다. 그러나 고구려 무덤 벽화는 이미 발굴된 것만 하여도 68기나 되기 때문에 시기에 따라 변화된 정황을 명확히 알 수 있다. 4세기에서 6세기 초까지 인물풍속도와 인물풍속 및 사신도가 병존하다가 6세기 중반 이후에 사신도가 점차 주된 자리를 차지하였다.

고구려 무덤 벽화의 주제 내용은 대체로 인물 풍속도, 사신도, 장식무늬도 등 세 가지 종류로 나눌 수 있다. 인물 풍속도는 주로 주인공, 의장대, 사냥, 전투, 씨름, 손치기(수박희), 활쏘기, 음악, 무용, 교예, 부엌, 창고, 푸줏간, 마구간, 외양간, 성곽, 궁전 등을 그렸다.

인물풍속을 그린 그림으로서 대표적인 것은 안악 1·2·3호 무덤, 덕흥리 무덤, 씨름 무덤, 통구 12호 무덤, 마선구 1호 무덤, 수산리 무덤 등의 벽화이다. 그 가운데서 안악 3호 무덤의 벽화를 예로 든다면 문간에는 문지기 장수들을 그렸으며 앞간에는 무사, 의장대, 고취악대, 손치기 등을 그렸고 서쪽 곁간에는 주인공이 국사를 보는 장면을 그렸으며 이 칸의 남쪽 벽에는 여자 주인공을 그렸다. 동쪽 곁간에는 방앗간, 우물, 부엌, 창고, 푸줏간, 외양간, 마구간 등을 그렸다. 회랑의 바깥쪽 벽면에는 25명이 넘는 대행렬을 그렸다. 안간 동쪽 벽에는 춤을 추는 장면의 인물들을 그렸고 안간 천정에는 연꽃무늬와 해, 달을 그렸으며 앞간과 안간 사이의 기둥 윗머리에는 무서운 얼굴을 한 괴이한 귀신들이 그려져 있다.

고구려 무덤 벽화에는 남자 주인공과 여자 주인공이 그려져 있는데 이는 고구려 무덤 벽화의 중요한 특징 가운데 하나이다.

사신도는 고구려 벽화에서 큰 비중을 차지하고 있다. 고구려 사람들은 동·서·남·북을 지키는 수호신으로 청룡, 백호, 주작, 현무를 무덤 벽에 그려 주인공의 수호를 상징하였다.

고구려 무덤 벽화에는 다양한 장식무늬들이 그려져 있는데 크게 식물무늬, 기하무늬, 구름무늬 기둥과 두공 등으로 나누어 볼 수 있다.

식물무늬에는 연꽃무늬, 인동무늬, 넝쿨무늬 등이 많으며 그것들이 넝쿨로 길게 연결된 것도 적지 않다. 또한 기하무늬에는 둥근 무늬, 거북잔등무늬, 노전무늬, 바둑무늬, 톱날무늬 등이 있다.

발해 정효공주무덤 벽화에는 무사, 시종, 내시, 악기 등 12명의 인물을 그렸을 뿐 사신(四神)과 무덤의 주인공은 그리지 않았다. 주인공을 나타내지 않고 시종과 내시 그리고 악기들만 관대 주변의 세 벽에 그린 것은 발해 정효공주무덤 벽화의 주요한 특징이다.

고구려 남자들의 기본적인 옷차림의 구성은 크게 바지, 저고리, 겉옷이다. 바지에는 통이 좁은 것과 넓은 것이 있는데 통이 좁은 것은 백성들이 입었고 통이 넓은 것은 지배계급들이 위풍을 돋우기 위하여 입었다.

저고리 길이는 짤막하여 양복 저고리만하고 앞은 완전히 터졌으며 곧은 깃을 달고 소매 끝과 깃에 선을 달았으며 허리에는 띠를 매도록 되어 있었다. 지배계급들은 넓은 소매통과 선이 화려한 저고리를 입었다.

겉옷은 두루마기 같은 긴 것과 저고리만한 덧저고리가 있었는데 긴 겉옷은 흔히 예절을 차릴 때 입었고 덧저고리는 아무 때나 입었다. 겉옷을 입을 때에는 반드시 허리에 띠를 맸다. 띠는 흔히 천, 색실, 가죽으로 만들었는데 부유한 층은 위엄을 나타내기 위하여 가죽 띠 위에 금속장식물을 붙였다.

발해 정효공주무덤 벽화에 그려진 인물들의 옷차림은 몸에는 붉은색, 푸른색, 자색, 흰색으로 된 목 둘레가 둥근 긴 도포를 입었으며 허리에는 가죽 띠를 하였고 도포 안에는 내의(內衣)혹은 중단(中單 : 도포와 내의사이에 입는 옷)을 입었다.

고구려 남자들의 머리 꾸밈에서 중요한 것은 머리 트는 방법이었다. 머리 트는 형식은 두 가지인데 하나는 큼직하게 하나로 묶은 외상투이고 다른 하나는 쌍상투이다 그 중 쌍상투는 보기 드물고 외상투가 많았다.

머리쓰개에는 머리수건, 절풍(折風), 책, 관 등 여러 가지가 있었다.

머리수건은 주로 평민들이 썼고 지배계급은 사냥할 때 사용하였다. 절풍은 검은색의 테와 그 앞쪽에 흰색의 가리개를 붙이고 양옆에 끈을 단 머리쓰개이다 지배계급은 절풍에 새깃을 두 개 꽂아 장식하였는데 그것이 새깃인지 금동으로 만든 것인지에 따라 높고 낮음을 구별하였다.[15] 책은 모자 테에 윗부분을 덧댄 것으로 앞보다 뒷부분이 한층 더 높으며 두 가닥으로 갈라지면서 앞으로 구부러진 것이다. 이는 주로 왕의 측근자 혹은 문관들이 썼다.[16] 관은 왕과 귀족들이 쓰는 화려하게 장식한 머리쓰개였다.

정효공주 무덤벽화 인물들의 머리꾸밈은 머리를 빗어 쪽지고 말액으로 머리를 둘렀거나 두 날개를 교차시킨 복두를 썼을 뿐 고구려 사람들이 쓴 절풍, 책, 관 등은 보이지 않는다.

고구려의 남자 신은 목이 달린 것과 달리지 않은 것이 있었다. 이 신들의 특징은 모두 코가 도드라져 나온 것이다. 그러나 정효공주무덤벽화에 그려진 인물들이 신은 검은색 가죽신과 삼신은 모두 코가 도드라져 나오지 않았다. 목이 달린 가죽신을 암모화(暗摸靴)라고 한다. 『발해국지장편』권17 「식화고」에 "발해사람들은 목이 긴 가죽신을 잘 만들었다. 현석 6년(878년)에 일본을 방문한 발해 사신 양중원(楊中遠)은 암모화를 선물로 주었다. 말대 왕 19년(925년) 발해 사신 배구(裴璆)는 목이 긴 가죽신을 후당(後唐)에 공물로 바쳤다. 이 신은 가죽으로 만든 것으로 밤행군에 알맞아서 암모(暗摸)라고 하였다"[17]라고 한 것으로 보아 정효공주 무덤벽화 인물 가운데서 검은 가죽신은 이 암모화일 것이다.

정효공주 무덤벽화에 그려져 있는 악기(樂伎)들이 휴대한 악기로는 박판, 공후, 비파 세 가지 종류가 있다. 이러한 악기들은 고구려 무덤벽

---

15) 『위서』권100 열전 고구려.
16) 『조선전사』권3, 400쪽.
17) 『흑룡강문물총간』, 1983년 2기, 40쪽

화에서는 찾아볼 수 없다. 그러나 『삼국지』의 악지에는 "고구려의 무악에서는 17종의 악기를 가진 큰 관현악단이 연주하고 이에 따라 네 사람이 춤을 췄다. 17종의 악기 가운데는 쟁, 공후, 비파, 긴저, 젓대 등이 있었다."라는 기록이 있다. 이 기록에 의하면 고구려에는 확실히 비파, 공후가 있었음을 알 수 있다. 그러나 박판이 있었다는 것은 분명하지 않다. 비록 고구려 무덤벽화에 비파와 공후가 그려져 있지 않지만 고구려 무악에서 널리 사용되고 있었다는 것으로 보아 발해국이 건립된 후 비파와 공후를 의연히 계승하여 사용하였을 것이며 이를 정효공주 무덤벽화에 반영한 것은 이상한 일이 아님을 짐작할 수 있다. 고구려 무악에서 박판을 사용했음은 벽화나 문헌에서 찾아볼 수 없다. 박판은 중원지구에서 널리 유행되던 악기의 일종이다. 문왕 대흠무는 대내적으로 개혁을 단행하고 대외적으로 개방하여 선진적인 당나라 봉건문화와 생산기술을 적극적으로 받아들이는 가운데 당나라 악기의 일종인 박판을 받아들여 발해 악기의 종류를 다양하게 하고 발해악의 내용을 풍부하게 한 것 같다.

정효공주무덤 안길 뒤에 그려져 있는 무사는 철퇴를 잡아 어깨에 메고 경계를 서고 있으며 무덤 안간 동쪽 벽 남으로부터 첫 번째 사람과 서쪽 벽 첫 번째 사람도 철퇴를 어깨에 메고 있다. 고구려 무덤 벽화에서는 무사가 귀족을 호위하는 장면은 찾아볼 수 있어도 철퇴를 어깨에 메고 경계를 서는 그림은 찾아볼 수 없다.

정효공주무덤 벽화 가운데 활통과 화살통에는 모두 도안 혹은 장식화가 있다. 도안은 대부분이 식물도안이고 적은 수의 동물도안도 있다. 그러나 고구려 무덤벽화 가운데의 화살통에는 발해 정효공주 무덤벽화 가운데의 화살통과 활통에 그려져 있는 동물과 식물 도안 그리고 장식화가 그려져 있지 않다.

이상과 같이 발해 정효공주무덤 벽화와 고구려 무덤 벽화를 대비하여 다른 점을 찾아보았다. 그러나 같은 점을 찾는다는 것은 매우 어려운 일이다. 특히 현재의 조건하에서 같은 점을 찾는다는 것은 너무나 시기상조인 것 같다. 그 이유는 다음과 같다.

첫째, 정효공주무덤 벽화는 지금까지 세상에 알려진 발해 벽화 가운데서 오직 하나밖에 없는 비교적 완정한 벽화이다. 그러나 무덤 안간과 무덤 안길에는 무사, 시종, 악기 등 12명의 인물화를 그렸을 뿐 다른 것은 그리지 않았다. 고구려 무덤벽화는 지금까지 발굴된 것이 모두 68기로 인물 풍속도, 사신도, 장식무늬도 등 사회생활 전면을 포괄하고 있으며 그 주제 내용도 다종다양하다. 그러므로 발해 정효공주무덤 벽화와 고구려 무덤 벽화는 근본적으로 비교할 바가 못 된다.

둘째, 발해 정효공주무덤 벽화의 특징을 찾으려면 마땅히 말갈족의 무덤 벽화와 고구려 무덤 벽화, 당나라 무덤 벽화 등을 서로 대비하여 연구하여야 한다. 고구려 무덤 벽화는 68기나 되기 때문에 능히 대비할 수 있고 당나라 영태공주무덤과 의덕태자무덤, 장회태자무덤 등에 그려진 벽화의 풍격, 인물의 모습, 옷차림, 휴대한 물건 등과도 서로 대비·연구하여 같은 점과 다른 점을 찾을 수 있다. 그러나 발해국이 건립되기 전까지 말갈족 자체가 남겨놓은 무덤 벽화가 없기 때문에 정효공주무덤 벽화가 말갈족 무덤 벽화 문화예술을 계승하였는가, 계승하지 않았는가, 같은 점과 다른 점은 무엇인가 하는 데 대해 운운할 수 없다.

셋째, 무덤벽화는 당시 현실 사회생활의 반영이다. 당시의 발해 왕궁과 귀족, 관료들의 생활과 옷차림이 무덤벽화에 반영되었을 것이다. 정효공주무덤 벽화는 단지 공주 생활의 일면만 반영하였을 뿐 사회전면을 반영하지 못하였다. 만약 국왕 혹은 고급귀족의 무덤 벽화라면 인물

풍속, 장식 무늬 등 사회전면을 반영하는 내용을 그렸을 것이다. 때문에 벽화의 풍격, 인물모습, 옷차림, 휴대한 물건, 사신(四神), 장식무늬 등에 대해 전면적인 것을 알 수 없다.『신당서』「발해전」에 의하면 3품 이상의 공복(평상시 관료들의 예복) 의 복색은 자색(가지빛)이고 홀은 아홀이며 패물은 금어대이다. 4품·5품의 공복은 비색(짙은 붉은빛)이고 홀은 아홀이며 패물은 은어대이다. 6품·7품의 공복은 연한 비색이고, 8품·9품의 공복은 녹색인데 이것들의 홀은 다 나무홀이다"라고 하였다. 872년, 현석왕 원년에 일본에 파견된 발해 대사 양성규는 정당성 좌윤 정4품 위군상진장군 사자(賜紫) 금어대였고 부사 이여성은 우맹분위소장 정5품 사자 금어대였다. 여기서 사자, 금어대, 은어대, 홀, 복색 등은 등급의 표시이다. 현실 생활에 존재한 옷차림과 등급을 표시하는 제도는 무덤벽화에도 반영되었을 것이다. 유감스러운 것은 지금까지 발해왕들의 무덤벽화를 발견하지 못하였기 때문에 발해 벽화의 진실한 내용을 알 수 없는 것이다.

넷째, 발해 초기의 무덤벽화의 문화예술을 반영하는 벽화는 지금까지 발견하지 못하였다. 1949년 진릉과 정혜공주무덤을 정리하는 과정에서 벽화조각을 얻었을 뿐이다. 단편적인 몇 개의 벽화조각으로는 발해 초기의 벽화 문화예술을 도저히 이해할 수 없다. 사회생산력이 발전함에 따라 발해의 문화예술도 발전하였으니 무덤 벽화도 그에 따라 변화되었을 것이다. 정효공주무덤 벽화는 발해 중기에 속하는 벽화이니 초기의 무덤벽화에 비해 꼭 변화가 있었을 것이라고 믿어진다.

다섯째, 진릉과 정혜공주묘는 석실봉토묘이다. 그러나 정효공주묘는 전실봉토묘 위에 탑을 쌓았다. 이는 초기 고구려의 석실봉토묘 장례습관을 계승하였으나 중기에 이르러 당나라 문화를 적국 받아들이면서 전실봉토묘와 그 위에 탑을 쌓는 장례습관을 받아들였음을 설명한다. 그러나 발해는 또 탑을 쌓은 무덤 안간에 공주 혹은 기타 왕공귀족을 매장하는 독특한 장례습관도 창조하였다. 장례습관이 변화하듯이 옷차림도 변화가 있었으리라고 생각된다. 어떤 변화가 있었는가 하는 것은 앞으로 발해 고고발굴사업의 발전을 기대할 수밖에 없다.

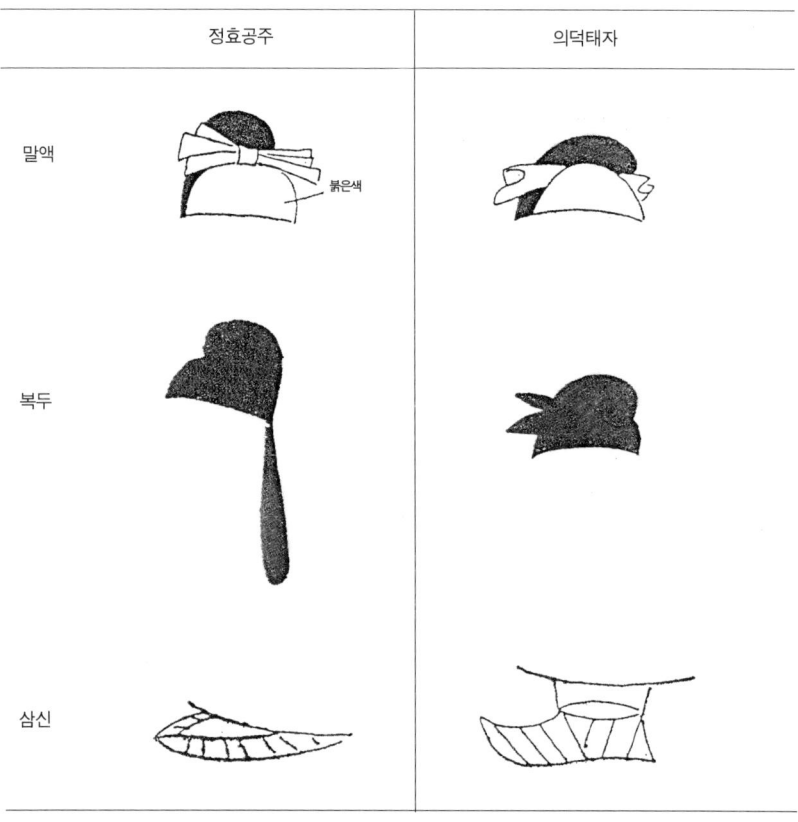

정효공주 무덤벽화와 의덕태자 무덤벽화 대비도

목둘레가 둥근 도포(圓領長袍)

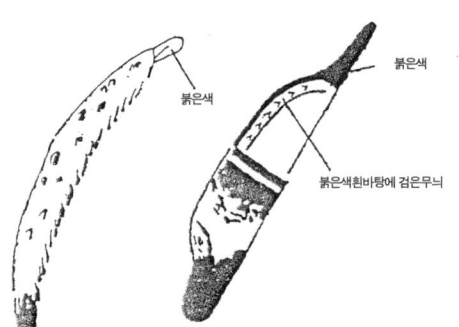 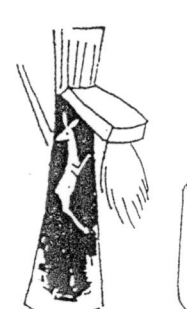 

활통과 화살통

철퇴

묘실 서쪽 벽 시위내의 복식 도안

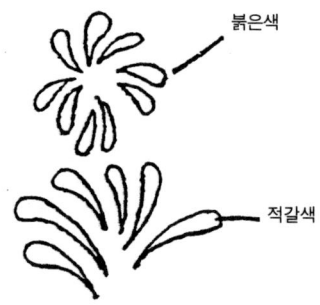

묘실 서쪽벽 북으로부터 제1인 복식 도안

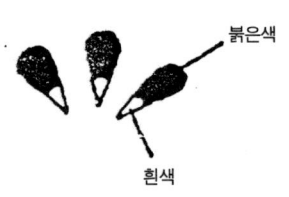

묘실 서쪽 벽 북으로부터
제2인 도포 윗부분 복식 도안

묘실 동쪽 벽 북으로부터
제2인 도포 아랫부분 장식 도안

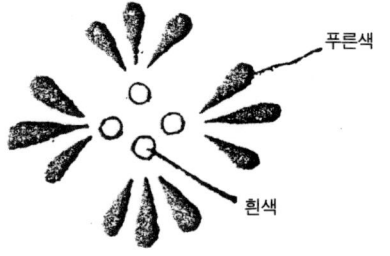

묘실 서쪽 벽 북으로부터
제2인 봇짐의 장식 도안

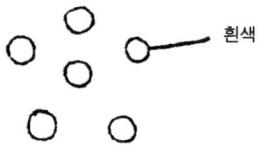

묘실 동쪽 벽 북으로부터
제2인 내의 도안

묘실 북쪽 벽 동쪽 켠 시종 복식 도안

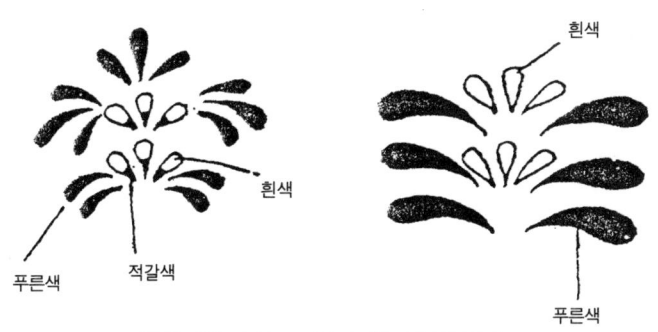

묘실 서쪽 벽 북으로부터 제3인 복식 도안

고구려 남자들의 머리쓰개

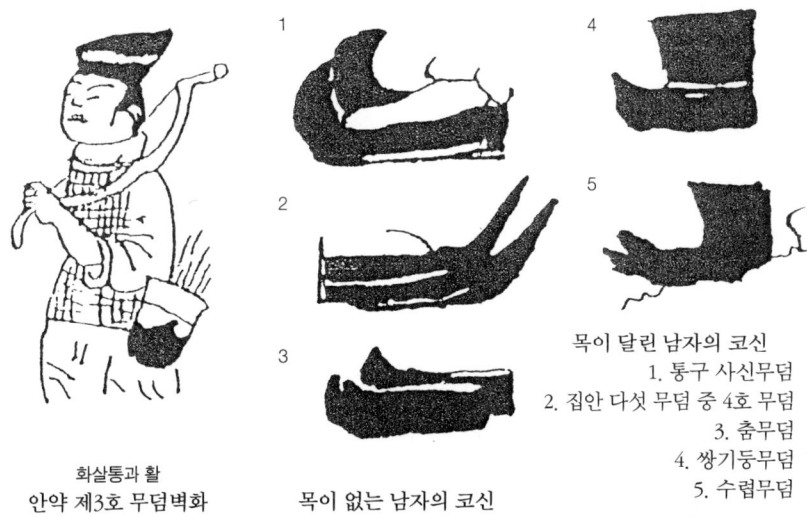

화살통과 활
안약 제3호 무덤벽화

목이 없는 남자의 코신

목이 달린 남자의 코신
1. 통구 사신무덤
2. 집안 다섯 무덤 중 4호 무덤
3. 춤무덤
4. 쌍기둥무덤
5. 수렵무덤

고구려 남자들이 사용한 활, 화살통, 신

고구려 남자 관원들이 입은 복장

1, 3. 약수리 벽화무덤
2, 4. 미천왕 무덤

3. 3령둔 2호 무덤 벽화

1991년 9월과 10월 사이에 흑룡강성 영안시 삼릉향 삼령둔(黑龍江省 寧安市 三陵鄕 三靈屯)에서 발해시기의 벽화무덤을 발견하였다. 무덤은 무덤길, 무덤안길(甬道), 무덤간(墓室) 세 부분으로 이루어졌다.

무덤간과 무덤안길의 바닥, 벽과 천정은 석회석으로 현무암 규격석을 두툼히 쌓아 발랐고 네 면의 벽과 천정 그리고 무덤안길의 양측엔 정미로운 벽화가 그려져 있다. 무덤간 동, 서 두 벽에는 각기 4명의 인물을 그렸고 북쪽 벽에는 3명, 남쪽 벽에는 2명을 그렸으며 무덤 안길 동, 서 두 벽에 각기 무사 1명씩 그렸다. 벽화는 모두 15명으로 된 인물화이다. 무덤간의 인물화는 정효공주무덤 벽화의 인물화 같은 풍격으로서 얼굴이 포동포동하고 풍만하며 무사, 시위, 내시, 악사 등 무덤 주인을 섬기는 시종들의 인물화이다.[18]

벽의 그림과 선명히 대조되는 것은 천정의 그림이다. 천정은 몽땅 화려한 꽃무늬로 단장하였다. 흰색을 밑 색으로 하고 황금빛 노란색으로 꽃잎이 여섯 잎인 꽃들을 그려 놓았다. 복판에 3층 6옆으로 된 큰 꽃을 그렸고 둘레에는 여섯 송이의 2층 6옆 꽃으로 싸여 있으며 사이사이엔 꽃잎이 불완정한 꽃으로 공간을 채워 놓았다. 커다란 현무암 규격식 하나에 이런 꽃 판을 두개씩 그려 놓았다.[19]

삼령둔 벽화무덤은 정효공주무덤 벽화가 발견된 후 두 번째로 발견한 벽화무덤이다. 삼령둔 무덤 벽화중의 인물화는 발해의 궁중복식(宮中服飾)과 회화예술을 연구함에 있어서 중대한 현실적 의의가 있다.

---

18) 정영진, 『발해 정효공주묘 벽화와 삼령둔 2호묘벽화』; 『강좌 미술사』14; 『고구려 발해연구』11, 1999년 12월 고구려 · 발해 학술연구회
19) 흑룡강신문 1991년 12월 18일 제1판

4. 백묘예술작품

　백묘예술작품(白描藝術作品)이란 그림을 그리는 기법에서 단묵(淡墨)으로 윤곽(輪廓)을 그리고 채색을 가하지 않은 예술작품이다. 이에 속하는 것으로 벼루에 새겨진 인두화(人頭畵)와 사리함(舍利函)에 새겨진 그림, 여려가지 장식품에 그려진 도안 등 여러 가지가 있다.

(1) 벼루에 새겨진 인두상(人頭像)

　1964년 상경용천부 성터를 발굴할 때 도기로 된 벼루[硯]조각을 발견하였다.[20] 벼루는 먹을 가는 부분과 그것을 받드는 굽으로 이루어졌는바 그 생김새가 둥근 놋상에 가깝다. 먹을 가는 부분은 원반처럼 생겼는데 복판이 오목하게 들어갔고 가장자리에 먹물을 담는 홈을 쳤다. 벼루의 굽은 둥글게 생긴 큰 굽이다. 굽은 벼루의 몸체에서 밑으로 점차 잘록하게 좁아지다가 다시 넓어지면서 나중에는 벼루의 윗부분인 몸체보다 더 넓어졌다. 그러므로 굽이 높아도 기울어지지 않게 생겼다.
　먹을 가는 윗면의 한쪽에 복두(幞頭)를 쓴 인두상(人頭像)이 새겨져있다. 먹을 가는 윗면 즉 대면(台面)의 직경은 21.2cm이고 밑면의 직경은 23.2cm이며 높이는 7.2cm이다

---

20) 리전복·손옥량,『발해국』, 138쪽.

상경용천부 유지에서 출토된 도기벼루 윗면에 새겨진 인두상

(2) 사리함

　상경용천부 성내 동반성(東半城)의 한 절터(즉 오늘의 발해진 토태자 촌 남쪽) 부근에서 돌로 만든 사리함(舍利函)이 발견되었다.[21] 사리함은 모두 5중으로 되어 있는데 가장 바깥의 함은 돌로 만든 석함(石函)으로 서 그 높이는 50cm이다. 석함 안에는 철함(鐵函)이 있고 철함 안에는 동 함(銅函)을 넣었으며 동함 안에는 칠갑(漆匣)을 넣었고 칠갑 안에는 은함 (銀函)이 들어 있었다. 이와 같이 5중함의 형식으로 바깥으로부터 층층 이 안으로 들어가면서 좁혀 모든 함의 규격이 알맞도록 제작하였다. 칠 갑에는 꽃과 새의 도안을 새겼고 은함은 비단으로 여러 번 감쌌다. 은함 은 특히 매우 정교하게 제작되었는데 그 높이는 10cm이다. 은함 덮개에 는 상운무늬(祥雲汶)이 조각되었고 네 벽에는 천왕상(天王像)이 각각 조 각 되었다. 은함안에는 은으로 만든 복숭아형의 병(甁)을 넣었고 병 안 에는 또한 감색의 유리병(琉璃甁)을 넣었는데 유리병은 계란껍질처럼 매 우 얇다. 이 유리병 안에는 구슬로 된 사리(舍利) 5과(果)가 들어있다. 이 사리함의 제작기법을 통하여 볼 때 발해의 불교조각 예술과 회화 예술 이 상당히 높은 수준에 달하였음을 알 수 있다.

　정효공주묘 벽화와 삼령둔 2호 무덤 벽화 이외 또 막새기와 치미, 벽돌 등 건축기재와 불교 유물에 여러 가지 유형의 아름다운 연꽃무늬, 구름무늬, 인동무늬, 보상화 등 도안이 새겨져 있다. 이러한 사실은 발 해 회화 예술의 발전한 수준을 짐작 할 수 있게 한다.

---

21) 『문물자료 총간』, 1978년 2기.

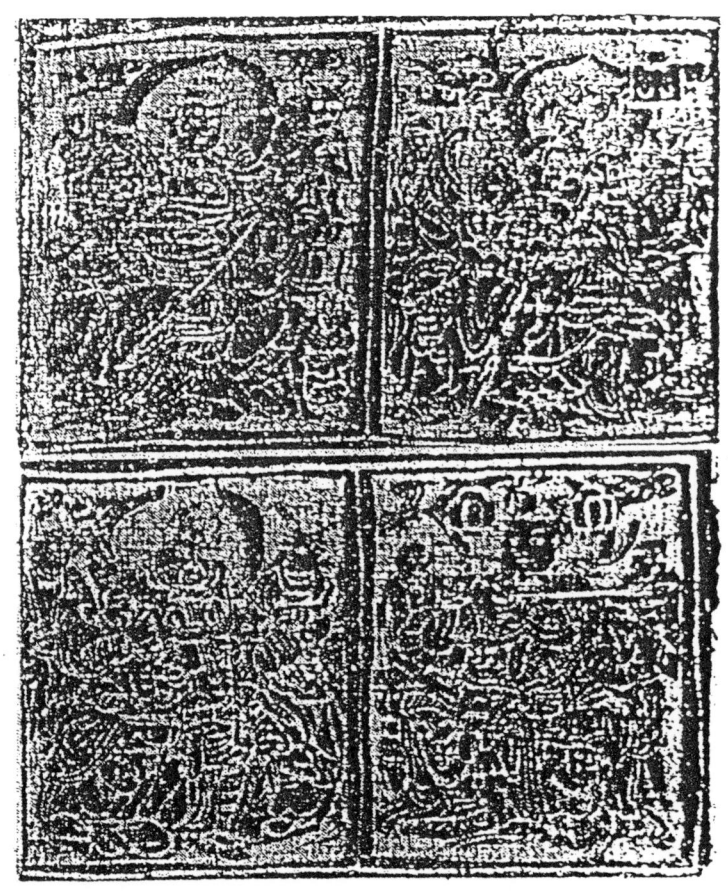
은함에 새겨진 사천왕상(四天王像)

발해의 공예

발해는 그가 존속한 229년 사이에 사회 경제가 발전하고 정치가 안정되고, 문화가 높은 수준으로 발전함에 따라 공예미술(工藝美術)도 당시로서는 상당히 높은 수준으로 발전하여 국내는 물론 당나라와 일본의 칭찬까지 받게 되었다.

발해 공예미술에 대해 발해 자체가 남겨 놓은 문헌자료는 전혀 없다. 오직 있다면 중국사서와 일본사서(日本史書)에 한두 마디 기재되어 있을 뿐이다. 때문에 문헌자료(文獻資料)에 의해 발해의 공예미술의 전모를 완전히 이해한다는 것은 불가능한 일이다. 다만 고고학 발굴에 의해 출토된 유물에 의해 해명할 수밖에 없다.

지금까지 돈화시 육정산 발해무덤떼(敦化市 六頂山 渤海墓群), 중경현 덕부유지(中京 縣德府遺址) 화룡현 하남고성유지(和龍縣 河南古城遺址)와 북대무덤떼(北大墓群), 정효공주무덤(貞孝公主墓), 팔련성(八連城-동경용원부), 상경용천부유지(上京龍泉府遺址), 삼령둔무덤떼(三靈屯墓群), 홍준어장발해무덤떼(紅鱒魚場墓群), 안도현 동청무덤떼(安圖縣 東清墓群), 함경남도의 일부 지방, 러시아 연해주의 일부 지방 등 여러 지역에서 공예미술제품들이 많이 출토되었다.

지금까지 알려진 유물을 종합하여 보면 발해에는 공예미술제품으로 도자기 제품, 기와와 벽돌, 건축 장식품, 금석제품, 치레거리 등이 있었다는 것을 알 수 있다. 아래에 몇 개 분류로 나누어 서술하려고 한다.

1. 공예 관리 기관

발해의 중앙행정기구로는 3성(三省), 6부(六部), 1대(一臺), 7시(七寺), 1원(一院), 1감(一監), 1국(一局)이 있었다. 6부 가운데의 하나인 신부(信部)는 당나라 중앙행정기구의 하나인 공부(工部)에 해당 되는데 주로 교통, 수리, 둔전(屯田), 건축, 산림, 강하천, 관청수공업, 공장(工匠) 등의 사무를 장악하고 관리하는 공업행정부서였다. 장관은 경 1명과 소경 1명을 두었다. 그 아래에 신부(信部-정사)와 수부(水部-지사) 두 개 사를 두고 각각 낭중 1명을 두어 장악하고 관리하게 하였다.

중앙의 신부에서 중앙에서 수요 되는 공예품의 생산과 생산 부문, 공예품에 대한 관리, 공장들까지 전부 관리하였다. 중앙에 공예를 관리하는 전문기구가 있는 것을 보아 경(京), 부(府), 주(州), 현(縣)에도 공예를 관리하는 전문기구가 있어 공예품 생산과 지배를 관리하였을 것이라고 생각된다.

2. 도자기공예

발해의 도자기공예는 발해공예 가운데서 중요한 자리를 차지한다. 그것은 주로 발해 도자기공예가 발해공예 발전의 모습을 보여주는 대표적인 유물의 하나이기 때문이다.

지금까지 발해 유적지에서 출토된 것을 살펴보면 항아리, 손잡이 달린 단지, 목이 긴 단지, 시루, 바리, 세 발 달린 그릇, 보시기, 대야, 벼루 등 여러 가지가 있다. 발해 유적지들에서 질그릇이 많이 출토되고 질그릇 조각이 많이 산재해 있다는 것은 발해시기에 질그릇이 넓은 범위에서 많이 사용되었다는 것을 설명한다.

유적지에서 출토된 질그릇의 조형을 살펴보면 대체로 네 가지 유형이 있는데 첫째는 말갈식 풍격을 띤 것이고, 둘째는 고구려식 풍격을 띤 것이며, 셋째는 당나라 때의 중원풍격(中原風格)을 띤 것이고, 넷째는 발해 자체의 독특한 풍격을 띤 것이다.[1]

질그릇은 그 질에 따라 유약을 바르지 않은 것(보통 질그릇)과 유약을 바른 질그릇, 두 종류로 나뉜다. 유약을 바르지 않은 질그릇 중에서 회색 질그릇이 다수를 차지한다. 회색 질그릇은 원료와 소성온도에 따라 대체로 회색과 진한회색, 푸른 회색 혹은 검은 회색, 홍갈색, 회갈색 등으로 나누어 볼 수 있다.

발해의 도자기(陶瓷器)는 일반적으로 장식이 간결하고 형태가 자연스럽고 세련되었으며 색깔이 밝고 부드러운 느낌을 주며 살이 얇고 가벼우면서도 견고한 것이 특징이다.

(1) 유약을 바르지 않은 도기

도기는 대부분 물자애(돌림판)를 써서 만들었다. 예를 들면 안도현 동청발해무덤떼(安圖縣 東淸渤海墓群)에서 단지와 병이 도합 8개 출토되었는데 대부분 돌림판을 써서 만들었다. 그것들은 바탕흙이 보드랍고 구운 온도가 비교적 높으며 황갈색을 띠는 것과 구운 온도가 낮고 거칠은 흙갈색을 띠는 것도 있다.

단지는 크기와 형태에 있어서 조금씩 다르나 몸체가 작고 아구리가 해바라진 것이 보통이다. 단지마다 생긴 형태에 알맞게 아구리 주변을 돌면서 평행으로 된 두 줄의 띠 돌림을 하였는데 톱날처럼 무늬를 돋친 것은 없다. 모양새에 있어서 오동통하게 배가 나온 것을 하나 제외하고는 대부분 몸체가 가늘고 길며 벽의 곡선이 심하지 않다.

---

1) 정영진·엄장록,『연변고대간사』, 87쪽.

병은 아구리가 떨어지고 없다. 그중에서 목이 길고 밑굽이 넓은 병은 화룡현 북대(和龍縣 北大)에서 나온 것과 유사하다. 목이 바틈하고 어깨 아래에 두 가닥 쌍홈줄을 두르고 그 안에 두 가닥 빗살로 찍은 무늬 병은 특수한 형태로서 전에 보지 못한 것들이다.[2]

질그릇에는 글자를 새긴 문자 질그릇이 있다. '中', '信', '知', '章', '襯見' 같은 글자이다. 출토된 문자질그릇 가운데는 '中' 자의 수량이 제일 많다. 문자를 시긴 것이 외자인 것도 있고 두 자인 것도 있으며 네 자인 것도 있다. '中'을 새긴 문자질그릇이 주로 상경용천부 터에서 많이 출토 되었다.

보시기에는 몸체가 곧추 퍼져 올라간 것과 배가 약간 부르게 한 것이 있다. 바리는 놋바리 비슷하게 생긴 것과 아구리를 해바라지게 한 것이 있고 접시는 아구리가 해바라졌고 밑창이 납작하며 키가 매우 낮게 되었다.

병은 두 가지 종류가 있다. 그중 하나는 약간 배부른 몸체에 밑이 납작하며 목이 밭은 것이고 다른 하나는 아구리가 나팔 모양으로 생긴 것이다.

단지는 그 크기와 형태가 다양하다. 단지에는 아구리가 해바라진 것, 오므라진 것, 손잡이가 달린 것, 벽이 곧은 것, 목이긴 것, 바리처럼 생긴 것, 독 모양처럼 생긴 것 등 여러 가지가 있다.

자배기는 아구리가 밑창보다 넓고 키가 낮은 그릇이다. 자배기는 두 가지로 나눌 수 있다. 그 중 하나는 몸체가 밋밋이 퍼져 올라간 것이고 다른 하나는 배부른 몸체와 아구리 부분이 밖으로 벌어진 것이다. 이러한 자배기 중에는 은유를 바른 것도 있다. 은유 자배기는 은빛 나는 은근한 광택 속에 흑회색의 바탕 빛이 조화되며 매우 아름답고 부드러워 보인다.

---

2) 방학봉 주필, 『발해사연구』(2), 298~299쪽.

그릇에는 흔히 안쪽에 그물무늬 또는 여러 가지 줄무늬를 그었다. 그릇바닥에 여러 개의 동심원을 돌렸고 몸체에는 그물 무늬를 그렸다.

구름모양의 자배기는 밑이 납작하고 위로 올라가면서 약간 넓어졌다. 빛깔은 검은 회색이고 겉을 잘 갈아서 광택이 난다.

버치에는 키가 높은 것과 낮은 것이 있다. 키가 높은 것은 높이가 약 17~22cm이고 키가 낮은 것은 높이 약 9~14cm다. 배부른 몸체에 한 쌍의 띠 손잡이가 가로 달렸고 아구리가 밖으로 해바라졌다. 낮은 것은 자배기와 비슷하나 키가 얼마간 높고 손잡이가 달린 점이 다르다. 버치 가운데에는 은빛 유약을 바르고 거기에 옆으로 1~2개의 줄을 긋고 그 밑으로는 그릇 안팎에 그물무늬와 그 밖의 여러 가지 줄무늬를 그은 것이 많다.

시루는 밑에 5개의 큰 구멍을 낸 것도 있고 수십 개의 작은 구멍을 낸 것도 있다. 층시루는 그릇 안벽에 네층의 턱을 내여 여러 겹으로 찔 수 있게 하였다. 몸체에는 4개의 띠 손잡이를 옆으로 붙였다. 더러는 몸체의 중심부에 줄무늬장식을 하였다.

그릇 뚜껑 중에는 은유를 발랐거나 인동무늬로 꿰뚫은 새김(투각-透刻)을 한 것이 더러 있다. 뚜껑은 형태상 특징에 따라 크게 세 가지로 나눌 수 있다. 첫째는 뚜껑 복판에 손잡이가 원형으로 도드라진 것이다. 둘째 형태는 꼭지 손잡이가 붙은 뚜껑이다. 셋째 형태는 손잡이가 없는 것이다. 뚜껑의 윗면이 평평하며 벽이 곧고 낮아서 테두리를 돌린 것 같이 보인다. 뚜껑 안쪽에 그릇 아구리와 맞물리는 턱을 지우기도 하였다. 그 모습이 지금의 합뚜껑과 같다.

(2) 유약을 바른 도기

유약을 바른 질그릇(도기)도 적지 않게 사용하였다. 유약을 바른 질그릇이 출토된 것은 대부분이 파괴된 조각이고 완정한 것은 얼마 안 된다. 유약을 바른 질그릇의 바탕 흙은 매우 부드럽고 회백색 또는 회황색이며 구운 열도가 매우 높았다. 그릇의 겉에는 여러 가지 빛깔의 유약을 발랐으며 그릇 안에 유약을 바른 것도 더러 있다. 유약의 빛깔은 녹색, 황색, 갈색, 자지색(紫地-紫芝), 붉은색, 회청색 등 여러 가지가 있으며 같은 색깔에도 진한 것과 연한 것이 있었다. 또 한 가지 색의 유약을 바른 경우와 두 가지, 세 가지 색의 유약을 서로 잘 어울리게 배합하여 바른 것도 있다. 세 가지 유약을 서로 잘 어울리게 바른 것을 이른바 삼채그릇이라고 한다. 삼채그릇은 (三彩器-발해삼채라고도 한다) 상경용천부 유지에서 비교적 많이 발견 되었는데 그 대부분이 파괴된 조각이고 완정한 것은 많지 못하다. 화룡현 팔가자 북대무덤떼(和龍縣 八家子 北大墓群)에서 완정한 삼채질그릇 2개를 발견하였는데 그 하나는 단지[罐]이고 다른 하나는 보시기[碗]이다. 단지에 바른 유약빛깔은 녹색, 황색, 홍색, 자색, 갈색 등이다.[3]

여러 가지 색깔의 유약을 능란하게 쓰고 또 그것을 합리적으로 배합한 것, 무늬와 유약을 잘 배합하여 쓴 것은 발해 사람들이 도기공예 분야에서 달성한 커다란 성과의 하나이다. 그러므로 이러한 유약을 바른 발해도기들은 주변 나라들에까지 명성이 높았고 귀중히 여겼다.

삼채도기는 세 가지 색깔로 무늬를 그렸거나 그릇표면을 바른 것을 말하는데 당시 당나라에서 보통 풀색, 누른색, 흰색 계통의 삼채와 풀색, 누른색, 남색 계통의 삼채가 널리 보급 되었지만 발해에서는 누른색, 밤색, 남색, 풀색, 붉은색, 감색, 풀색, 보라색 등의 배합으로 유색도기 발전이 높은 수준에 오르게 되었다. '발해삼채'는 다양하고 부드러운 색조화로 하여 아름다울 뿐 아니라 살이 얇고 치밀하며 또 매우 굳어서 주변나라 사람들로부터 특별히 호평을 받았다.[4]

유약을 바른 질그릇 종류로는 자배기, 버치, 단지, 세발그릇, 벼루,

---

3) 정영진·엄장록,『연변 고대간사』, 90쪽.
4) 조대일,『발해의 공예』;『발해사연구론문집』(1), 과학백과사전종합출판사, 1992, 215쪽.

그릇뚜껑 등이 있다. 자배기는 그 모습이나 크기가 보통 질그릇의 자배기와 같다. 자배기의 유약 빛깔은 황색, 녹색, 은근한 청회색 바탕에 갈색을 섞은 것이 있다. 버치는 황색 바탕에 갈색을 섞은 유약을 발랐다. 그 형태와 크기는 보통버치와 같다. 손잡이가 달린 단지는 황색, 연한 녹색 및 자지색의 유약을 바른 것으로서 그 형태와 크기가 보통 손잡이 달린 단지와 같다. 세발그릇은 그 형태나 크기가 보통 세발그릇의 경우와 같다. 겉에는 황색, 녹색, 자지색(자주색) 세 가지 색깔의 유약을 발랐다. 유약 바른 그릇뚜껑은 보통그릇뚜껑의 경우와 마찬가지로 세 가지 형태로 나누어진다. 유약을 바른 질그릇은 높은 온도에서 구운 것으로 부드럽고 단단하며 돌같이 굳고 광채가 난다.

자배기는 당시 유약 바른 질그릇의 대표작이며 진귀한 도자기 제품이다. 발해의 질그릇 가운데는 유약을 바르지 않은 보통 도자기가 대다수이며 도자기는 그 조형이 견실하고 아름다우며 사용하기에 매우 편리하다. 그리고 어떤 질그릇에는 여러 가지 꽃무늬를 정밀하고도 아름답게 그렸다. 이러한 사실은 발해의 도자기 제조 공예 기술이 높은 수준에 도달하였다는 것을 설명하여 준다. 합뚜껑모양의 그릇뚜껑 가운데 나뭇잎모양의 무늬로 그릇 뚜껑 겉을 4등분 하고 그 사이에 기묘하게 생긴 그물무늬를 놓은 것이 있다. 그 무늬의 선이 약간 도드라졌으며 그 위에 황색유약을 발랐는데 매우 아름다워 보인다.

꼭지손잡이 뚜껑 중의 하나에는 구멍장식을 하였다. 뚜껑 겉을 꼭지, 몸체, 테두리 세 부분으로 갈랐는데 그 가름선이 잘록하게 들어가서 각 부분이 배부르게 올라왔으며 그 횡단면이 둥근 곡선을 이루게 되었다. 그 다음 꼭지 부분에는 꼭지를 중심으로 사방에 일정한 간격을 두고 4개의 구멍 장식을 하였다. 그 구멍은 들국화의 꽃잎을 연상시킨다. 이 네 개 구멍 밖으로는, 다시 말하면 몸체부분에는 세 잎 또는 다섯 잎으로 된 꽃잎사귀 모양의 구멍을 사이를 맞추어 네 곳에 뚫었다. 그리고 겉에 황색, 녹색, 자지색(자주색)의 유약을 발랐다. 이 그릇뚜껑은 구멍을 뚫어 치레하는 방법으로 아름답게 만들었다.

발해 사람들은 도자기를 주로 생활용구로 사용 하였으나 어떤 때에는 순장품으로도 사용하였다. 1980년 가을 화룡현 용수향 용해촌(和龍縣 龍水鄕 龍海村)에서 발견된 발해 제3대 문왕 대흠무의 넷째딸 정효공주 무덤의 무덤길에서 토기로 만든 허수아비 얼굴조각 두 개와 질그릇 조각 등 유물 몇 개를 채굴하였다. 이는 발해 사람들이 도자기 제조품을 순장품으로도 이용하였다는 것을 실증한다.

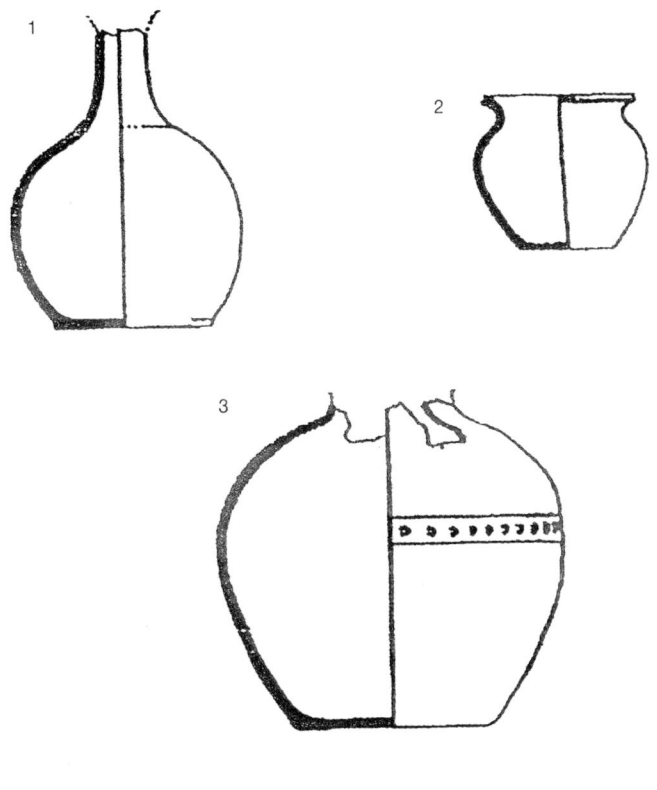

1. 병(M1 : 13)　　2. 병(M : 11)　　3. 병(M1 : 4)
동청무덤에서 출토된 질그릇

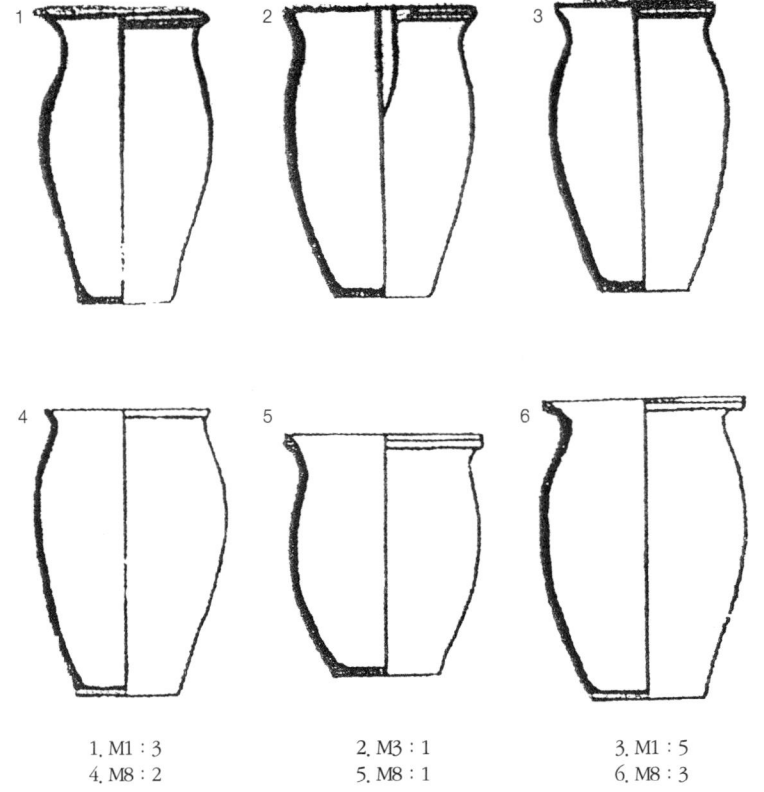

1. M1 : 3 2. M3 : 1 3. M1 : 5
4. M8 : 2 5. M8 : 1 6. M8 : 3

동청무덤에서 출토된 단지

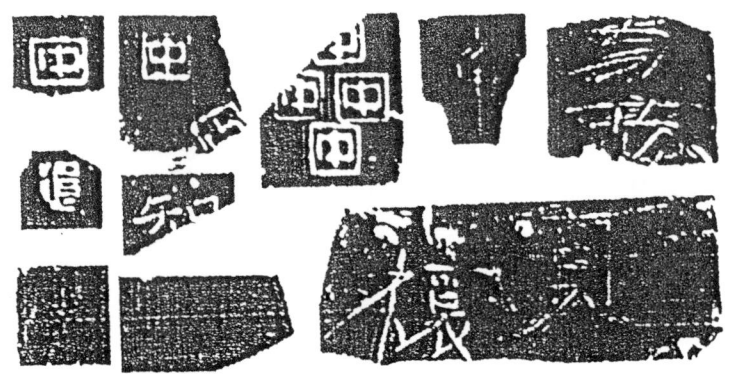

문자 새긴 질그릇조각(상경용천부)

아구리가 해바라진 단지(상경용천부)

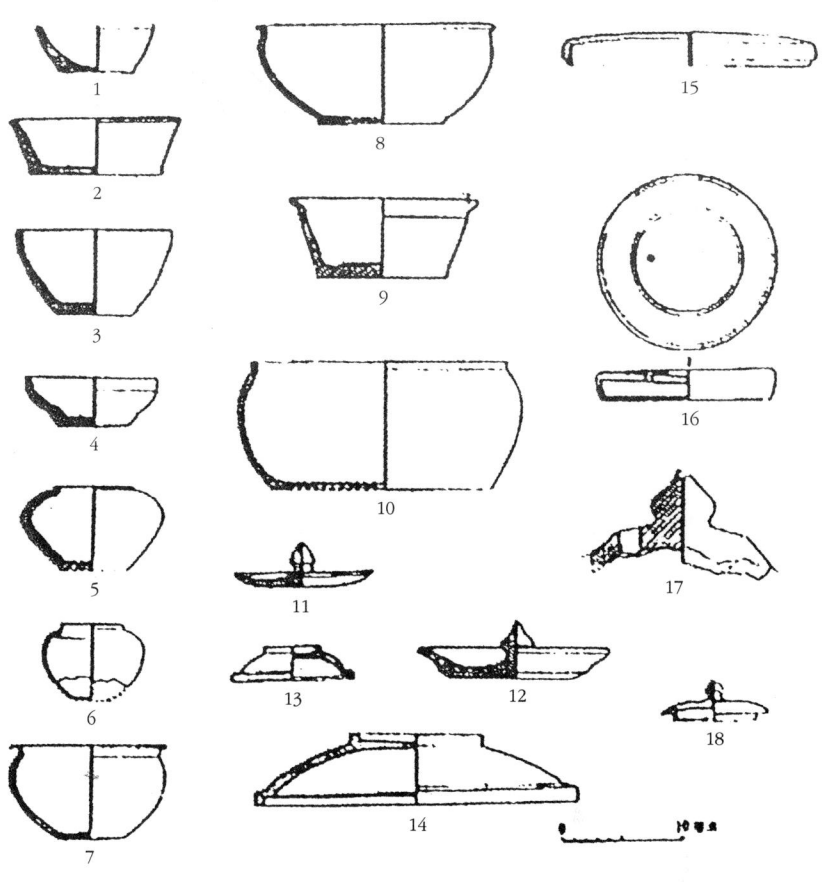

1,2,3,4. 보시기 5,6. 작은 단지
7,8,9,10. 바리 11~18. 그릇뚜껑

상경용천부에서 출토된 질그릇

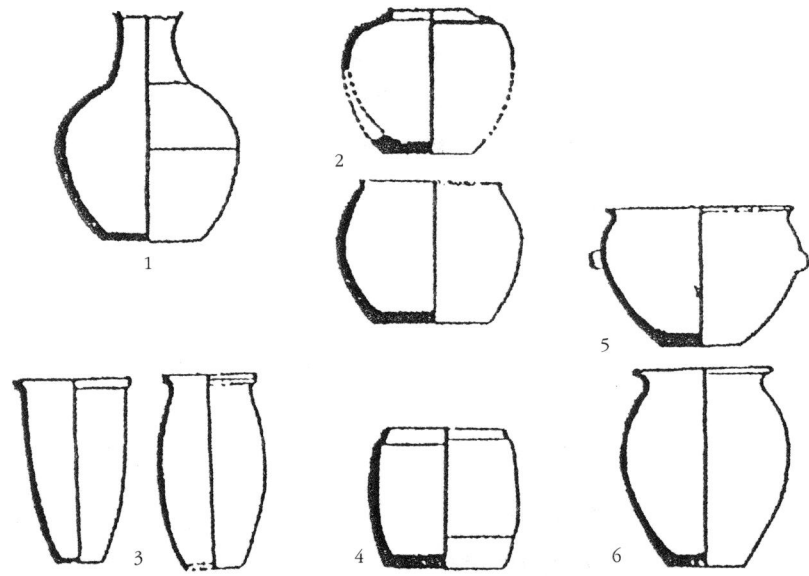

1. 목 긴 단지(돈화 육정산)
3. 변형 화분형 단지(돈화 육정산)
5. 손잡이 달린 단지
2. 아구리가 오무라든 단지(돈화 육정산)
4. 벽이 곧은 단지(돈화 육정산)
6. 독모양의 단지

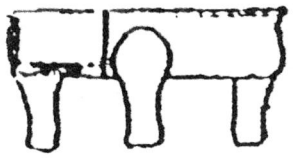

세발그릇(상경용천부)

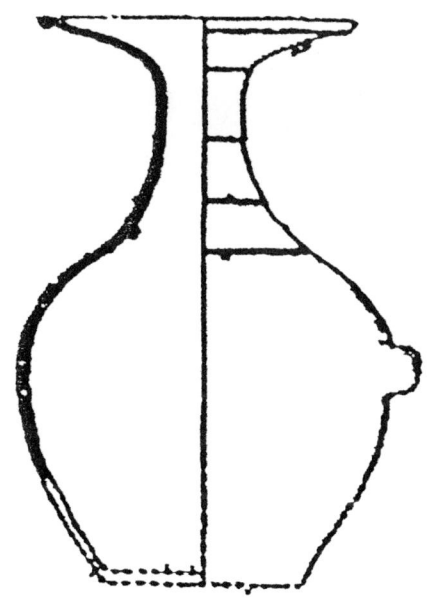

나팔병(상경용천부)

벼루(상경용천부)

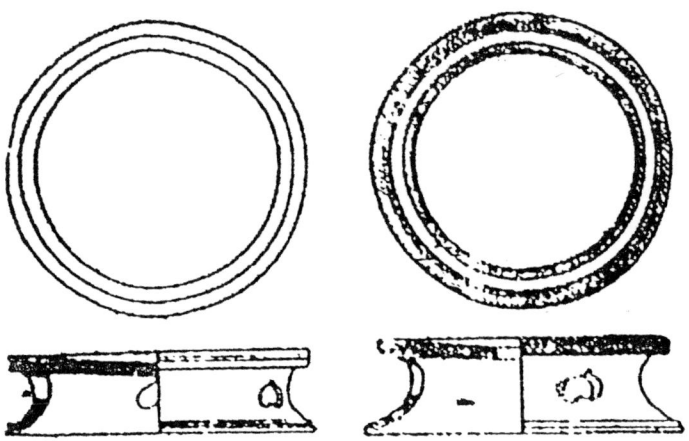

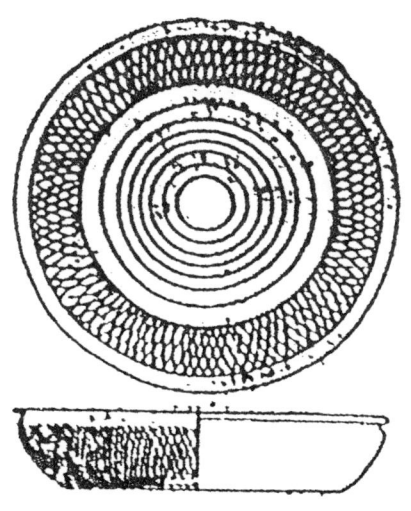

은색 유약 바른 자배기

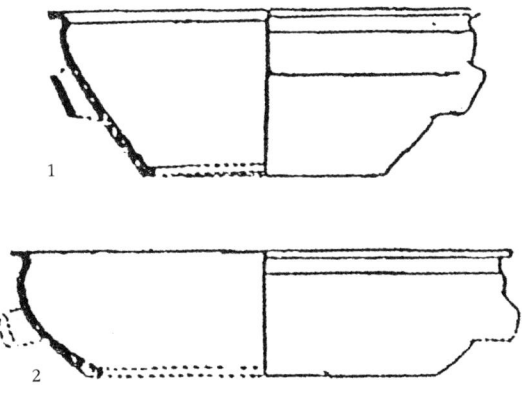

1. 키가 높은 버치(상경용천부)
2. 키가 낮은 버치(상경용천부)

버치

구름모양의 자배기

벼루조각탁본(상경용천부)

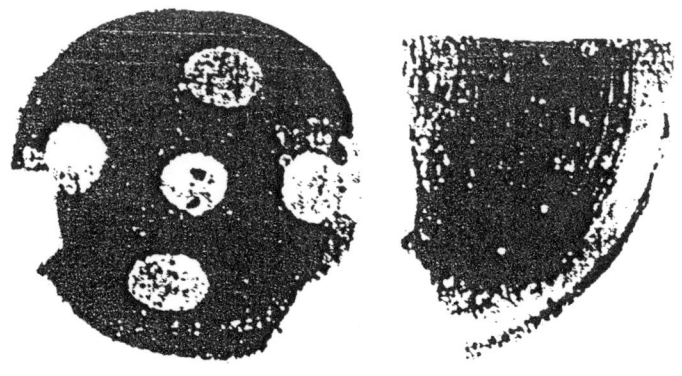

시루밑창(상경용천부)

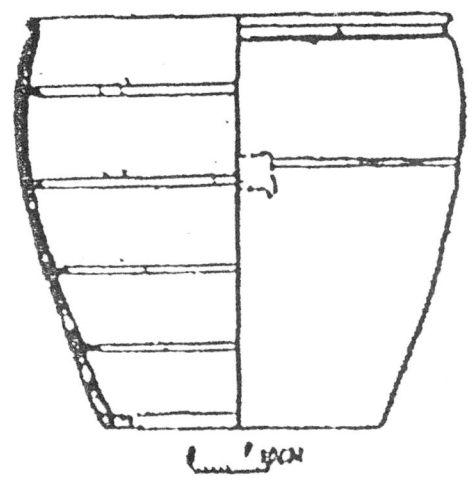

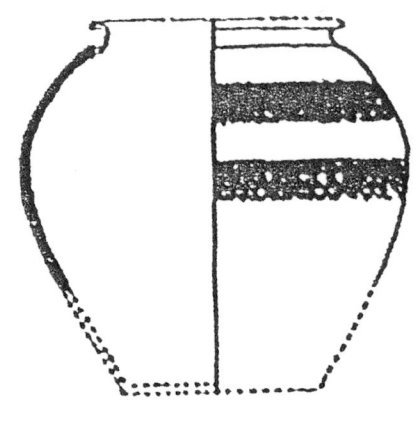

층시루(상경용천부)

독(상경용천부)

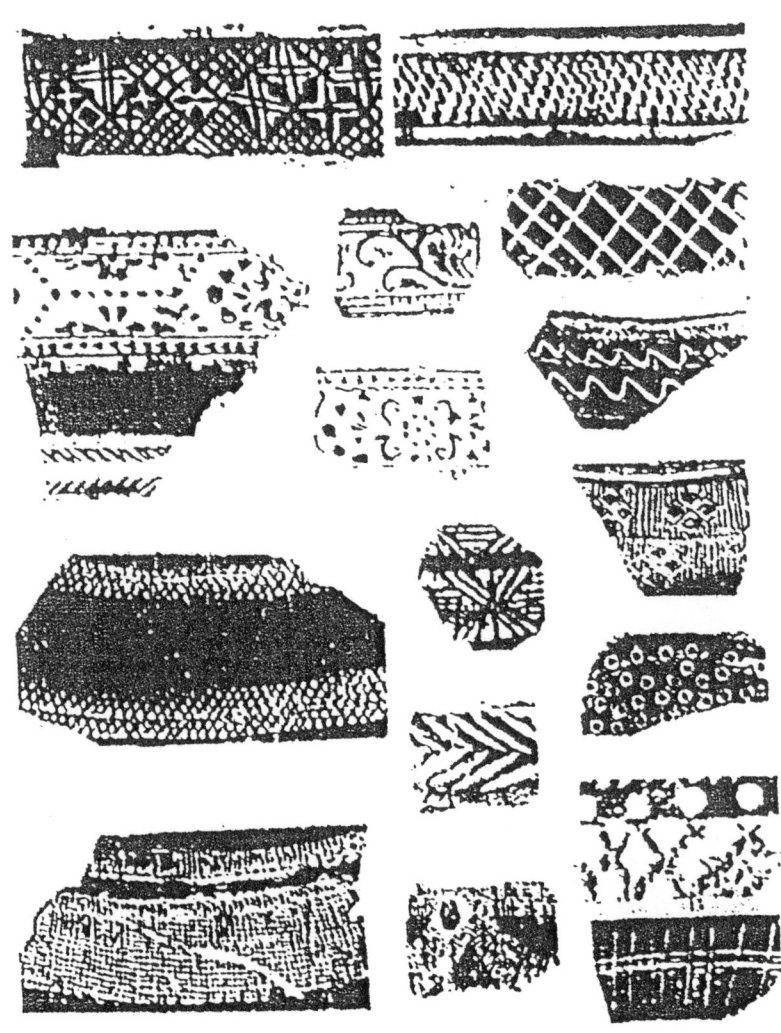

무늬그릇조각(상경용천부)

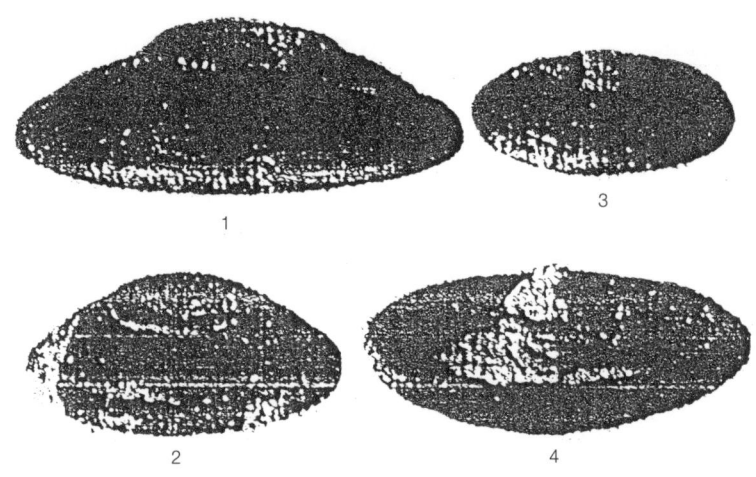

1, 2 손잡이가 원형으로 도드라진 그릇뚜껑
3, 4 꼭지 손잡이가 붙은 그릇뚜껑
그릇뚜껑(상경용천부)

그릇뚜껑(상경용천부)

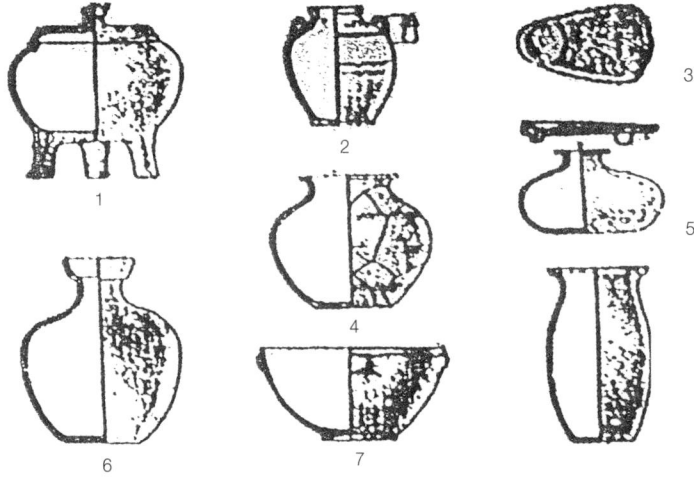

질그릇(북대무덤떼)

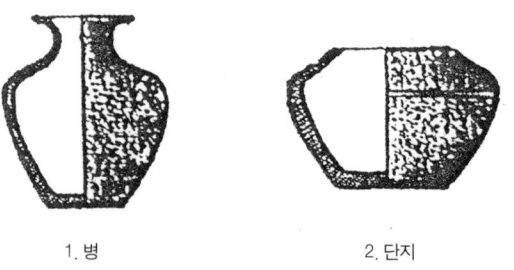

1. 병   2. 단지

질그릇(용해무덤)

질그릇(육정산 발해무덤떼)

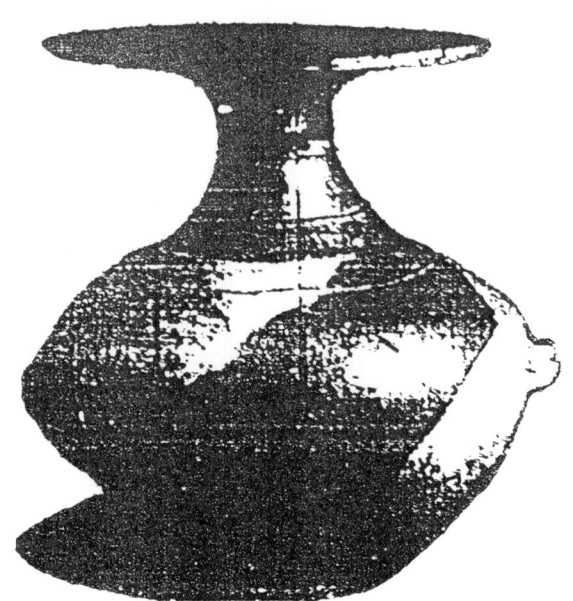

나팔병(상경용천부)

(3) 자기 공예

　발해의 자기공예는 도기공예와 함께 당시로서는 상당히 높은 수준에로 발전하였다.

　자기는 신석기 시대 이래 질그릇, 도기의 오랜 생산 경험과 기술진보의 결과에 의해 생겨난 것이다. 발해자기 공장들은 찰흙에 돌 성분이 있는 흙을 배합하여 그릇이나 물상(物像)을 만들고 유약을 발라 1,200℃ 이상의 열에서 구웠다. 자기는 바탕색이 보통 희고 굳으며 두드리면 쇳소리가 난다. 그리고 흡수성이 없고 유리질 피막으로 하여 표면이 투명하다.

　발해자기는 넓은 지역에서 발굴되는데 상경용천부 유적지에서 10점, 청해토성 유적지(靑海土城遺址)에서 보시기, 사발, 접시, 대접, 병 등이 발굴되었으며 돈화시 오동성(敦化市 敖東城)과 신포시 오매리 절터, 남경남해부 유적지(南京南海府遺址), 함경북도의 경성, 어랑, 러시아 연해주의 크라스노야르스크 유적지 등 지역에서 출토되었다. 이것은 자기가 발해의 여러 곳에서 생산되고 넓은 범위에서 사용되었다는 것을 의미한다.

　발해의 자기는 출토된 것이 많지 않다. 이미 출토된 것도 대부분이 파괴된 조각이고 완정한 것은 매우 적다.

　발해자기의 유약색을 보면 연한 회백색, 연한 푸른색, 검은색, 남색 등이 있는데 젖빛 나는 부드러운 흰색이 기본을 이룬다. 그릇 벽의 두께는 0.3~0.4㎝의 얇은 것이 많은데 당시 성형기술의 우수성을 잘 보여준다.[5]

　지금까지 출토된 것을 종합해 보면 발해의 자기에는 대체로 보시기, 단지, 병, 사발, 접시, 대접 등이 있다. 같은 종류의 그릇에서도 유약의 색깔과 바탕흙의 상태, 형태에서 얼마간 차이가 있다.

　상경용천부에서 출토된 보시기는 높이 4.8㎝로 그릇벽이 밖으로 점

---

5) 조대일,『발해의 공예』;『발해사연구론문집』(1), 과학백과사전종합출판사, 1992, 216쪽.

차 벌어졌고 바탕이 얇고 안팎에 흰색 유약을 발랐다. 자기 중에서 특별히 눈길을 모으는 것은 '함화(咸化)'라는 문자가 쓰인 '문유호로병(紋釉葫盧瓶)'이다.[6] 병의 높이는 24.5cm로 모양이 호로병처럼 생겼고 갈색문유를 바르고 있는데 흐르는 구름이 에워싸고 있는 듯하다. 바탕은 희다. 도금한 구리뚜껑을 덮었는데 뚜껑 양쪽에는 구멍을 뚫었다. 병의 바닥에는 먹으로 '함화(咸化)'라는 연호가 쓰여 있다. 정교하게 제작되어 모양이 매우 듬직하고 아름다워 발해자기의 정수라고 말한다. 청해토성터에서 발굴된 자기들은 잘 정선된 보드라운 흙, 맑고 부드러운 은은한 색깔, 그릇면에 고르게 녹아 붙은 유리질 피막의 유약, 쓰는데 편리하게 다듬어진 세련된 형태, 각이한 종류의 색깔로 하여 당시의 자기로서는 매우 우수하고 높은 경지에 이르렀다.

상경용천부 터에서 출토된 자기그릇뚜껑은 겉면 사방에 두층의 꽃뚫음무늬 장식이 방사선형식으로 놓였다. 윗부분의 것은 외 잎자리이고 아래 부분의 것은 세 잎 자리로서 겉면에는 풀색, 불그레하고 누른색의 유약을 발랐는데 선명하고 아름답다.

함경남도 신포시 오매리 발해유적에서 발굴된 자기를 보면 모두 조각들인데 아구리가 해바라지고 밑굽이 약간 들린 것이다. 형태상 도기와 별 차이가 없다. 밑굽에는 유약을 바르지 않았는데 발해자기에는 이러한 그릇이 대부분을 이룬다. 이것은 발해자기의 한 특징이라고 할 수 있다.[7]

발해자기는 보드라운 바탕흙, 맑고 부드럽고 은은한 색깔, 그릇면에 고르롭게 녹아붙은 유리질 피막의 유약, 쓰는데 편리하게 다듬어진 세련된 형태, 얇고 단단한 그릇살 등으로 하여 당시의 자기로서는 매우 우수하고 높은 경지에 이르렀다.[8]

---

[6] 리여관, 『발해문유호로주병』; 『중국청화자기의 문류』, 옹산각, 1982, 208쪽.
[7],[8] 조대일, 『발해의 공예』; 『발해사연구논문집』(1), 과학백과사전종합출판사, 1992, 216쪽.

발해의 도자기공예에 대해 주변 국가에서도 매우 높이 평가하였다. 당(唐)나라 소악(蘇鶚)은 『두양잡편(杜陽雜編)』 권(卷) 하(下)에서 당나라에 보낸 발해의 '마노궤(瑪瑙柜)'와 '자자분(紫瓷盆)'에 대해 "무종(武宗) 회창(會昌) 원년(元年)(841년) 발해 대이진 함화 11년'에 마노궤와 자자분을 바쳤는데 마노궤는 사방이 3척(尺)으로 짙은 색이 꼭두서니처럼 붉을 정도였고 공교하게 만든 것이 어디 비할 데가 없어 신선(神仙)에 관한 책을 담아 장막 옆에 두었다. 자자분은 반곡(半斛-斛은 열 말 들이 휘이다) 정도 들어갈 크기로 안팎이 투명하고 그 색은 순자색이다. 두께는 한치[一寸]정도 되어 이를 들어보면 마치 기러기 깃털을 드는 것 같았다. 임금이 그 그릇의 빛깔이 고결한 것을 좋아하여 '선대부(仙臺府)'에 두어 약과 음식을 담도록 하였다. 후에 세 명의 재인(才人)이 옥환(玉環)을 던지다가 잘못하여 그릇을 조금 깼다. 이에 임금이 오랫동안 탄식하였다."라고 하였다.

소악의 이 기재는 다소 과장되었지만 그러나 발해에서 자갈색의 자기가 생산된 것은 사실이며 이미 당나라에까지 수출되었다. 당나라 사람들은 이에 대해 아주 높이 평가하고 칭찬하였다. 이 사실로부터 발해의 자기업은 이미 상당한 규모로 발전했고 그 기술수준도 높은 정도에 이르렀다는 것을 알 수 있다.

당시 일본 사람들이 발해가 제작한 진귀한 공예품을 보고 칭찬한 내용이 일본측 기록에 남아 있다. 발해 현석 5년(876년) 제29차 방일사절단 양중원(楊中遠) 이하 105명이 배 한 척에 앉아 일본 출운국 도근군(出雲國 島根郡)에 도착하였다. 일본 조정에서는 대춘일택명(大春宅名)과 점부월웅(占部月雄)을 존문발해객사 겸 영발해객사(存問渤海客使兼領渤海客使)로 춘일택성(春日宅成)을 통사(通事-번역관)로 임명하여 출운(出雲)에 가서 처사하게 하였다. 양중원 일행은 국서와 첩문(牒文), 진귀한 노리개와 대모술잔[玳瑁盃] 등을 드리려고 하였으나 일본 조정은 발해사를 입경(人京)시키지도 않고 이듬해 6월에 출운국에서 귀국시켰다. 발해 사신이 갖고 온 국서, 첩문, 예물 등도 접수하지 않고 되돌려 보냈다. 이 예물을 현지에서 직접 본 통사 춘일택성은 "과거에 당나라에 갔을 때 보물을 많이 보았지만 이처럼 진귀한 보물은 보지 못하였다"[9]라고 칭찬하였다.

(4) 발해의 도자기 공예미술의 계승성 문제

발해의 도자기공예미술은 어느 나라, 어느 민족의 도자기 공예미술 문화를 계승하여 발전시켰는가 하는 데 대해 전문 연구하여 논술한 문장은 없다. 다만 발해의 수공업 문화를 서술하는 가운데서 공예와 관련되는 부분을 취급할 때 계승문제를 간단히 몇 마디로 지적하고 지나간 것이 있다.

첫째, 위국충(魏國忠), 주국심(朱國忱)선생은 저서 『발해사고(渤海史稿)』 「제8장 제4절 공예 미술조」(228쪽)에서 "발해의 공예미술은 '삼채유도(三彩釉陶-유약 바른 3채질 그릇)'를 대표적이라고 볼 수 있는데 그는 당 삼채(唐三彩)를 본받은 기초에서 여러 가지 삼채 그릇을 제작하였다…… 여러 가지 공예품 가운데서 소수는 중원왕조(中原王朝)에서 하사한 것이고 다수는 본지역의 장인들이 제작한 것이다."라고 하였다.

둘째, 왕승례(王承禮)선생은 저서 『발해간사(渤海簡史)』 제9장 제4절 제5 도자기에서 "발해 도자기의 모양은……다양하다. 이들에는 말갈(靺鞨)의 전통, 고구려의 영향, 당의 도자기 조형예술의 반영이 나타나 있

---

9) 김육불, 『발해국지장편』 권2, 총량하, 일본기략 ; 상전웅, 손영건, 『일본 · 발해교섭사』, 137~138쪽.

다……발해의 삼채기(三彩器)는 당나라의 삼채(唐三彩)를 배워 만든 것으로, 중국 동북지역의 도자기 공예에 새로운 품종을 추가하였다. 또 백자(白磁), 문유자(紋釉磁), 청자(青磁)는 중국 동북지역의 도자기 공예에 새로운 국면을 열어놓았다……연꽃무늬 와당은 고구려 와당의 강건한 풍격의 영향을 반영하고 있다. 또한 당왕조의 문정(文靜)하고 우아한 풍모를 나타내고 있으며, 발해 수공업 공인(工人)의 창조적 재능이 나타나고 있다"라고 하였다.

셋째, 정영진(鄭永振), 엄장록(嚴長綠) 두 선생은 공저 『연변고대간사(延邊古代簡史)』(87쪽)에서 "발해의 질그릇은 그 조형(造型)상으로 보아 세 가지 계통(系統)으로 나눌 수 있는데 첫째는 말갈 풍격이고, 둘째는 고구려 풍격이며, 셋째는 당나라 때의 중원 풍격(中原風格)이다. 이외 또 발해자체의 독특한 기형(器形)도 있다."라고 하였다.

넷째, 조선 사회과학원 역사연구소 편 『발해사』(186쪽)에는 "발해인민들은 발전된 고구려 도자기 공예의 우수한 전통을 이어 받아 훌륭한 도자기들을 많이 생산하였으며 그것을 한 계단 더 발전시켜 아름다운 질그릇과 사기그릇을 만들어 세상에 명성을 떨쳤다."라고 하였다.

다섯째, 조대일 선생은 논문 「발해의 공예」에서 "발해는……고구려의 것을 그대로 계승하고 발전시켰다. 이것은 고구려가 차지하였던 기본영역에서 고구려 유민들이 주민의 절대 다수를 이루고 문화 창조 활동을 진행한 사정과 관련된다."[10]

---

10) 조대일, 『발해의 공예』; 『발해사연구론문집』(1), 과학백과사전종합출판사, 1992, 211쪽.

이상의 내용을 다시 살펴보면, 첫째의 견해는 발해의 도자기 공예 미술은 당의 도자기 공예 미술을 본 받아 본 지역의 장인들이 제작한 것이며, 둘째는 발해의 도자기 공예는 말갈의 전통, 고구려의 영향, 당나라의 것을 따라 배워 발해 수공업 공인들이 창조적으로 만든 것이며, 셋째는 발해의 도자기 공예품에는 말갈, 고구려, 당나라, 발해자체 등 네 가지 풍격이 있다는 것으로서 두 번째 견해와 대체로 같다. 넷째와 다섯째는 제조법상에서 다소의 차이는 있으나 발해의 도자기 공예 미술은 고구려 도자기 공예 미술을 계승하고 발전시켰다는 기본 논점은 같다. 이 견해는 말갈 도자기 공예 미술과 발해 도자기 공예 미술과의 관계, 당나라 도자기 공예 미술과 발해 도자기 공예 미술과의 관계에 대해 전혀 언급하지 않고 있다.

총체적으로 말하면 세 가지 부동한 견해가 있다. 첫째 견해는 발해 도자기 공예 미술에 대한 당나라 도자기 공예 미술의 영향을 강조하였으나 말갈, 고구려 도자기 공예 미술과의 관계에 대해 전혀 언급하지 않은 것이고, 두 번째 견해는 발해 도자기 공예 미술과 말갈, 고구려, 당나라 도자기 공예 미술과의 관계, 그리고 발해 수공업공인들에 의해 창조되었다고 비교적 전면적으로 지적하였으나 주차(主次) 관계에 대한 명석한 해석이 없는 것이고, 세 번째 견해는 발해 도자기 공예 미술에 대한 고구려 도자기 공예 미술의 계승성만 강조하고 기타는 전혀 언급하지 않는 것이다.

이상과 같이 발해 공예 미술에 대한 연구가 아직 깊이 연구되지 못한 정황하에서 부동한 생각이 존재하는 것은 매우 자연스러운 현상이다. 필자는 이에 대해 다음과 같이 생각한다.

발해의 도자기 공예 미술이 높은 수준으로 발전하게 된 것은 원유의 기초가 높았기 때문이다. 원유의 기초란 고구려 도자기 공예 미술 수준과 말갈(靺鞨) 도자기 공예 미술 수준을 가리킨다. 발해는 옛 고구려 지역과 말갈지역에 건립된 새로운 나라이다. 그 지역 내에 주로 고구려족과 말갈족이 거주하였다. 때문에 고구려 도자기 공예 미술과 말갈족의 공예 미술은 발해 공예 미술의 발전과 직접적으로 관련되며 또한 그의 기초로 된다. 발해는 고구려 공예 미술과 말갈의 공예 미술을 계승하여 자기의 독특한 발해 공예 미술 문화를 창조하였다. 고구려 공예 미술과 말갈 공예 미술 가운데서도 주로 고구려 공예 미술이 발해 공예 미술에 많이 계승되었다. 발해의 도자기는 그 형태와 질, 유약을 바르는 것 등은 고구려의 것과 비슷한 것이 있다.

고국원왕릉에서 나온 보시기, 대성산에서 나온 자배기, 벼루, 자강도 자성군 법동리에서 나온 단지, 평안북도 도봉리에서 나온 손잡이가 2개 또는 4개 붙은 버치 같은 것은 모두 발해의 것과 같다.[11] 발해는 고구려 도자기 공예와 말갈 도자기 공예의 우수한 전통을 이어받아 훌륭한 도자기를 많이 생산하였다. 그중에서도 고구려 도자기 공예의 우수한 면을 이어 받은 것이 기본이다.

발해 도자기 공예는 말갈의 도자기 공예의 우수한 면도 이어 받았다. 예를들면, 돈화시 육정산 발해 무덤떼에서 말갈단지[靺鞨罐]가 출토되었고, 1991년 안도현 동청(安圖 東淸)에서 발해때의 무덤떼를 발굴할 때 말갈단지가 나왔다.

그 후 발해는 당나라 도자기 공예의 우수하고도 선진적 기술을 받아 들여 발해 자체의 도자기 공예 기술을 더욱 발전시켰다. 이것을 예로 들면, 발해의 '삼채그릇(三彩器)'은 '당삼채(唐三彩)'를 배워 만든 것으로서 중국 동북지역의 도자기 공예에 새로운 품종을 추가하였다. 또 백자(白磁), 교유자(絞釉磁), 청자(靑磁)는 중국 동북지역의 도자기 공예에

---

11) 조대일, 『발해의 공예』;『발해사연구론문집』(1), 과학백과사전종합출판사, 1992, 217쪽.

새로운 국면을 열어 놓았다.

모두어 말하면 발해의 도자기 공예는 원유의 기초 위에서 선진적이고 고도로 발전한 당나라의 도자기 공예 문화를 적극 받아들여 본지구와 본민족의 특점에 맞게 결합시켜 자기민족 도자기 공예 미술문화를 창조하였다.

3. 기와와 벽돌 공예

(1) 기와

발해의 기와와 벽돌은 건축 장식공예품에 속한다.

발해의 기와에는 암키와, 수키와, 치미, 귀면, 기둥 밑치레기와 등 그 용도와 모양이 다른 여러 가지 종류가 있었다. 색깔로는 유약을 바른 것과 유약을 바르지 않은 데 따라 유약을 바른 기와와 유약을 바르지 않은 기와가 있다. 유약을 바르지 않은 기와를 보통기와 혹은 회색기와라고 한다. 그 품종은 매우 많았는바 연꽃과 넝쿨무늬를 아름답게 장식한 기와, 손가락무늬기와, 문자기와[文字瓦], 네모난 무늬기와[方紋瓦], 밧줄무늬기와[繩紋瓦], 나무잎무늬기와, 유약 바른 연꽃 무늬기와 등 여러 가지가 있었다.

1) 회색기와

발해 기와 가운데서 유약을 바르지 않은 회색기와(보통 기와)가 기본을 이룬다. 기와의 바탕흙은 보드라운 진흙인데 그 질은 매우 굳다. 암키와의 바깥쪽과 수키와의 안쪽에는 기와를 만들 때 댔던 천자국이 있다.

발해의 암키와는 모두 앞이 넓고, 뒤가 좁다. 이것은 기와의 맞물림

새를 틈 없게 하여 비가 스며들지 않도록 잘 타산한 것이라고 볼 수 있다. 기와 뒷부분이 앞부분보다 좁게 한 것은 기와의 맞물림 새를 역학적으로 잘 설계하여 물이 새지 않도록 하며 기와의 맞물림을 잘 하자는 것이다. 암키와 가운데는 앞면에 무늬를 돋친 것이 있는데 이는 처마 끝을 장식하는데 쓰였을 것이다. 암키와의 무늬에는 선과 점으로 된 공작새 꼬리 무늬와 물결무늬, 톱날무늬 같은 것이 있다. 그 가운데서 공작새 꼬리무늬가 가장 아름답다. 이 무늬는 둥근 점을 가운데 한 줄 내고 그 아래위에 짧은 줄을 비뚤게 빼곡히 그은 공작새의 깃같이 생긴 것이다. 이런 무늬 중에는 간혹 가운데에 극히 작은 점을 4개씩 모두어서 돋친 것이 있다.

수키와는 앞뒤의 너비가 거의 같으며 뒤에는 다른 기와와 겹 놓아 있기 위한 연결 돌출부가 있으며 못을 박을 수 있게 구멍을 뚫은 것도 있다. 수키와 연결돌출부의 길이는 대체로 평균 2.7cm 정도이고 두께는 1.5~2.0cm 정도이다

발해 수키와에는 막새가 붙은 막새기와가 있다. 막새기와 가운데는 등이 굽은 곱새기와가 있고 용마루나 추녀마루 위에 덮었던 마루기와가 있다. 수키와 막새는 도안화한 연꽃무늬가 있는데 그 생김새는 여러 가지가 있다. 무늬 모습에 따라 약 20가지로 나눌 수 있다. 꽃잎의 수를 보면 4잎, 5잎, 6잎, 7잎이 있다. 막새 가운데에 돋은 꽃술의 모양에도 여러 가지가 있다. 막새의 무늬는 모두 연꽃무늬를 기본으로 삼았으며 들빼기로 만든 점에서는 다 같다. 그리고 막새는 모두 테두리가 두터우면서 깊고 가운데 꽃술이 두드러졌으며 그 두리에 4~7개의 꽃잎이 방사상으로 퍼졌고 꽃잎과 꽃잎사이에 생긴 빈자리에 여러 가지 모양의 꽃받침이 더 있어 간결하면서도 틀이 짜였다. 수키와 막새에는 풀색, 자지색(자주색), 누런색과 이것들을 배합한 유약을 바른 것도 적지 않다. 유약을 바른 이 기와는 발해의 건축 및 요업기술의 발전과 우수성을 보여준다.

암키와 막새도 공예적으로 잘 만들어졌는데 특히 그 무늬구성이 잘 되었다. 무늬에는 선과 점으로 된 공작새 꼬리 무늬와 물결무늬, 톱날무늬 같은 것이 있다. 그 가운데서 공작새꼬리무늬가 가장 아름답다. 이 무늬는 둥근 점을 가운데에 한 줄 내고 그 아래 위에 짧은 줄을 비뚤게 빼곡히 그은 공작새의 깃같이 생긴 것으로서 기발하면서도 은은한 조형미를 나타내고 있다.

기와에는 글자를 찍었거나 새긴 문자기와가 있다. 그중 도장 같은 것으로 찍은 것이 대부분이다. 글자는 대체로 암키와의 밑면과 수키와의 이음자리(더러는 몸체) 곁에 찍었다. 글자는 보통 하나이며 둘인 경우도 더러 있다. 문자기와 가운데서 한자로 새긴 것이 기본이다. 그 외 한자로 해석할 수 없는 이체자(異體字)가 있다. 이에 대해 앞으로 더 깊은 연구가 요구된다.

2) 유약 바른 기와

유약을 바른 기와로는 수키와와 막새기와가 있다. 그 형태와 크기는 보통 수키와와 막새기와의 경우와 같다. 단지 외면에 유약을 발라 아름다운 것이 다를 뿐이다. 색깔은 주로 녹색과 자지색(자주색) 유약을 많이 사용하였는데 그중 녹색 유약을 바른 것이 가장 많다. 원형으로 생긴 막새의 무늬는 도안화한 연꽃무늬이다. 막새에도 녹색과 황색 등 유약을 발랐다. 유약을 바른 막새기와는 지붕 끝동을 장식하는 데 많이 사용되었다.

3) 장식 기와

장식기와 가운데서 중요한 것은 치미, 귀면, 장식화판 등이다.

치미(鴟尾)는 용마루 양끝에 붙이는 것이다. 그 대표적인 것으로는 상경용천부 절터에서 출토된 것이 2개 있다. 그 하나는 상경용천부 외성

내의 제1절터에서 발견된 것이고 다른 하나는 상경용천부 외성 밖의 제9절터에서 출토된 것이다. 제1절터에서 발견한 치미는 연한 녹색유약을 발랐는데 길이 97㎝, 높이 87㎝, 너비 39㎝이다. 두 나래 가장자리에 각각 16줄의 깃을 돋쳤으며 나래와 몸체 사이에 5개의 구멍을 뚫고 거기에 대가리가 꽃모양으로 생긴 치레거리를 맞추어 넣었다. 그 치레거리는 가운데가 둥그스름하게 나오고 두리에 8~9개의 작은 구슬이 꽃잎처럼 돋쳤다. 몸체의 양쪽에는 끝이 둥글게 말린 꽃잎무늬를 은근하게 돋우어 새겼다. 주둥이는 나래 밖으로 쑥 뻗어 나왔다. 치미는 용맹한 날짐승이 나래를 힘껏 펼치고 날아오를 듯한 태세를 갖춘 모습을 하고 있었다. 그 주둥이와 날개에 사나운 날짐승의 기백이 표현된다. 치미의 크기와 기교는 그것을 인 집이 얼마나 화려하고 웅장하였는가를 충분히 상상할 수 있게 한다.

귀면(鬼面)은 추녀마루를 장식하는 기와이다. 귀면은 그 생김새가 괴상한 짐승의 머리를 상징하였다. 귀면의 크기는 대체로 길이 33~43㎝, 너비 31~37㎝, 높이 23~27㎝ 정도이다. 부릅뜬 두 눈이 툭 튀어 나왔고 그 사이에 망치 같은 코가 우뚝 솟았으며 크게 벌린 아가리에는 긴 혀와 억센 이빨이 드러났으며 귀가 큰 고리처럼 휘감겼고 뒤통수에 여러 가닥의 갈기가 거꾸로 뿔처럼 솟았다. 앞면에 녹색 또는 자지색(자주색) 유약을 발랐다. 눈에는 살색, 눈동자에는 진한 자지색(자주색) 또는 녹갈색, 이빨에는 연한 황백색, 입술에는 연한 녹색 유약을 발라서 사나움이 더욱 두드러지게 하였다.

기둥 밑 장식은 고리처럼 생긴 것으로서 기둥 밑을 장식하는데 쓰였다. 발해의 기둥 밑 장식은 다음과 같은 몇 가지 특징이 있다.

첫째, 조립식으로 되어 있는 것이다. 즉 곡선으로 된 2개 또는 3~4개의 조각 부분을 모으면 기둥 밑 테두리에 들어맞는 둥근 고리가 된다.

둘째, 규모가 서로 다르다. 기둥 밑 장식품은 규모가 서로 다른 건물의 기둥을 장식하는데 쓰인 것만큼 크기가 서로 다르다.

셋째, 아름다운 꽃무늬들이 돋우어 새겨 있는 것이다. 꽃무늬 장식에서 기본을 이룬 것은 연꽃무늬이다. 기둥 밑 장식이 고리처럼 생겼으므로 막새꽃잎의 뾰족한 모양과는 달리 둥그스름하게 생겼다. 그리고 기와의 표면에 아무런 장식이 없는 것도 있다.

넷째, 기둥 밑 장식기와에 여러 가지 색깔의 유약을 바른 것이다.[12] 특히 부드럽고 큼직한 연꽃무늬에 광채 도는 유약을 바름으로써 장식효과를 더욱 높였다. 기둥 밑 기와에는 표면에 아무런 장식이 없는 것도 있고 또 그냥 유약을 바른 것과 꽃무늬를 새기고 그 위에 유약을 바른 두 가지가 있다. 기둥 밑 장식에는 흔히 연꽃무늬를 돋우어 새겼고 겉에 유약을 발라서 매우 아담하고 아름다워 보인다. 기둥 밑 장식은 기둥과 집 전체를 화려하게 하였을 뿐만 아니라 습기를 막아서 기둥을 튼튼히 하기도 하였다.

장식화판 중에는 그 모습이 토끼풀과 같이 생긴 것이 있다. 외면에 인동덩굴 무늬를 곱게 돋우어 새기고 그 위에 산뜻한 녹색유약을 입혀서 더욱 아름답다. 장식화판 중에는 유약을 바르지 않은 것도 있다.

연꽃무늬와 넝쿨무늬로 아름답게 장식한 기와, 풀색유약을 바른 광택 나는 막새, 기둥을 화려하게 장식한 기둥 밑 장식기와 그리고 귀면과 치미 등을 이은 지붕은 조형적으로나 색 조화에서 화려하고도 웅장하였다.

---

12) 조대일, 『발해의 공예』; 『발해사연구론문집』(1), 과학백과사전종합출판사, 1992, 225~226쪽

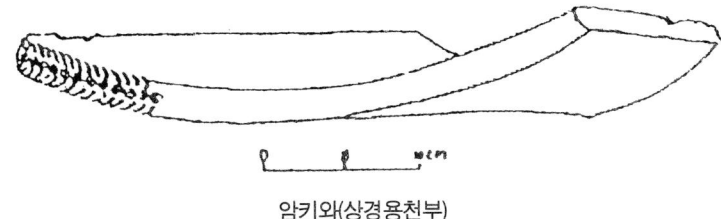

암키와(상경용천부)

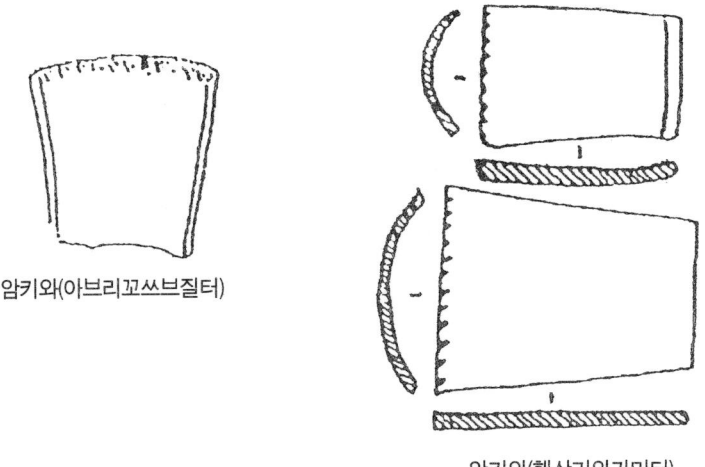

암키와(아브리꼬쓰브질터)

암키와(행산기와가마터)

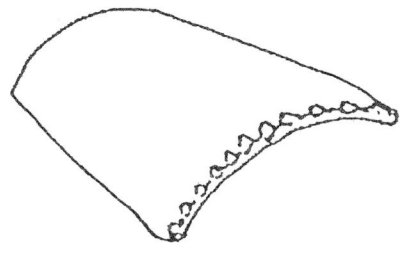

물결무늬 암키와(대성자고성)

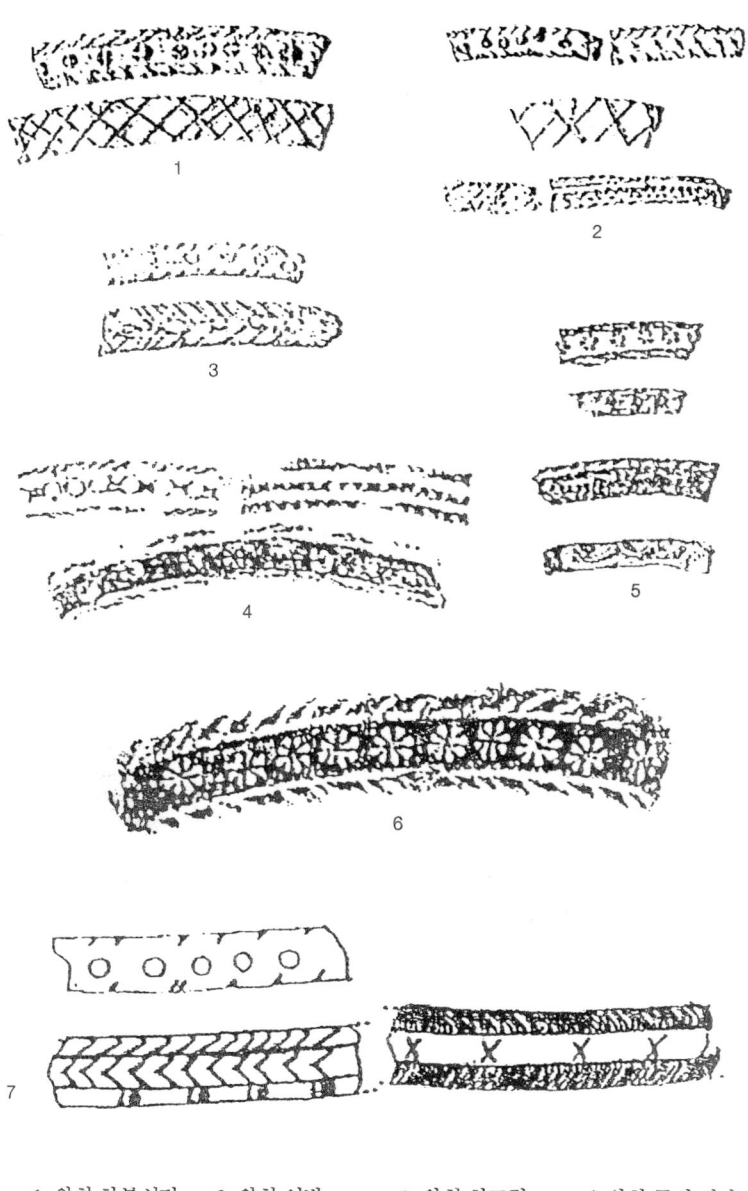

1. 왕청 하북성터   2. 왕청 영벽   3. 왕청 천교령   4. 왕청 공성 성터
5. 연길금성   6. 훈춘 신생절터   7. 화룡 하남촌, 남산절터

암키와에 새긴 무늬

문자기와 탁본(상경용천부)

수키와(훈춘 솔만자집터)

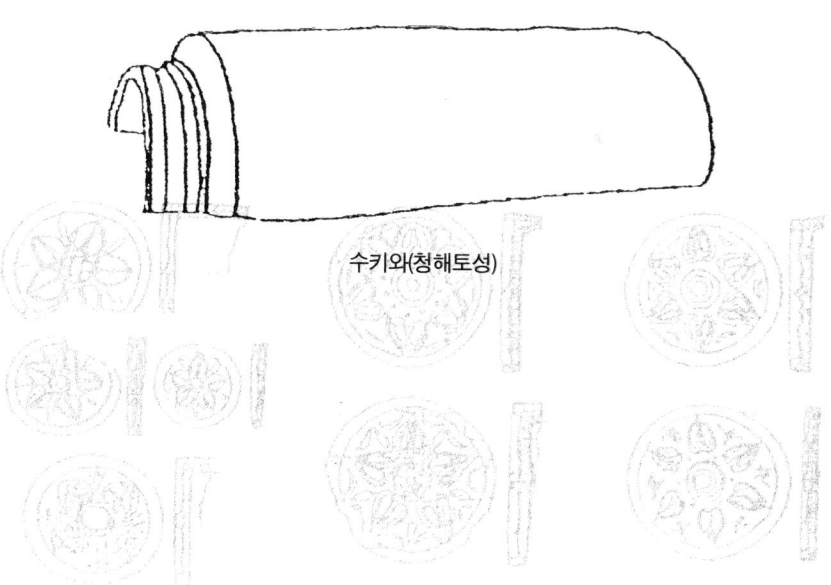

수키와(청해토성)

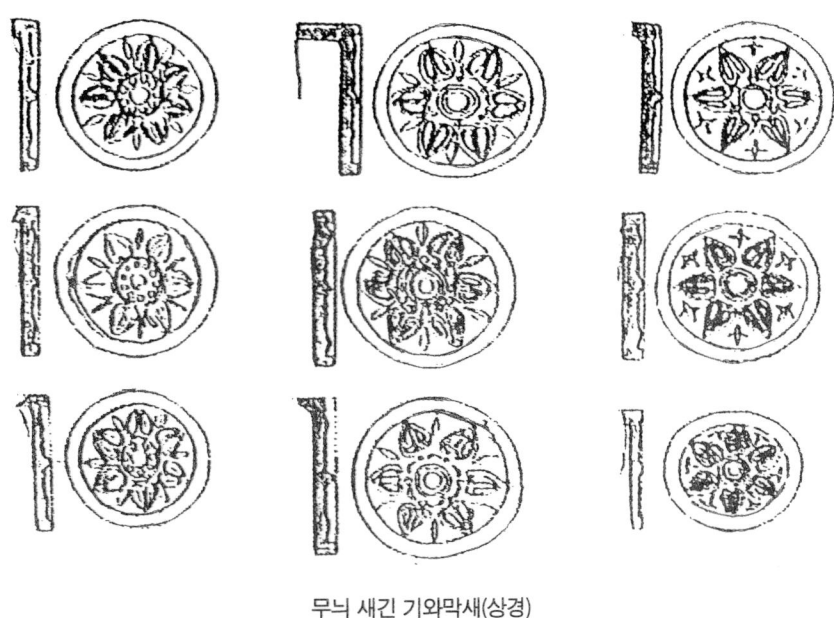

무늬 새긴 기와막새(상경)

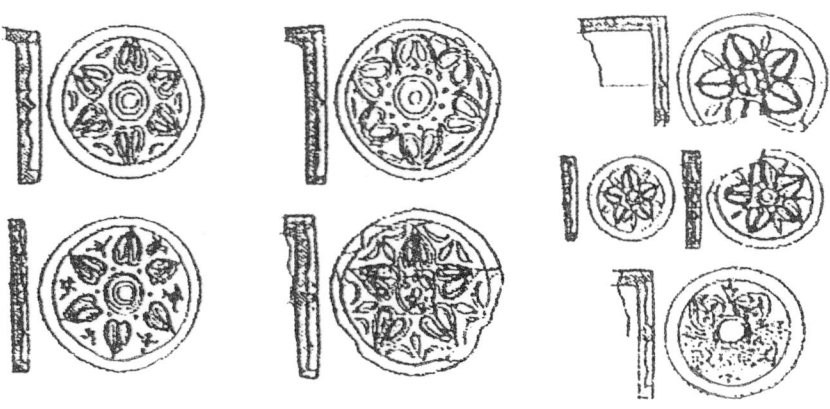

무늬 새긴 기와막새(상경용천부)

무늬 새긴 기와막새(상경용천부)

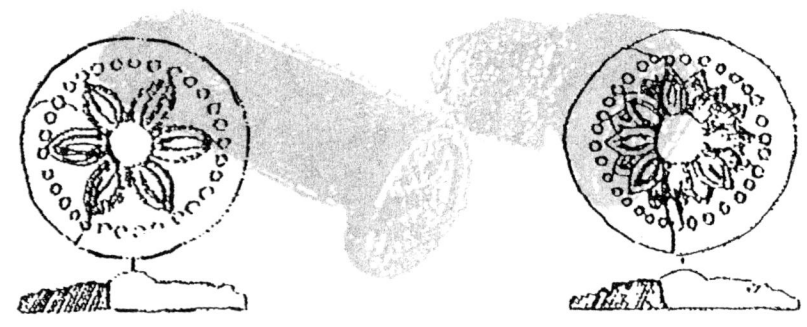

기와막새(부여현 백도성)

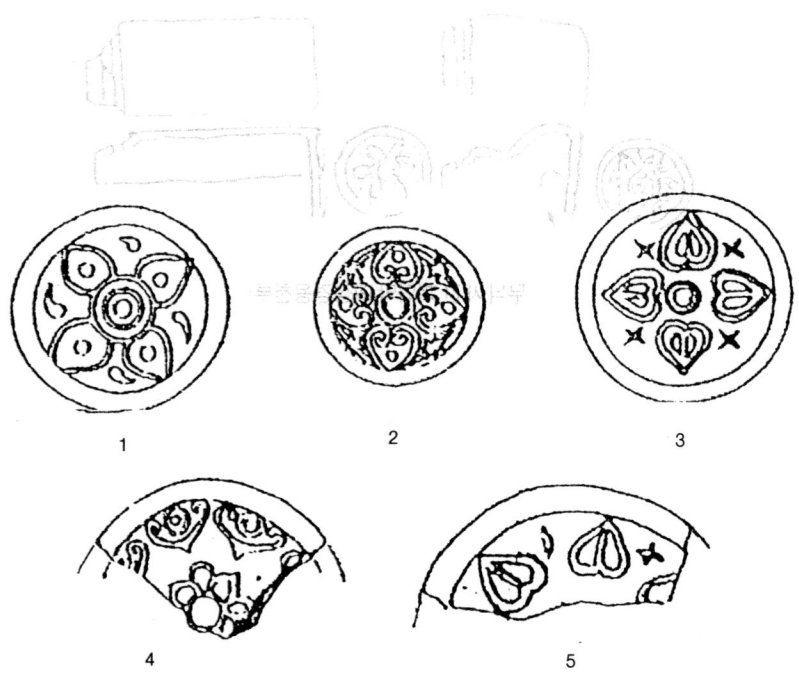

1, 2. 소밀성   3. 무송 신안성   4. 장백고성   5. 집안

수키와 막새

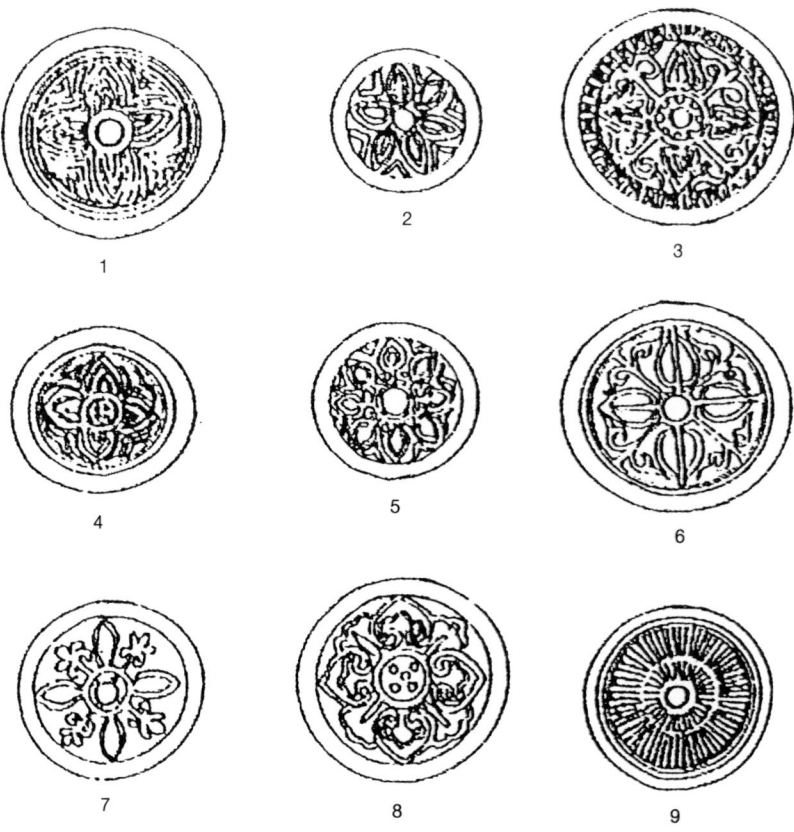

수키와 막새(오매리 금산절터)

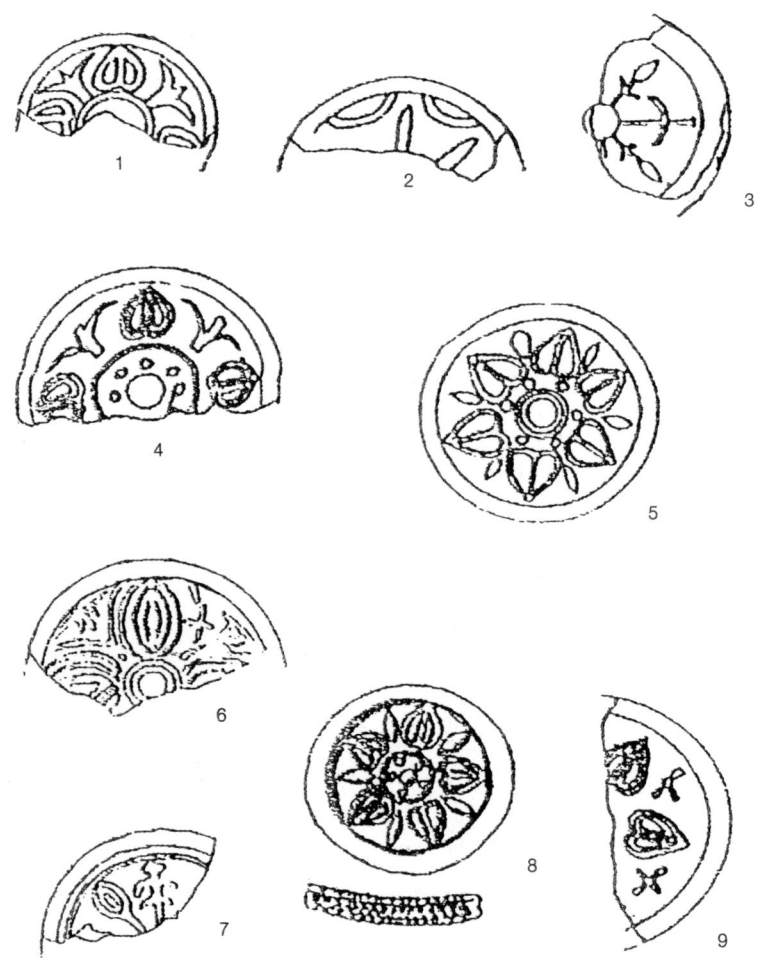

1~5 신생절터   6. 초평유지   7. 마적달절터   8. 크라스끼노절터   9. 양목립자절터

수키와 막새

치미(상경용천부)

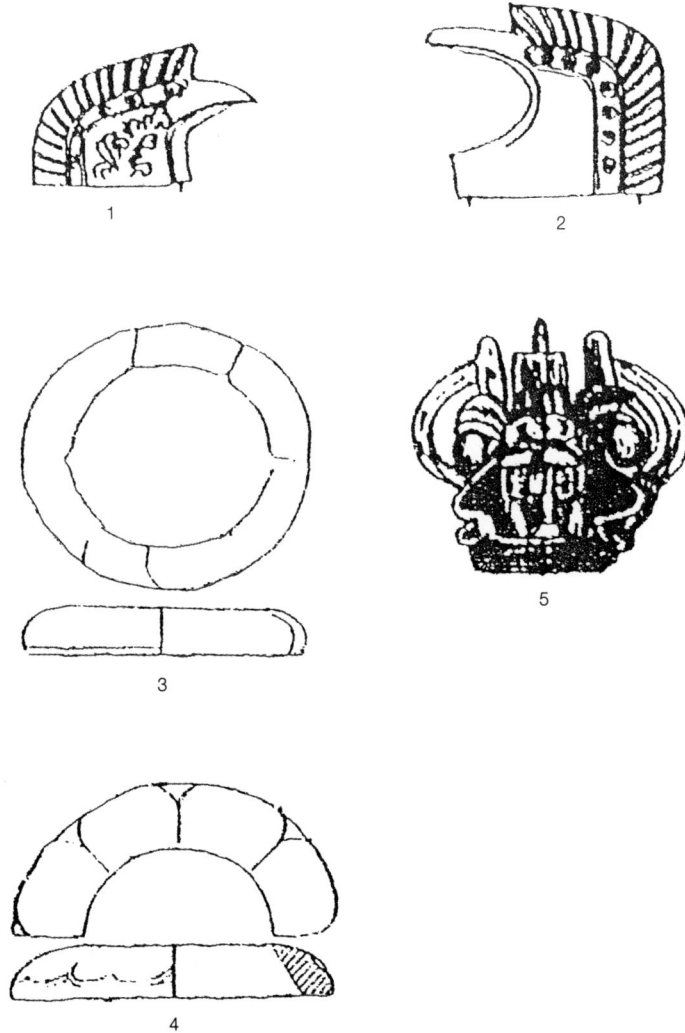

1, 2. 치미 3, 4. 기둥밑치레 5. 귀면
건축장식(상경용천부)

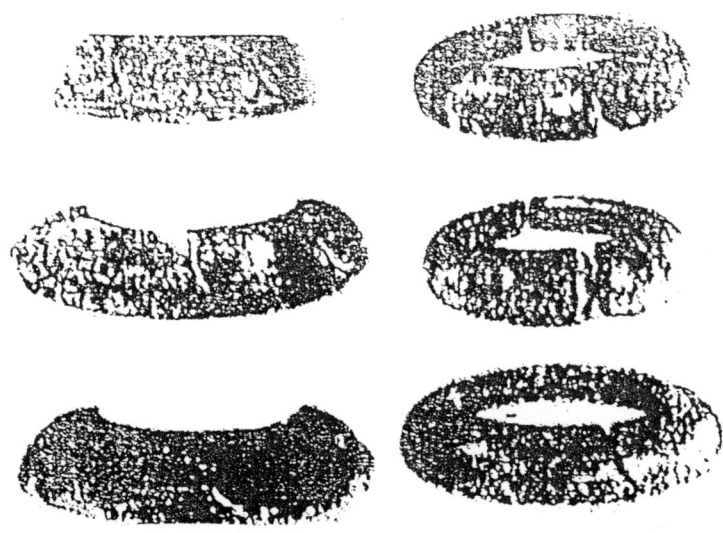

유약 바른 기둥밑장식(상경용천부)

장식화판(상경용천부)

장식화판(시고성)

(2) 벽돌

발해의 벽돌업은 발해의 기와와 함께 매우 높은 수준으로 발전하였다. 발해의 벽돌에는 장방형 벽돌, 정사각형 벽돌, 한쪽 끝이 뾰족한 벽돌, 멈추개 벽돌, 삼각형 벽돌, 사면형 벽돌, 규형 벽돌 등 여러 가지가 있다. 그중에서 장방형 벽돌과 정방형 벽돌이 가장 많았다. 장방형 벽돌은 대체로 길이 35~36㎝, 너비 16~18㎝, 높이 6~7㎝이다. 벽돌의 재료는 기본이 진흙이다. 거기에 모래를 좀 섞어 틀빼기로 만들었다. 벽돌은 주로 청회색이고 구운 온도가 비교적 높고 질이 굳다. 벽돌에는 무늬 있는 것과 무늬 없는 것이 있다. 무늬 있는 벽돌에는 아름다운 연꽃무늬를 비롯한 여러 형태의 무늬를 돋우어 새겼다. 발해 벽돌에는 주로 보상화무늬와 인동무늬를 돋우어 새겼다. 보상화무늬는 방형 벽돌의 넓은 윗면에, 인동무늬는 장방형 벽돌의 좁고 긴 측면에 새겼다. 보상화무늬는 가운데에 정면으로 도안한 8잎의 겹보상화무늬를 두고 그 두리에 6잎의 작은 보상화무늬 4개를 잇고 줄기로 잇대어 놓은 덩굴무늬를 돋친 아름다운 무늬이다. 보상화무늬는 꽃 전체를 돋우어 새긴 만큼 매우 웅건하여 보인다. 인동무늬는 보상화무늬의 경우와는 달리 굵은 선으로 두드러지게 돋우어 새겼다. 장식벽돌은 주로 담장을 쌓는데 쓰였을 것이고 보상화무늬를 돋우어 새긴 벽돌은 바닥에 깔던 장식 벽돌이었을 것이다. 특히 사람들의 주목을 끄는 것은 문자 벽돌인데 문자 벽돌은 벽돌에 문자를 새긴 것인데 문자기와와 함께 발해 유적지에서 발굴되었다. 이는 발해사를 연구하는데 매우 중요한 의의가 있다.

벽돌에 새긴 무늬들은 간결하면서도 웅건하고 힘 있는 조각 솜씨를 잘 보여준다. 훈춘현 마적달무덤탑(琿春縣 馬滴達墓塔)에서 글자가 새겨진 벽돌이 2장 발굴되었다. 한 장은 정방형으로 된 벽돌인데 한쪽 끝에 초서체로 쓴 '마필행(馬必行)'이라고 글자가 새겨져 있었다. 그 글은 능숙하게 쓴 글로서 무게 있고 힘이 있었다. 다른 한 장은 작은 정방형 벽돌인데 한쪽 끝에 초서체로 '한근한냥[一斤一兩]'이라는 글자가 새겨져 있었다.13) '근'자와 '냥'자를 중복하여 썼고 지어 중첩되게 썼다. 무엇 때문에 이와 같이 복잡하게 썼는지 잘 알 수 없다. '한근한냥[一斤一兩]' 이 표시된 것으로 보아 발해 사회 내에 도량형(度量衡)제가 보편적으로 사용되었음을 알 수 있다.

정효공주무덤에서 글자가 새겨진 벽돌 3장을 발견하였다. 그 중 하나는 '회방우엄(會邦于广)'이란 글자가 새겨져 있었다. 이 벽돌은 1982년 7월 정효공주 무덤탑 기초에서 나왔다. 색깔은 진회색이고 모양은 장방형인 벽돌이었다. 한쪽 면에는 가는 노끈무늬[細繩紋]를 새기고 다른 한쪽 면에는 '회방우엄(會邦于广)'이란 네 글자를 새겼다.14) 이를 자세히 분석하여 보면 만들 때 먼저 둥글고 뾰족한 나무 같은 것으로 문자를 새기고 말린 다음 토기 가마 안에 넣어 구운 것임을 알 수 있다. 그리고 이 벽돌은 육정산 정혜공주무덤 안 칸 바닥에 간 벽돌보다 좀 작지만 질이 더 좋다는 것도 알 수 있다. 지금까지 발해유적지에서 벽돌과 기와에 새긴 문자기와와 문자벽돌이 적지 않게 나왔다. 그러나 그것들은 외자이거나 두 자로 되었고 세 글자이상 이어 새긴 것은 매우 희소하다. '회방우엄(會邦于广)'처럼 완정한 함의를 나타내는 짧은 문구를 새긴 벽돌이 나오기는 연변지구 발해 문물 가운데서 처음이다. 이 벽돌은 길이 33㎝, 너비 16.5㎝, 두께 5.8㎝이다. 네 글자는 무게가 있고 규범에 맞게 새겨졌다. '회방(會邦)'은 글자를 새긴 사람의 본적이고 '우엄(于广)'은 새긴 사람의 성이나 이름인 것 같다. 글자를 새긴 사람은 보통 장공인 것이 아니라 발해 대씨 통치에 대한 수호장일 뿐만 아니라 불교의 견결한 신봉자이다. 그는 정효공주무덤 탑을 쌓는 데 힘을 이바지하는 것을 영예롭고 존경받는 일로 여겼기 때문에 벽돌에다 자기의 본적과 이름을 새기었다.

---

13) 『연변문화유물략편』, 110쪽.
14) 『연변문화유물략편』, 109쪽.

다른 한 벽돌은 장방형으로 되었는데 길이 30cm, 두께 5.5cm이며 조서체로 '난서(蘭書)'라는 두 자가 새겨져 있다. 그 서법은 필치가 능란하고 힘 있으며 대 서법가가 초서체로 쓴 글의 풍격을 가지고 있다. 이 벽돌도 일반적인 발해장공이 만든 것이 아니라 묘탑의 수축을 경하하고 기념하기 위해 새긴 것이다. '난서(蘭書)'는 "문장이 아름답다", "아름다운 문장" 혹은 "잘 다듬어진 문장", "좋은 문장"이라는 뜻이다. 〈사조칠석부(謝朓七夕賦)〉에 "君王壯思風飛, 沖情云上, 顧楚詩而縱轡, 瞻蘭書而章爽"[15]라고 하였다. 그러므로 이 글을 새긴 사람은 정효공주무덤 묘탑의 수축을 마음속으로부터 축하하고 찬양하는 뜻을 '난서(蘭書)'란 두 글자로 표달한 것이며 한문 수준이 상당히 깊은 지식인이었다는 것을 알 수 있다.

세 번째 벽돌은 길이 15.5cm, 두께 6cm인데 '시뇨산효(屎尿産孝)'란 네 글자가 새겨져 있다.[16] '시뇨(屎尿)'라는 두 글자는 똑똑하고 '산효(産孝)'라는 두 글자는 희미하다. 이것은 제 마음대로 새긴 것이다. 글체와 필순이 격에 맞지 않는 것을 보면 발해의 장공이 새겼을 가능성이 있다. 발해 통치자들에게 있어서 성스럽고 깨끗하며 장엄한 것으로 인정되는 무덤 탑 위에 '시뇨(屎尿)'라는 공손하지 않고 고상하지 않은 글을 새긴 것은 공주와 불탑에 대한 모독과 중상이며 무덤 탑을 쌓는 장공들의 대항 정서의 발로인 바, 건설공사를 크게 벌려 궁실과 전각을 지으며 백성을 고생시키고 재물을 탕진하는 문왕 대흠무에 대한 백성들의 불만과 반항심을 반영한 것이다.

멈추개 벽돌은 길바닥에 깔기도 하고 그 밖에 물도랑 같은 데에 쌓은 벽돌이 밀려나가지 않도록 하기 위하여 쓰거나 건축자재로도 사용된 것이다.

발해에서 생산된 기와와 벽돌은 대량으로 건축업에 사용됨으로써 발해의 건축업과 도자기 제조업, 수공업 공예기술의 발전을 추진하였다.

---

15) 『중문대사전』, 제29책, 253쪽.
16) 『연변문화유물략편』, 109쪽.

1. 장방형 벽돌에 돋친 무늬(상경용천부)

2. 장방형 벽돌에 돋친 무늬(상경용천부)

3. 장방형 벽돌에 돋친 무늬(행산기와 가마유적지)

발해의 벽돌무늬

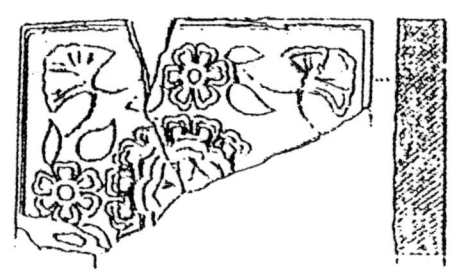

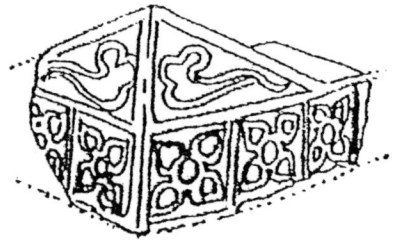

1. 영안 반령어구유적지   2. 마적달 탑자리

무늬를 새긴 벽돌

무늬를 새긴 벽돌(팔련성)

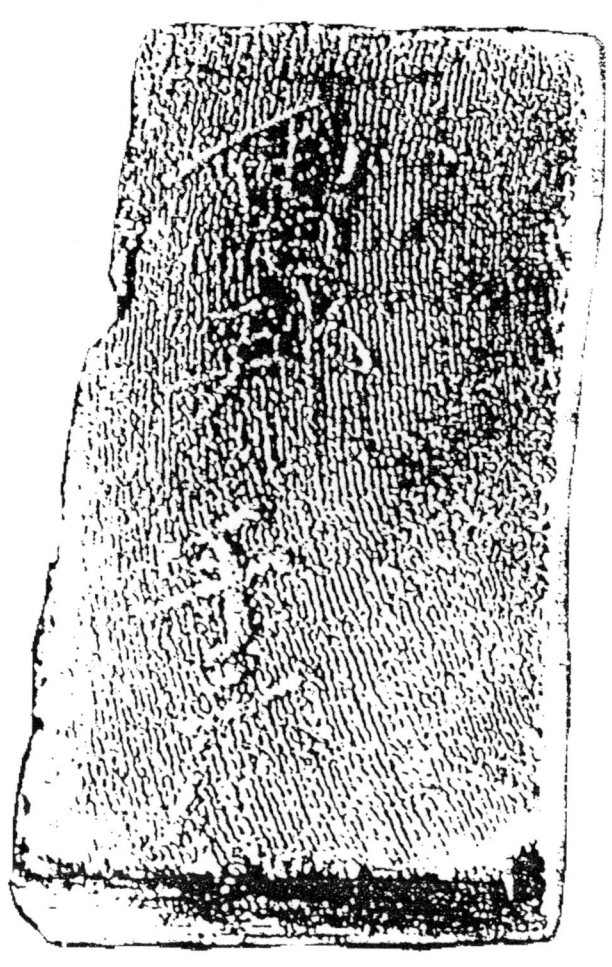

정효공주무덤탑에서 출토된 문자벽돌

보상화 무늬 벽돌(상경)

4. 금·은 공예

발해가 창립되기 전부터 동북지구(東北地區)에서는 오랜 시기부터 금(金), 은(銀)을 생산하고 금·은기를 만들어 넓은 범위에서 사용하였는데 그 공예기술은 상당히 높은 수준으로 발전하였다. 특히 부여와 고구려의 금·은 생산과 공예 기술은 전형적이었다. 부여, 고구려, 말갈 등 지역에서의 금·은업의 발전은 그 후 발해 금·은업이 발전할 수 있는 기초 조건 및 전제 조건이 되었다. 발해의 금·은업은 바로 그 기초 위에서 더욱 높은 수준으로 발전하였다.

발해의 금·은업 발전과 공예에 대한 문헌자료가 매우 적기 때문에 문헌자료에 의해 금·은업 발전 정황과 공예 발전 정황을 밝히는 것은 불가능하다. 오직 발해 유적지에서 출토된 점점의 고고학 자료에 의해서만이 그 대체적인 윤곽을 보아 낼 수 있다.

(1) 발해의 금·은공예 제품은 넓은 범위에서 많이 출토된다.

돈화시 육정산 발해 무덤떼(敦化市 六頂山 渤海墓群)중의 M204, M213, M214 무덤에서 금반지 1개, 은반지 2개, 은귀걸이 2개가 출토되었고[17] 정혜공주무덤에서는 금반지 1개, 도금한 구리행엽(鎏金銅杏葉) 1개가 출토되었으며[18] 화룡현 팔가자 하남촌무덤(和龍縣 八家子 河南村墓葬)에서는 금 띠, 작은 금띠고리, 금팔찌, 금귀걸이 금으로 만든 두 가닥 비녀, 금치레거리 등이 출토되었다.[19] 화룡현 팔가자진 북대무덤떼(北大墓群)에서 도금한 물고기 모양 구리치레거리[鎏金銅魚飾], 은으로 만든

---

17) 중국사회과학원 고고연구소 편, 『륙정산과 발해진』, 1997, 41쪽.
18) 『돈화현문물지』, 40쪽.
19) 『화룡현문물지』132, 79~85쪽.

두 가닥 비녀가 출토되고 발해 상경용천부 궁성서구 침전터(上京龙泉府 宮城西区 寢殿遺址)에서 도금한 띠돈 2개, 도금한 못 39개, 상경용천부의 기타 지역과 외성 내 절터에서 도금한 구리 못 다수(多數), 도금한 치레거리 다수, 도금한 불상의 손 1개, 도금한 구리불상 4개, 은사리함 등이 출토되었다.[20] 안도현 동청(安图县 东清) 발해 무덤 떼에서 은으로 만든 두 가닥 비녀 1개[21], 길림성 영길현 양둔 대해맹 발해 유적지(吉林省 永吉县 杨屯 大海猛 渤海遺址)에서 도금한 띠돈과 은으로 만든 두 가닥 비녀, 은팔찌[22] 혼강시 송수향 영안유적지(浑江市 松树乡 永安遺址)에서 도금한 치레거리 드리우개, 도금한 치레거리[23], 무송현 추수향 전전자촌무덤(抚松县 抽水乡 前甸子村墓葬)에서 도금한 구리치레거리, 도금한 구리치레거리 드리우개, 도금한 구리사미[24], 남경 남해부유적지(南京 南海府遺址)에서 은치레거리, 금동판(金铜板), 금동불상(金铜佛像), 금동화로조각, 은비녀 등이 출토되었다.[25]

(2) 발해 금은 공예품의 종류

발해의 금·은업이 날로 발전함에 따라 금·은 공예품의 수량이 더욱 많아졌을 뿐만 아니라 그 종류도 한층 다양해졌다.

지금까지 출토된 금·은 공예품을 종류별로 나누어 보면 생활용구, 장신구, 불교와 관련된 제품, 무덤용구 등이 있다.

---

20) 중국사회과학원 고고연구소 편,『륙정산과 발해진』,1997 ; 조선유적유물도감편집 위원회,『조선유적유물도감』(8) 발해편, 1991, 289쪽.
21) 방학봉 주필,『발해사연구』(3), 33쪽.
22) 『영길현문물지』, 76쪽.
23) 『혼강시 문물지』75, 130쪽.
24) 『무송현문물지』, 137~138쪽.
25) 왕우량·왕굉북 편,『고구려, 발해고성유적지 연구회편』, 904, 905, 906, 909, 914~916쪽 ; 류영심 편,『발해사 연구』(2), 224쪽 ;『조선유적유물도감』편집위원회,『조선유적유물도감』(8) 발해편, 1991, 284쪽.

생활용구에는 은기(銀器)가 있고 장신구에는 금반지, 은반지, 은귀걸이, 금팔찌, 금띠, 작은 금띠고리, 금귀걸이, 금으로 만든 두 가닥 비녀, 금치레거리, 도금한 물고기모양 구리치레거리, 도금한 띠돈, 도금한 구리드리우개 치레거리, 도금한 치레거리, 도금한 행엽(杏葉)치레거리, 도금한 구리치레거리, 도금한 사미, 도금한 연꽃무늬, 구리치레거리, 은으로 만든 두 가닥 구리비녀, 은팔찌, 은비녀 등이 있으며 불교와 관련된 제품으로 도금한 구리 불상의 손, 금 동판, 도금한 구리불상조각, 금동화로조각, 금동불상, 은으로 만든 사리함 등이 있고 무덤용구로는 도금한 못 등이 있다. 여러 가지 종류 가운데서 장신구가 제일 많은 비중을 차지한다.

(3) 발해의 금·은 공예제품은 제작기술의 질적 수준이 높다.

상경용천부 유적지에서 출토된 사리함(舍利函)에 들어 있는 은합(銀盒)은 그의 대표적인 실례이다. 은합의 덮개와 네 벽에는 상운(祥云), 천왕도상(天王图像)을 새기고 덮개와 몸체를 나누어 주조한 다음 정밀하게 만든 접시로 연접하고 3㎝도 안 되는 작은 은 자물쇠로 잠그었다. 은합 외형은 복숭아 보양의 조형이 특이하며 덮개를 덮는 부위에는 금속으로 깎은 흔적이 명확히 나타난다.

1971년 화룡현 팔가자 하남촌에서 발해왕실의 귀족부부의 합장무덤이 발견되었다. 동, 서로 나란히 있는 두 기의 무덤은 흙으로 봉하였다. 이 두 기의 무덤에서 귀중한 금 치레거리들이 발굴되었다. 무덤 속에서는 작은 금 띠고리 2개, 도금한 용무늬 치레거리 2개, 금팔찌 1개, 금귀거리 1쌍, 은팔찌 1개가 나왔다. 이 무덤은 여자의 무덤이다. 다른 한 무덤 속에서는 온전한 금 띠 1개 모가 난 금고리 14개, 작은 금띠고리 8개, 금 드림고리 9개, 말안장모양 금치레거리 9개, 칼자루 모양 금치레거리 4개, 도금한 칼집 치레거리 4개, 금팔찌 2개, 금꽃 치레거리

173

26개, 쇠칼 1개, 숫돌 1개가 발굴되었다. 이 무덤은 남자의 무덤이다. 이 두 무덤에서 발굴된 금치레거리들은 다양한 형식으로 정교롭고 아름답게 만들고 복잡한 도안과 꽃무늬를 장식하였다.[26] 금띠(金帶)는 고리, 띠돈 및 사미로 이루어졌다. 띠고리 앞부분은 연꽃을 방불케 하는 3잎 꽃무늬로 도안되었다. 띠돈에는 허리가 잘록한 타원형의 것과 방형으로 된 것이 있는데 무늬풍격은 육각보상화 무늬장식품과 비슷하다. 그중 방형 띠돈은 가운데에 불룩한 녹송석(綠松石-보석의 일종) 꽃술을 두었고 두리에는 복 옆으로 이루어진 꽃무늬 도안을 돋쳤으며 네 귀는 속 줄기가 있는 꽃잎사귀로 치례하였다. 띠돈과 함께 나온 사미(鉈尾)의 보상화무늬도 그 형태에서 조금 변화가 보일뿐 전체적인 풍격 특점에는 이상과 다름이 없다.[27] 이 금띠는 수정(水晶)과 진한 정도가 같지 않은 녹송석을 받았기 때문에 더 아름답고 귀중해 보인다.

하남촌 발해 무덤에서 나온 금띠는 발해 사람들이 자체로 만든 것이냐? 아니면 당나라에서 발해왕실의 귀족에게 준 것이냐? 하는 데 대해 아직 학계에서 의논 되지 않고 있다. 그러나 일부 책에는 '당나라에서 은사한 것일 것이다.'[28]라고 추정하였다. 이 추정의 정확여부에 대해서는 앞으로 더 깊은 연구가 있어야 한다.

안도현 동청발해무덤 M1호에서 은귀걸이 하나가 출토되었는데 굵기가 0.8cm 되는 은 오리로 만들어졌다. 모양은 타원형을 이루었으며 두 끝은 좀 열렸는데 한쪽 끝은 작은 고리 모양으로 구부렸다. 귀걸이의 직경은 3.5~4.2cm이다.

화룡현 용두산 용호무덤구역(和龙县 龙头山 龙湖墓区)에서 금장식품과 은장식품 등 장신구가 출토되었다. 금장식품의 길이는 3.2cm, 너비가

---

26) 연변박물관『연변문화유물략편』집필소조,『연변문화유물략편』, 112쪽.
27) 방학봉 주편,『발해사연구』(7), 38~39쪽.
28) 연변박물관『연변문화유물략편』집필소조,『연변문화유물략편』, 112쪽.

1.75㎝ 되는 얇은 금종이를 가로 세로 각각 한 벌 겹쳐서 장방형 모양으로 만들었는데 접은 후의 길이는 2.5㎝이고 중량은 0.3g이다. 앞뒤 면은 소면(素面)인데 용도가 불명하다. 은장식품은 묘구와 가까운 퇴적층에서 길이 5.7㎝, 너비 1㎝ 되는 은편 하나가 나왔다. 은편은 두드려서 만들었는데 한쪽 끝은 조금 안쪽으로 휘어지고 횡단면은 'D' 형으로 되었다. 휘어진 부분에는 가는 선으로 물고기 무늬를 새긴 흔적이 있다. 은 편의 중량은 13.72g이다.[29]

    발해 금·은공예품의 일부는 당나라를 위수로 한 주변나라들로부터 들어왔고 절대 다수는 발해 장인들에 의해 만들어졌다. 발해 장인들이 제작한 금·은 공예품은 공예 기술이 상당히 높은 정도로 발전하였다. 하여 당시 일본 사람들이 발해의 공예품을 보고 "지난 날 당나라에 가서 진보(珍宝-진귀한 보화)를 많이 보았지만 이와 같이 기괴한 것은 없었다."라고 칭찬한 것은 과언이 아니었다. 모두어 말하면 발해사람들은 자기들의 총명과 재능을 전조대의 기초위에서 적극적으로 당나라의 금·은공예의 선진기술과 문화를 받아들여 본민족과 지역에 결합시켜 독창적인 금·은공예 미술을 높은 차원으로 발전시킴으로써 조국의 금·은공예 미술의 발전과 찬란한 예술 보물고를 더욱 풍부히 하는데 중대한 기여를 하였다.

---

29) 방학봉 주편, 『발해사연구』(4), 8쪽.

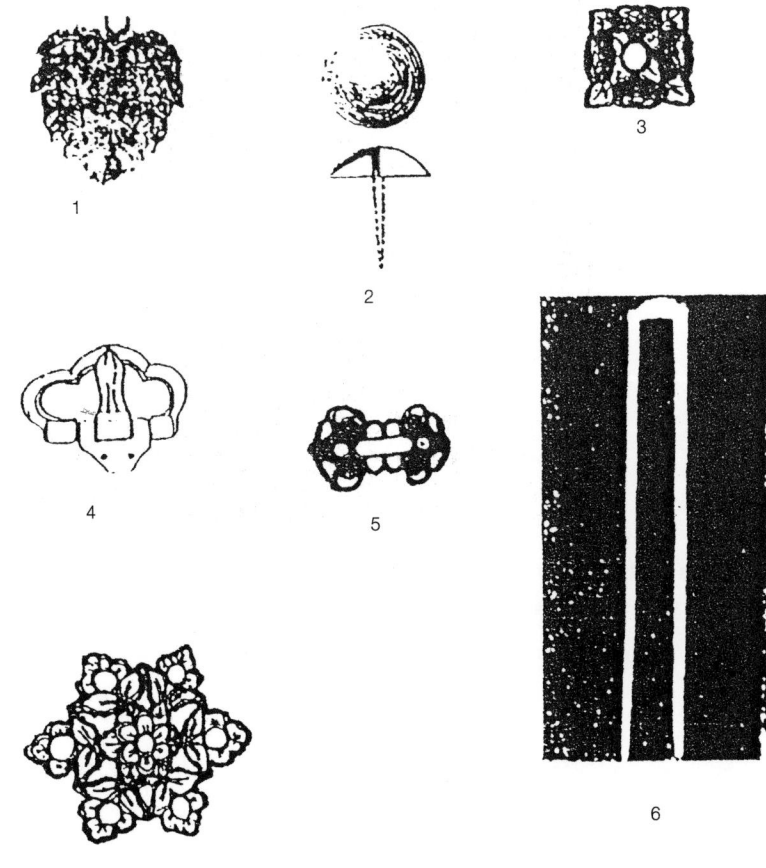

1. 도금한 행엽(정혜공주 무덤)
2. 금칠한 구리못대가리(육정산 발해무덤)
3. 정방형 금띠돈(화룡 하남무덤)
4. 금띠고리(화룡 하남무덤)
5. 정방형 금띠돈(화룡 하남무덤)
6. 두가닥 금비녀(화룡 하나무덤)
7. 금장식 꽃무늬(화룡 하남무덤)

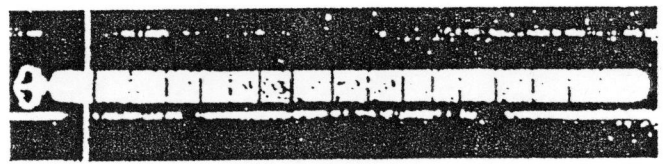

금띠 (화룡 하남무덤)

도금한 청동제품 치레거리
(화룡 정효공주무덤)

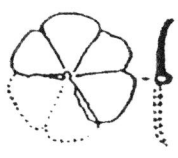

도금한 청동제품 치레거리
(화룡 정효공주무덤)

도금한 청동제품 치레거리 (화룡 정효공주무덤)

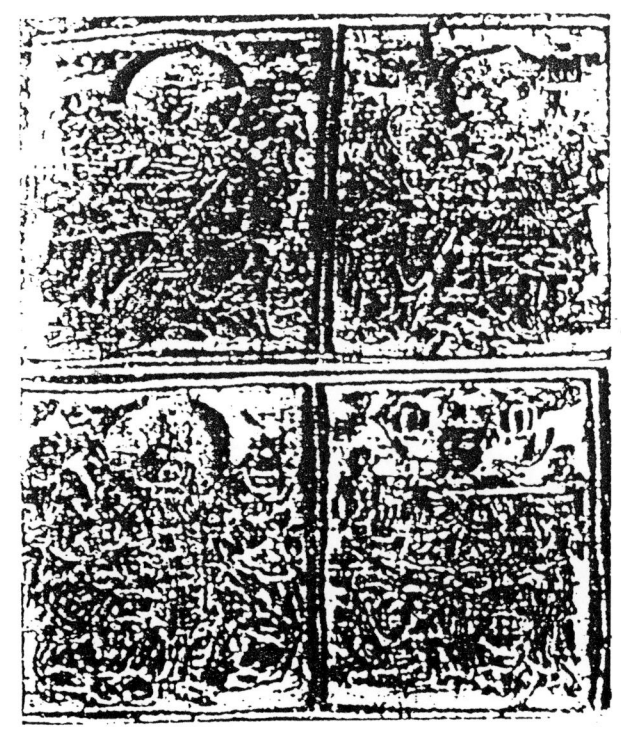

사리함내의 방형은함에 새겨진 사천왕탁본

5. 쇠·구리 공예

(1) 쇠로 만든 공예품

쇠로 만든 공예품으로는 식기(보시기, 대접), 가마, 세 발달린 솥, 배뚜리, 숟가락, 빗장 고리, 자물쇠, 열쇠, 문 접시, 문지도리, 쇠고리 등 생활용기구와 비녀, 쇠띠, 띠고리, 띠돈, 사미(鉈尾), 쇠팔찌(铁鐲) 등 장신구(裝身具)가 있었다. 건축용 공예품으로는 철로 만든 문지도리, 쇠빗장 고리, 쇠문장식, 쇠문고리, 문각쇠, 쇠문접시 등이 있고 차마구(车马具)로는 수레 굴통 쇠, 말자갈, 말안장 등이 있으며 불교용 공예품으로는 쇠 불상, 쇠향로, 쇠로 만든 바람방울, 쇠로 만든 사리함 등이 있다.

1986년 11월 상경용천부 외성 내에서 철제형기[衡器-쇠 저울 추]를 발견하였다. 저울추는 반원형의 투구 모양으로 생겼는데 꼭대기에 끈을 맬 수 있게 한 작은 가락지가 있다. 높이는 7㎝이고, 배의 둘레는 20㎝이며, 밑면의 직경은 6.5㎝이고, 무게는 1㎏이다. 표면은 녹이 몹시 쓸어 흑갈색으로 보인다.

(2) 구리로 만든 공예품

발해유지에서 출토된 구리로 만든 공예품을 종합해보면 대체로 생활용구, 장신구(치레거리), 거울, 건축자재, 불교와 관련된 제품, 묘장용구(墓葬用具) 등 종류로 나누어 볼 수 있다.

생활용구에는 숟가락, 가마, 함, 대야, 자물쇠 바리대, 국자, 가위, 집게 등이 있고 장신구에는 머리꽂이, 귀걸 귀걸이드리개, 방울, 반지, 팔찌, 비녀, 도금한 비녀, 단추, 띠고리, 띠돈, 사미, 구리패 치레거리, 향엽, 도금한 물고기 모양 치레거리, 연꽃잎치레거리, 고깔모자치레거리, 능형 치레거리 등이 있으며 거울에는 쌍룡동경, 해수포도무늬거울, 마름

꽃무늬구리거울 보상화무늬거울 등이 있으며 불교와 관련된 제품으로는 구리방울, 금동판(金銅板), 소불상, 도금한 구리불상, 구리불상, 사리함, 도금한 연꽃무늬불상 등이 있고 건축자재로는 이음 쪽, 못, 방울, 향엽, 문고리, 문접시, 구리 장식품, 문손잡이 등이 있으며 묘장용 구로는 도금한 구리 못, 관고리 등이 있다. 이외 또 구리고리, 동추 치레거리(銅墜飾), 도금한 동추 치레거리, 말 탄 사람, 주물국자, 송풍관 등이 있다. 못에는 큰 것과 작은 것이 있고 그 크기와 형태는 여러 가지이다. 작은 못 중에는 그 대가리에 각종 무늬를 돋치고 도금한 것도 적지 않다. 받치개 쇠는 한가운데 구멍이 있고 뚫린 엷은 구리판으로써 못이나 고리 밑에 받쳤던 것이다. 받치개 쇠 중에는 무늬를 돋치고 도금한 것이 있으며 도금한 것 가운데는 또 연꽃무늬를 새긴 것이 있다. 이음 쪽의 형태도 여러 가지다. 그러나 모두 엷은 구리판에 구멍을 뚫고 작은 못을 박았다. 치레거리조각의 형태도 여러 가지다. 어떤 것은 구리판을 장방형으로 자르고 그 표면에 보상화무늬를 돋쳤으며 가장자리에는 무엇에 달아매기 위한 작은 구멍을 뚫었다. 또 어떤 것은 도금한 구리판을 장방형으로 자르고 두리에 구멍을 뚫었고 민동무늬를 그어서 돋쳤다. 치레거리조각의 크기는 모두 비슷한바 길이 3cm, 너비 1.6cm, 두께 0.1cm이다. 이 치레거리조각들은 그 크기와 형태 및 구멍이 뚫린 점에서 쇠찰갑쪽과 비슷하다.

 말 탄사람 공예품은 높이가 5.2cm 밖에 되지 않는 치레거리이지만 말과 말 장식, 사람을 특징 있게 표현하여 말 탄 사람을 생동하게 형상하였다. 청동으로 생동하게 말 탄 사람을 자그마하게 만들었다는 것은 발해의 청동 공예의 높은 발전 수준을 보여준다.

 이상에서 열거한 구리공예품들은 발해의 청동공예술을 보여주는 유물이다. 이 가운데는 도금한 것도 많다. 여러 가지 청동 및 금동 공예품들은 조형적으로 짜이고 장식무늬들이 섬세하다.

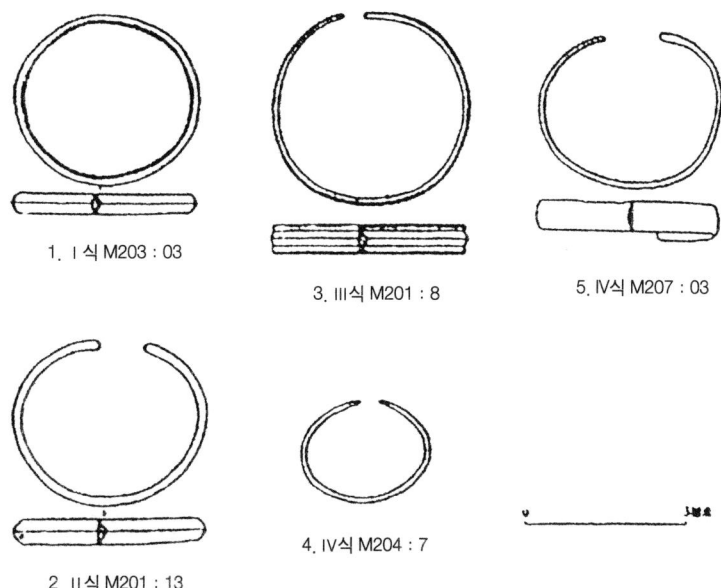

1. Ⅰ식 M203 : 03
2. Ⅱ식 M201 : 13
3. Ⅲ식 M201 : 8
4. Ⅳ식 M204 : 7
5. Ⅳ식 M207 : 03

육정산발해무덤에서 출토된 구리팔찌

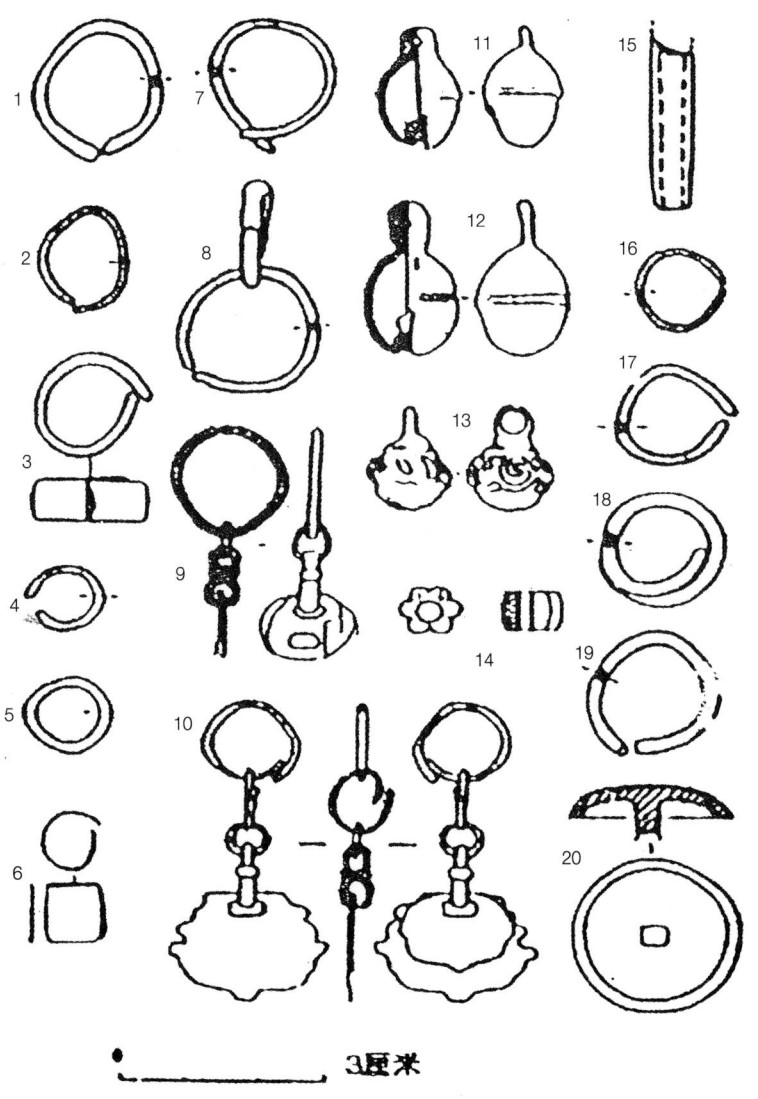

1, 2, 3, 4, 5. 구리반지　　　6. 금반지　　　　　7, 8. 구리 귀걸이
9, 10. 도금한 구리 귀걸이 드리개　11, 12. 구리방울　　13. 구리단추
14. 료주　　　　　　　　15. 료관　　　　　16, 17. 은귀걸이
18, 19. 은반지　　　　　　20. 도금한 구리못

육정산발해무덤에서 출토된 동기와 금은기

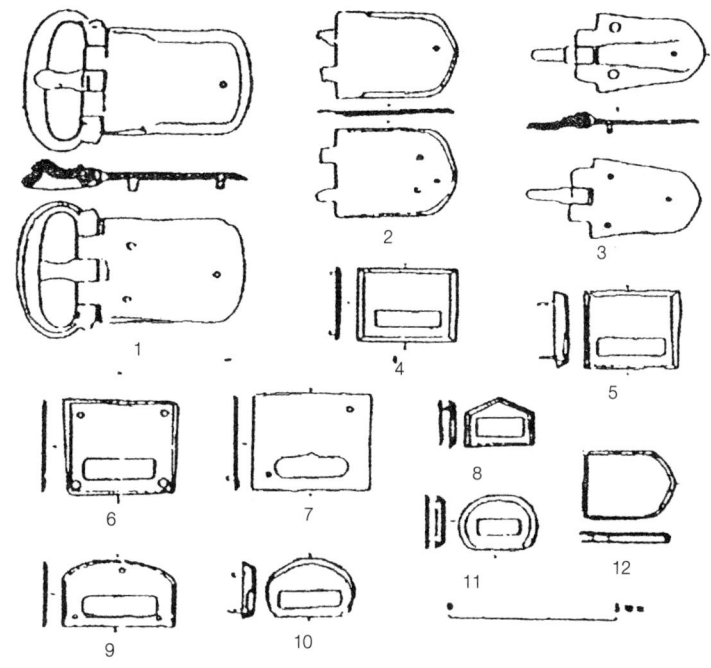

1,2,3 구리 띠고리
4,5,6,7,8,9,10,11 구리 띠돈   12. 사미

육정산발해무덤에서 출토된 동대구(銅帶具)

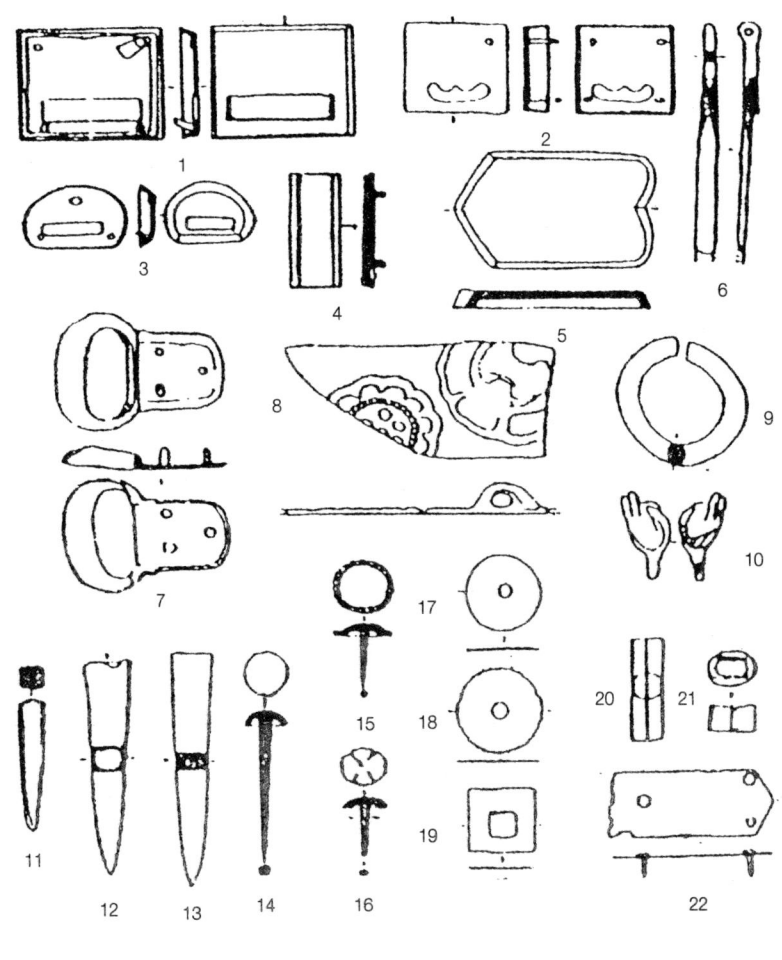

1~4. 띠돈   5. 사미   6. 집게   7. 띠고리   8. 거울   9. 고리
10. 불상의 손   11~19. 못   20. 관   21. 테   22. 문접지

상경용천부 유적지에서 출토된 동기(銅器)

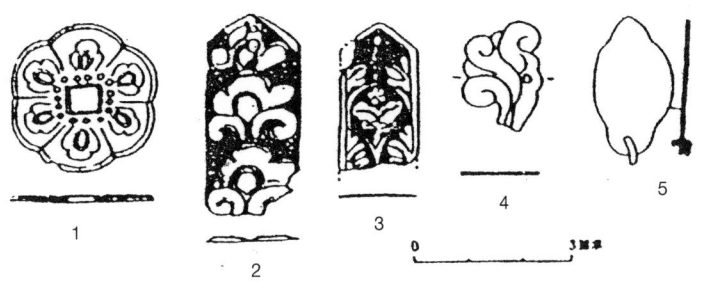

상경용천부유적지에서 출토된 구리치레거리

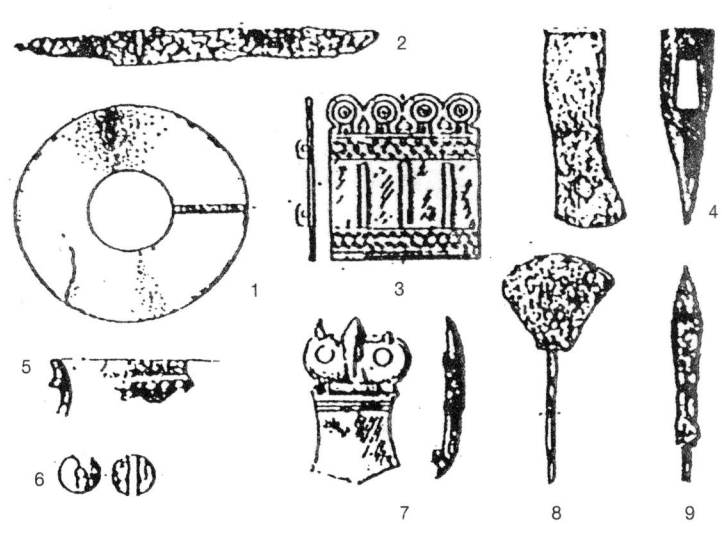

1. 옥벽 2. 쇠칼 3. 동대식 4. 쇠도끼 5. 질그릇아구리
6. 마노주 7. 구리띠고리 8. 9. 쇠활촉

혜장무덤에서 출토된 기물

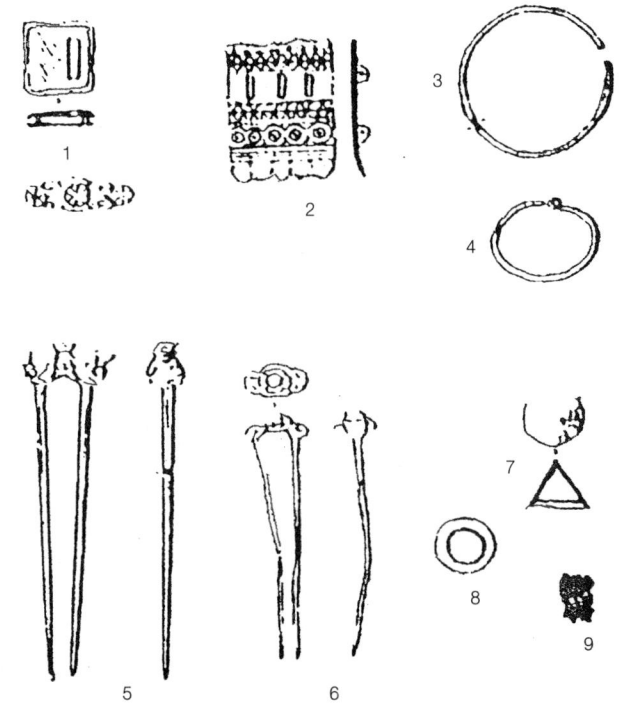

1. 구리띠돈   2. 구리패식   3. 구리팔찌   4. 은귀걸이
5, 6. 구리비녀   7. 구리장식품   8. 구리고리   9. 구리고리에 펜 끈

동청무덤에서 출토된 은, 동기

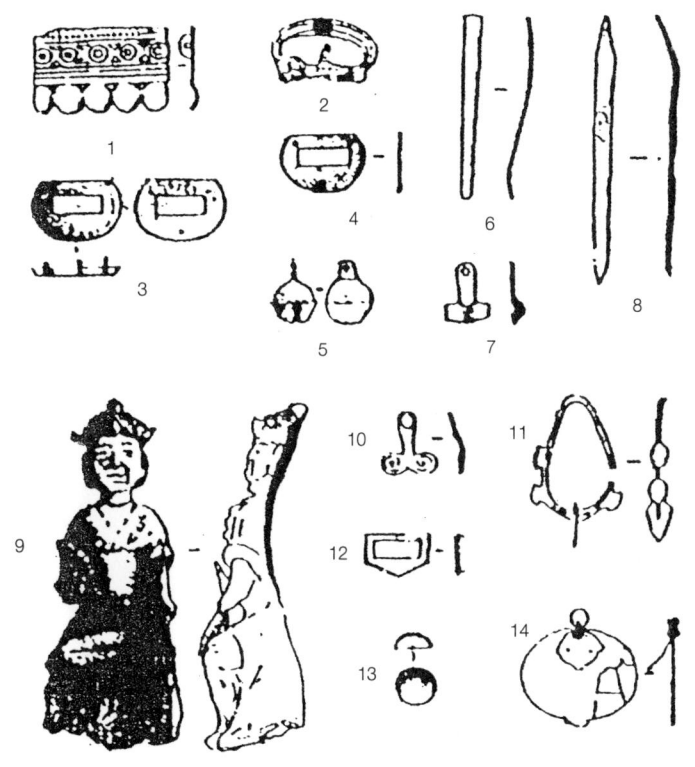

1. 구리패식 2, 3, 4, 12. 구리띠돈 5. 구리 방울 6. 은비녀
8. 구리비녀 7, 10. 구리귀걸이, 드리개 9. 구리불상
11. 구리드리개 13. 구리못 14. 도금한 귀걸이 드리개

동청무덤에서 출토된 은, 동기(銅器)

1. 신방자유적지에서 출토된 두가닥비녀

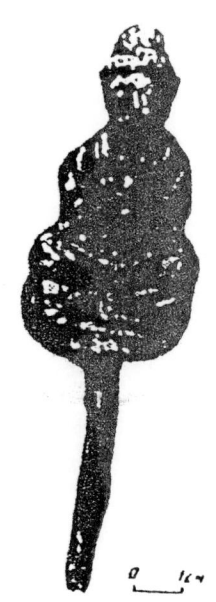

2. 끄라스끼 노성터에서 출토된 구리불상

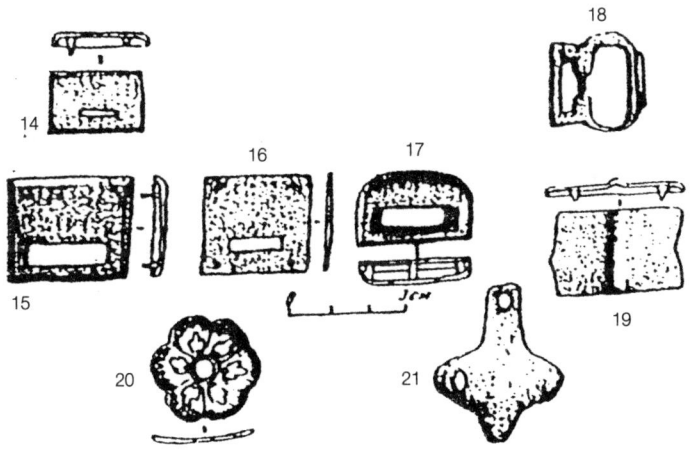

1, 3, 7, 19. 노보고르제예브까 취락지
4, 8, 12, 14, 16, 18. 니꼴라예브까 성터
13, 17. 뻬드로브까 취락지
20. 스따로레첸스꼬 옛 성터

청동제품

직각형대형문식(直角刑大型門飾) 1:10

6. 돌 공예

돌(石)공예도 전대의 기초 위에서 더욱 발전하였다.

돌로 만든 공예품으로는 그릇과 집을 치레하는데 쓴 것이 있다. 그릇으로는 곱돌로 만든 손잡이 달린 그릇과 대리석으로 만든 그릇의 다리가 있다. 곱돌그릇에는 손잡이의 바탕 무늬로 나뭇잎을 약간 도드라지게 새겼다. 무늬는 간단한 것이기는 하나 자못 아름답다. 대리석 그릇 다리는 짐승의 머리를 새긴 것이다. 높이가 8cm되는 작은 것이지만 길게 내민 혀를 밑에 대고 머리로 그릇의 몸체를 떠받들게 하였다. 돌로 만든 집치레거리로는 사자대가리(일명 이수라고도 함)가 있다. 집의 축대를 장식하던 것으로서 그 뒷부분에 끼우는 구멍이 있다. 돌사자는 여러 개 나왔는데 생김새가 모두 같다. 귀밑까지 찢어진 아가리와 날카로운 이빨, 툭 나온 큰 눈과 코, 귀, 이 모든 부분에서 사나운 짐승의 특징을 잘 나타냈다. 돌로 만든 사자대가리는 지금 흑룡강성 영안시 발해진 상경 박물관에 전시하였다.

이외 또 옥과 마뇌로 만든 술잔 등 희귀한 옥돌공예품도 그 기술이 상당히 높은 수준으로 발전하였다.

이상에서 본바와 같이 발해는 고구려와 말갈의 공예 미술을 이어받아 특히 고구려의 공예 미술을 주로 이어받고 당나라의 선진적인 공예 미술을 적극 받아들여 본지구, 본민족의 특점에 알맞게 결합시켜 자기의 독창적이고 매우 높은 수준으로 발전한 발해 공예 미술 문화를 창조하였다.

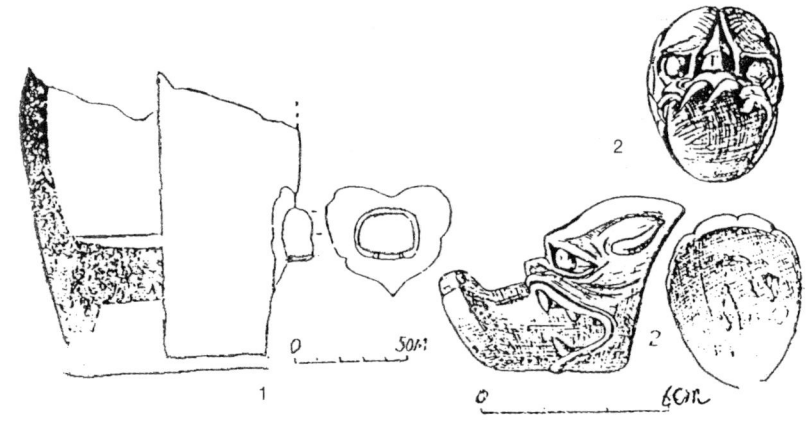

1. 돌그릇　　　　　　　　　　　2. 돌그릇의 다리

돌그릇 조각(상경)

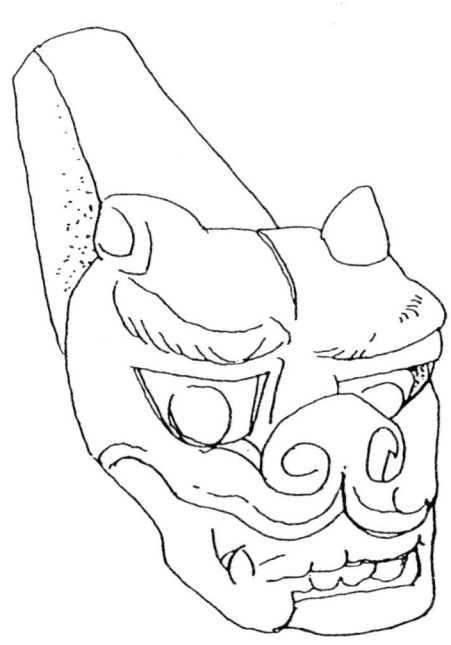

리수 螭首(일명 사자대가리)

발해의 조각

발해에서는 공예 미술이 높은 수준으로 발전하였을 뿐만 아니라 조각미술(雕刻美術)도 상당히 높은 수준으로 발전하였다. 지금까지 알려진 조각품으로 석등탑(石燈塔), 대석불(大石佛), 사리함(舍利函), 돌사자(石獅), 돌사자대가리, 비석, 귀부(龜趺), 여러 가지 불상 등이 있다. 그중 상경용천부 제2절터 즉 오늘의 발해진(渤海鎭) 흥륭사(興隆寺)에 있는 석등탑은 높은 돌조각예술을 보여주는 대표적인 작품의 하나이다.

1. 석등탑

석등탑(石燈塔)은 흑룡강성 영안시 발해진 흥륭사(黑龍江省 寧安市 渤海鎭 興隆寺) 내에 있다. 흥륭사를 세속에서 남대묘(南大廟)라고도 한다. 석등탑은 발해인들이 남겨 놓은 유명한 불교 석각 예술품이다. 석등탑의 짜임새는 발해건축 및 조각 예술의 일면을 충분히 반영한다. 석등탑은 현무암을 쪼아 만들었는데 그의 구조는 하대석(下臺石-받침돌-일명 기대석이라고도 한다), 간주석(竿柱石-기둥돌), 상대석(上臺石), 화사석(火舍石-등실) 옥개(屋蓋), 상륜(相輪) 등으로 짜였다.

    하대석과 등실, 옥개는 모두 8각형이고 간주석(기둥), 복련화, 앙련화, 상륜부분은 원형(圓形)이다. 하대석(받침돌)은 아래가 넓고 위가 점차로 좁아진 2층으로 이루어졌다. 기대면(基臺面)에는 돌을 쪼아서 나뭇잎 모양의 새김을 한 안상(眼相)이 있다. 안상위에는 연꽃잎을 덮은 양식으로 만든 복련화(伏蓮花)가 있고, 그 위에 배부른 기둥을 방불케 하는 돌기둥을 세웠으며 기둥위에는 앙련화형의 석탁(石托)이 있는데 석탁 부분을 연화상대석이라고도 한다. 앙련화 위에는 8개의 창문과 16개 구멍을 낸 등실(燈室)을 이어 놓았고 등실 위에는 8각형의 옥개(屋蓋-지붕)이 있다. 지붕위의 뾰족한 부분은 7층으로 가락을 아로새기었다. 석등탑의 높이는 5m 남짓하다.[1]

---

    1) 방학봉 저, 『발해의 불교 유적과 유물』, 서경문화사, 1998년, 196~197쪽.

상경룡천부 석등탑

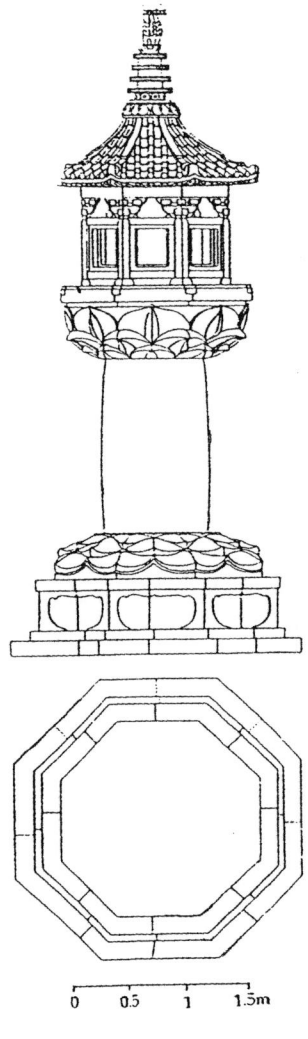

흥룡사 석등탑 실측도

2. 대석불

대석불(大石佛)은 흑룡강성 영안시 발해진 흥륭사 내에 있다. 흥륭사를 세속에서 남대묘(南大廟)라고도 한다. 흥륭사는 발해시기에 지은 절터의 기초 위에 청(淸)나라 강희(康熙) 년간에 지은 절간이다. 도광(道光) 28년(1848년) 화재를 당하였다. 그후 함풍(咸豊) 5년(1855년)에 다시 수건하였다. 흥륭사라고 하는 절 이름은 청나라 강희 년간에 새로 지은 절의 이름이다. 지금 사람들 가운데서 흥륭사라고 하면 잘 모르지만 '남대묘'라고 하면 아이들까지도 잘 안다. 이는 아마도 이곳에 거주하는 백성들에게 세세대대로 내려오면서 전해진 절간 이름인 것 같다.

대석불은 발해시기에 만들어졌고 지금까지 내려오면서 보존된 것인데 매우 커서 사람들은 '대석불'이라고 부른다. 대석불은 연화대좌(蓮花臺座) 위에 불상을 앉힌 모습의 좌상(坐像)인데 연화대좌와 대석불은 모두 현지에 있는 현무암(玄武岩)을 재료로 하여 다듬어 만든 것이다. 대석불은 오랜 세월이 흐르는 사이에 많은 풍화를 받았지만 원래의 형태와 규모에는 큰 변화가 없이 잘 보존되었다. 대석불 좌상은 크게 하대석(下臺石), 상대석(上臺石), 석조불상(石造佛像)의 3개 부분으로 구성 되어 있다. 상·하대석은 모두 8각형이다. 하대석의 직경은 1.8m이고 현재의 높이는 40cm이다. 상대석에는 연꽃무늬를 조각하여 특별한 장식을 하였으며 그 직경은 1.8m이고 높이는 55cm이다. 상대석 위에는 석불을 봉안하였다. 불상은 3매의 돌로 몸체와 두 무릎을 각각 조각한 후 몸체에 두 무릎을 끼워 맞추는 방법으로 만들었다. 앉아 있는 석불의 높이는 2.35m이고 대좌까지의 전체 높이는 3.3m에 이르고 있어 대석불이라는 별명에 어울리는 대형의 석조불상이다. 『백운집(白雲集)』의 저자 장분(張賁)은 그의 저서에 대석불의 머리가 떨어진 것을 보았다고 기록하였다. 이 석불의 머리가 언제 떨어졌는지 또는 누가 다시 원형대로 복원하였는지는 문헌의 기록이 없어 정확히 알 수 없다. 그러나 양빈(楊賓)은 그의 저서『유변기략(柳邊紀略)』에서 "康熙草, 觀音首脫"이라고 하였다. 이로 보아 강희 초에 관음상(觀音像-대석불을 가리킴)의 머리가 파손 당하였음을 알 수 있다. 『성경통지(盛京通志)』에는 "石佛京二丈余, 後石首墜地……吳漢槎, 錢德維等同咸異夢, 于是擧石首, 漆法相, 冶鐵固之, 即故址建刹"이라고 하였다. 이로 보아 떨어진 머리를 다시 복원한 것만은 사실일 것이다.[2]

대석불의 상·하대석과 석불은 모두 균형과 조화가 잘 이루어져 있다. 체구는 당당한 모습으로서 오른손은 가슴 앞에 올리고 왼손은 아래로 내려 무릎위에 가볍게 올려놓은 모습이며, 부드러운 곡선을 이룬 옷주름의 표현은 발해 시대의 유려한 조각기법을 엿볼 수 있게 한다.

---

[2] 방학봉 저,『발해의 불교유적과 유물』, 서경문화사, 1998년, 196~197쪽.

상경성 흥룡사 대석불

3. 돌사자

돌사자로 유명한 것은 발해 제3대 문왕 대흠무의 둘째 딸 정혜공주무덤(貞惠公主墓葬)에서 출토된 두 개의 돌사자(石獅)이다. 이 두 개의 돌사자는 1949년 8월 길림성 돈화시 육정산 발해무덤떼 내의 정혜공주무덤에서 발견되었는데 그는 발해의 높은 조각 기술을 보여주는 예술 작품이다.

돌사자는 암컷과 수컷 두 개다. 돌사자는 한 개의 돌을 조각하여 만든 것인데 넓적한 받침돌 위에 앞발을 버티고 앉았다. 그 높이는 약 0.51m이다. 돌사자는 머리를 쳐들고 입을 벌린 채 앞을 내다보고 앉았는데 그 억센 목덜미 외에 앞으로 불쑥 내민 앞가슴, 날쌔게 생긴 몸집과 다리는 날쌔면서도 의젓한 사자의 모습을 잘 갖추었다. 발해유물로 돌사자가 발굴된 것은 이것이 처음이다. 물론 정혜공주무덤 동쪽 30m 되는 거리에 있는 진릉(珍陵)에서도 부서진 돌사자 귀를 발견하였지만 이는 단지 부서진 돌사자의 귀일뿐 사자의 정체가 아니다. 돌사자의 발굴은 금후 발해의 조각 예술을 연구함에 있어서 중대한 의의가 있다.[3]

---

3) 방학봉 저, 『중국경내 발해 유적연구』, 백산자료원, 2000년, 188~189쪽.

발해 정혜공주무덤에서 발굴된 돌사자

4. 귀부

귀부(龜趺)는 근년에 발견한 오직 하나밖에 없는 유일한 발해 귀형비부(龜形碑趺-거북이 모양의 비부)이다. '귀형비부'란 거북의 모양으로 만든 비석의 받침돌을 가리켜 말한다. 발해 상경 귀부는 1976년 8월 흑룡강성 영안시 발해진 소학교(黑龍江城 寧安市 渤海鎭 小學校) 교정에서 출토되었다. 발해진 소학교는 발해 상경용천부 궁성(宮城)에서 남쪽으로 약 3리 떨어진 곳에 있다. 비부(碑趺)는 현무암을 갈고 다듬어서 만들었는데 형태는 거북이 모양이고 대가리는 용대가리이며 갈기는 용갈기(龍鬚)이고 발톱은 용발톱이다. 몸체의 길이는 131cm이고 두경(頭頸-대가리와 목)의 길이는 75cm, 도합 206cm이다. 등의 너비는 96cm, 높이 58cm 되는 저좌(底座-받침돌)가 있는데 이도 현무암을 갈고 다듬어서 만들었다. 거북의 등에는 길이 36cm, 너비 17.5cm 되는 묘(卯)가 있다. 묘 가운데는 5cm 정도 되게 홈을 파서 만든 화강암 비순(碑榫)이 있다.

발해 상경용천부 유지에서 귀부가 출토된 후 고고사업 일군들과 발해사 연구들의 각별한 주의를 불러 일으켰다.

발해진 소학교 교정에서 '귀부'만 출토되고 '귀부' 위에 놓였던 비석은 아직 찾지 못하였다. 일부 학자들은 '국학비(國學碑)의 받침돌이다'라고 하는데 도리가 있다고 생각한다.[4]

'귀부'는 발해의 높은 조각 예술의 수준을 반영하는 것으로 금해 발해의 조각 예술을 연구함에 있어서 큰 도움으로 될 것이다.

---

4) 왕림안, 『발해 상경 귀부에 관한 두 가지 문제』; 방학봉 편, 『발해사연구』, 266~268쪽.

5. 사리함

　지금까지 사리함(舍利函)이 출토된 유지로는 상경용천부 내의 토대자(1975년), 안도현 양태향 함장촌(安圖縣 亮台鄉 喊場村), 용정시 동성용향 영성촌(龍井市 東盛勇鄉 英城村), 상경용천부 내의 백묘촌(白廟村-1997년 8월 25일 출토)등 4개 곳이 있다. 사리함 5개 가운데서 토대자에서 출토된 사리함과 백묘촌에서 출토된 것이 비교적 잘 보존되어 있다.

　토대자에서 발견된 사리함은 모두 5층으로 되었는데 바깥층의 함(函)은 판돌로 만들었고 그 높이는 50cm이다. 돌함(石函)안에 철함(鐵函)이 있고 철함 안에 동함(銅函)을 넣었으며 동함 안에 칠갑(漆匣)을 넣었고 칠갑 안에 은함(銀函)을 넣는 형식으로 바깥층으로부터 층층이 안으로 들어가면서 좁혀져 각각의 함이 딱 맞게끔 만들어 넣었다. 칠갑에는 꽃과 새의 도안을 새겼고 은함은 비단으로 여러 번 쌌다. 은함은 정밀한 기교로 만들었는데 높이는 10cm이다. 은함 덮개에는 상운무늬[祥雲紋]가 조각되었고 네 벽에는 사천왕상(四天王像)이 각각 조각되었다. 은함 안에는 은으로 만든 복숭아형의 병을 넣었고 병 안에는 또 남색 유리병(琉璃瓶)을 넣었는데 유리병은 계란껍질처럼 매우 얇다. 이 유리병 안에는 구슬로 된 사리(舍利) 5개가 있다. 이 사리함의 제조와 기교는 발해 불교 조각 예술이 상당히 발전하였다는 것을 충분히 증명한다.

　1997년 8월 25일 발해의 상경 궁성터[宮城址]의 서쪽에 자리 잡고 있는 발해진 백묘촌(渤海鎮 白廟村)에서 길을 수리하다가 사리함을 발견하였다. 이는 발해의 상경성 유지에서 두 번째로 발견된 사리함이다.

　이 사리함의 바깥 부분은 6개의 현무암 판석을 다듬어서 혈실(穴室)을 만들었다. 길이는 40cm이고 너비는 38cm이며 깊이는 30cm인데 안에 동함이 들어있다. 동함 안에는 유금동함(流金銅函-금칠한 구리함)이 들어있고 유금동함 안에는 은함이 있으며 은함 안에는 또 금함(金函)이 들어 있다. 동함의 서쪽에는 옥으로 만들어진 타원형 작은 그릇이 있는데, 이미 깨졌다. 그릇 조각과 일부 견직물의 썩은 조각, 금실 등이 서로 섞여 있는데 그 속에서 도안(圖案)이 그려져 있는 변질된 칠조각(漆片)도 조금 발견하였다. 이로 보아 동함 밖에 채색 칠함(漆函)이 있었겠다고 짐작된다. 옥으로 된 작은 그릇은 칠함속에 있었는데 동함에 바싹 붙어 있다.

동함은 이미 녹이 슬고 부식되었으며 일부 부위는 끊어졌거나 모양이 변하였다. 금칠한 유금동함은 약간 녹이 슬어 부식되었지만 금칠한 층은 비교적 완전하다. 은함은 연회색(鉛灰色)을 띠고 있다. 금함은 금황색인데 광택이 난다.

초보적인 분석과 감정에 의하면 금함 안에 19개의 사리(舍利)가 있었고 썩은 견직물 조각과 166개의 유리병조각으로 보아 유리병은 사리를 담았던 것이고 견직물 조각은 유리병을 쌌던 것이었을 것이다.

백묘자에서 출토된 사리함과 1975년 토대자에서 출토된 사리함을 비교해 보면 서로 간에 아주 큰 차이가 있다.

첫째, 백묘자 사리함의 체적은 토대자 사리함보다 작다. 토대자 사리함의 바깥층 석함(石函)의 길이는 62cm이고, 너비는 59cm이며, 높이는 60cm이다. 백묘자 사리함은 석함이 없다. 바깥층은 돌로 혈실(穴室)을 쌓았는데 길이는 근근이 40cm이고, 너비는 38cm이며, 높이는 30cm이다. 그 안에 있는 각 함들도 토대자 사리함 보다 작다.

둘째, 외형(外形)이 같지 않다. 토대자 사리함의 각 함들은 모두 정방형(正方形)인데 백묘자 사리함은 모두 장방형(長方形)이다.

셋째, 제작 공예가 같지 않다. 백묘자 사리함은 토대자 사리함보다 제작이 정교롭지 못하다. 토대자 사리함은 바깥층의 철함으로부터 안층의 동, 은 등 각 함에 이르기까지 모두 접철[合頁]식이며 자물쇠와 열쇠가 갖추어져 있다. 은함의 사면과 함의 덮개에는 또 사천왕상(四天王像)과 정교롭고 아름다운 장식도안들을 조각했다. 제작 방식은 리베트용접[鉚焊]을 결부시켰다. 그러나 백묘자 사리함의 각 함들은 그저 간단한 절변(折邊) 찬가공[冷加工]을 하였으며 개별적인 부위에만 용접과 리베트[鉚焊]가 있다. 함의 덮개는 함 위에 덧씌워졌으며 접철이 없고 열쇠와 자물쇠가 없으며 도안 무늬 장식도 없다.

넷째, 제작 원료가 다르다. 백묘자 사리함 제작 공예는 토대자 사리함보다 정교롭고 아름답지 못하지만 제작 원료는 토대자 사리함보다 더 좋다. 토대자 사리함은 은함만 있고 금함이 없다. 그러나 백묘자 사리함은 은함 안에 무게가 139g이나 되는 금함이 있다. 토대자 사리함은 한 층의 동함밖에 없었지만 백묘자 사리함은 동함 안에 금칠한 구리함이 있다.

다섯째, 사리의 수가 차 있다. 토대자 사리함에는 5개의 사리가 있었는데 백묘자 사리함 내에는 19개의 사리가 들어 있다.[5]

토대자 사리함과 백묘자 사리함은 발해의 공예문화와 조각예술, 발해 불교문화를 연구함에 있어서 아주 중요한 가치가 있다.

---

5) 왕림안·고민 저,『발해의 상경유지에서 두 번째 사리함이 출토』; 방학봉 주편,『발해사연구』(8), 327~329쪽.

토대자에서 출토된 사리함중의 2중 석함

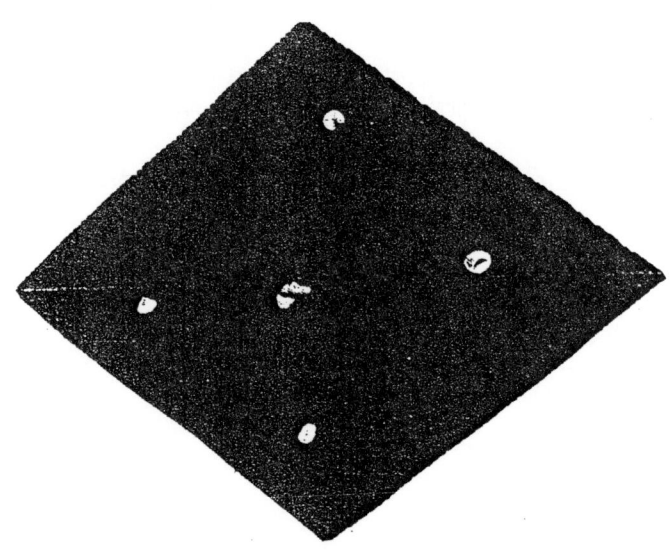

토대자에서 출토된 사리

토대자에서 출토된 칠함(柒函)에 새겨진 장식무늬

1. 은함덮개 장식무늬   2. 은함 네면에 새겨진 사천왕상

토대자에서 출토된 은함의 장식무늬

토대자에서 출토된 사리함 중의 동함

토대자에서 출토된 사리함에서 발견한 견직물의 일부

6. 비석

지금까지의 고고학조사 자료에 의하면 발해 유지에서 출토된 비석(碑石)은 두 개인데 그 하나는 1949년 돈화시 육정산 발해 옛 무덤 떼의 제1 무덤구역 제2호 무덤인 정혜공주무덤에서 발굴된 아주 진귀한 묘비(墓碑)이고, 두 번째는 1980년 10월 화룡현 용수향 용해촌 용두산(和龍縣 龍水鄕 龍海村 龍頭山) 발해 제3대왕 대흠무(大欽茂)의 넷째 딸 정효공주 무덤에서 출토된 묘비이다.

정혜공주묘비는 화강암으로 만들었다. 묘비는 무덤 안길[甬道]에서 출토되었다. 묘비는 '규형(圭形)'으로서 높이는 90cm이고 너비는 49cm이며 두께는 29cm이다. 둘레에는 덩굴무늬가 음각되어 있고 비문의 윗부분에는 구름무늬가 음각되어 있다. 앞면에는 비문을 음각(陰刻)으로 새겼는데 글씨체는 해서체(楷書體)의 한자이다. 비문은 모두 21행으로 서(序)가 13행 명(銘)이 6행이고 마지막 행은 비석을 세운 년, 월, 일, 시간이 새겨져 있다. 글자는 모두 725자인데 그 가운데 234자는 마멸되어 알아볼 수 없고 나머지 491자는 깨끗하여 판독할 수 있었다. 1980년 정효공주 묘비가 발견됨으로 하여 알아 볼 수 없던 234자도 능히 알 수 있게 되었다. 묘비는 발해사를 연구하는데서 중요한 사료적 가치가 있을 뿐만 아니라 묘비 자체가 하나의 조각품이다.

정효공주 묘비도 무덤 안길에서 발견하였다. 비석은 '규형(圭形)'이고 화강암으로 만들었다. 윗부분은 뾰족하고 밑면이 네모난 것으로 전체 높이는 105cm이고 너비는 58cm이며 두께는 26cm로 온전하게 보존되어 있다. 앞면에는 비문을 음각의 해서체로 새겼다. 모두 18행으로 서(序)가 12행이고 명(銘)이 5행인데 비석을 세운 년, 월, 일이 새겨져 있지 않다. 글자는 모두 728자이다. 매 행의 글자 수는 같지 않으며 개별적으로 심한 파괴를 받은 몇 글자를 제외한 대부분의 글자는 깨끗하여 알아 볼 수 있다. 비문의 주변에는 선 둘을 음각하였고 비석 몸체의 윗부분에는 선을 음각 하였다. 비석의 옆면과 뒷면은 다음과 같아서 반반하게 만들었다. 정효공주 묘비도 정혜공주 묘비와 마찬가지로 그 자체가 하나의 훌륭한 조각 예술 작품이다.

정혜공주묘비

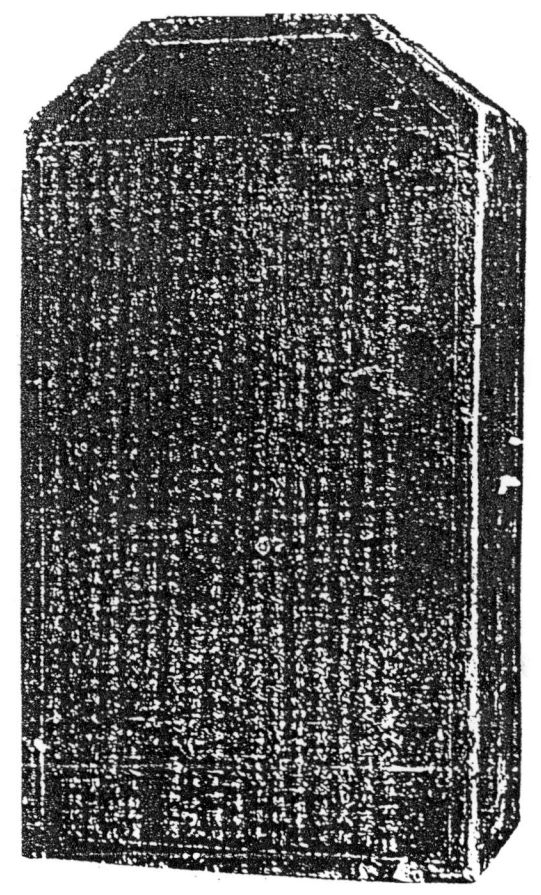

정효공주묘비

7. 향로

지금까지의 고고 발굴 자료에 의하면 상경용천부 유지에서 쇠로 만든 향로(香爐)와 돌로 만든 향로가 여러 개 발견되었다. 쇠로 만든 향로는 세발 달린 향로[三足鐵香爐]와 세 발이 달리지 않은 향로 두 가지가 있다.

세 발 달린 향로는 발해 상경용천부 성내 유지에서 출토되었다. 향로는 무쇠로 주조하였는데 높이는 9.5cm이고 아가리 직경은 12.5cm이며 배의 둘레는 50cm이고 무게는 5근 4냥이다. 다리가 세 개 있고 향로 벽에는 어형도안(魚形圖案)이 있다. 입이 좀 해바라지고 목이 짧고 배가 부르고 그 아래는 안으로 거두어 들였다. 밑굽의 돌기한 부분에 세 개의 작은 발[足]이 달려 있는데 발은 짧고 좀 평평하다.[6]

세 발 달린 쇠향로는 발해 시기 종교에서 제사 지낼 때 향불을 지피던 진귀한 문화 유물이다. 이는 발해 제철, 조각, 공예와 종교를 연구함에 있어서 없어서는 안 될 귀중한 역사 보물이다.

철제 향로 외에 또 돌로 만든 석제향로(石制香爐)도 상경성유지에서 여러 개 출토 되었다. 그 가운데서 제일 정제(精制)한 돌향로(石香爐) 하나를 예로 들어보면 발이 3개 달려 솥[鼎]모양으로 생겼는데 높이는 50cm이고 아가리 직경은 40cm이다. 이외 또 방형(方形), 장방형(長方形), 구유[槽] 모양으로 된 석제 향로가 있는데 가공이 거칠고 규격이 같지 않다. 철제 향로와 석제 향로는 모두 발해 조각 공예 기술의 수준을 반영하는 조각품이다.

---

6) 방학봉 저, 『발해 불교 연구』, 270~271쪽.

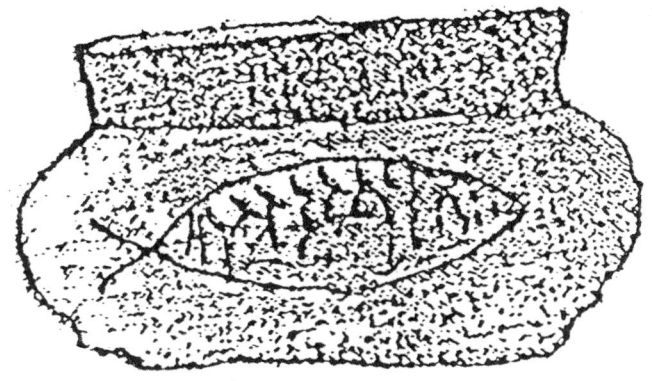

쇠향로(鉎香爐)

8. 사자 대가리

　사자 대가리로는 돌로 만든 것과 진흙을 바탕으로 하여 만든 두 가지 유형이 있고 돌로 만든 사자 대가리 가운데는 삼령둔 발해 무덤 주변에서 나온 것과 상경성 유지에서 출토된 것이 있다. 상경성 유지에서 출토된 사자 대가리는 본서(本書)의 공예편에서 이미 서술하였기에 삼령둔 발해 무덤에서 나온 것만 소개하련다.

　1988년 9월 16일 흑룡강성 영안시 발해진 삼령둔 발해 무덤 위의 퇴적 물건 가운데서 돌사자 대가리 하나가 발견되었다. 이 돌사자의 네 다리와 뒷몸 부분은 몹시 손상을 입었다. 대가리, 목, 몸체의 앞부분은 기본적으로 잘 보존되어 있다. 그러나 코 부분이 좀 손상되었다. 남은 높이(대가리로부터 앞발이 손상 받아 끊어진 데 까지)는 39cm이고, 남은 길이(코로부터 허리가 손상 받아 끊어진 데까지)는 45cm이며, 가슴의 너비는 28.5cm이고, 두부(頭部)의 높이는 23cm이며, 두부의 길이(코로부터 뒷가슴까지)는 27cm이다. 머리 앞부분은 다듬어졌고 두 눈은 부릅뜨고 앞으로 돌기하여 앞을 내다보고 있으며 입은 좀 벌리고 목덜미 부분은 강굴강굴한 갈기를 썼다. 앞가슴은 평탄하고 넓다. 돌사자는 화강암으로 조각하여 만든 것인데 아주 정교하고 세밀하게 다듬고 깎아서 제작했고 선(線)이 힘 있고 조형(造型)이 건전하고 자태가 사납다. 입과 눈의 조형은 상경용천부 성내에서 출토된 이수(螭首)의 입, 눈과 매우 비슷하다. 그 품격은 정혜공주 무덤에서 나온 돌사자와 비슷하지만 조형은 같지 않은 점이 있고 조각 공예는 더욱 정교하고도 세밀하다.

　정혜공주무덤에서 출토된 돌사자와 삼령둔 무덤에서 발견된 돌사자 대가리를 비교해 보면 대략 다음과 같은 몇 가지 같지 않은 점이 있다는 것을 알 수 있다.

첫째, 정혜공주 무덤에서 출토된 돌사자(아래에 전자라고 표기함)는 머리를 쳐들고 위를 쳐다본다. 삼령둔 무덤에서 발견된 돌사자 대가리 (아래에 후자라고 표기한다)는 머리는 앞을 향하고 곧추 앞을 내다본다.

둘째, 전자는 입을 짝 벌리고 혀를 감아 노기한 모양이고 후자는 입을 좀 벌리고 아래위의 이빨을 마주 물고 있다.

셋째, 전자는 가슴이 돌기하고 아래턱이 앞가슴에 딱 붙고 입, 코는 흉부와 직선을 이루고 있다. 후자는 흉부가 평탄하고 아래턱이 흉부와 떨어져 있으며 입과 코는 흉부보다 앞으로 나갔다.

넷째, 전자는 목과 등[背] 사이의 굴곡도(屈曲度)가 매우 적어 마치 평탄한 직선을 이룬 것 같다. 그러나 후자는 목과 등 사이의 굴곡도가 비교적 커서 약 75도 각을 이루었다.

머리를 쳐들고 입을 벌린 것은 존좌식(蹲坐食-주저앉은 식) 돌사자에서 목과 등이 평탄하고 거의 곧게 된 것은 앞다리를 곧추 벋디디고 뒷다리를 굽혀 주저앉았기 때문이다. 그와 달리 머리가 앞을 향하고 가슴부분이 평탄하고 목과 등의 굴곡도가 큰 것은 사자가 곧추 섰기 때문이다. 이러한 자세를 입자식이라고 한다. 삼령둔 무덤에서 발견된 돌사자 대가리는 입자식 돌사자의 대가리이다.

발해유지에서 발견되는 사자들 가운데서 입자식을 한 사자는 보기 드물고 특수하다. 그러나 중국 중원지구(中國 中原地區)의 당나라 때의 석각(石刻) 가운데서 입자식 돌사자를 찾아 볼 수 있다. 저명한 순릉(順陵-무측천의 모친 양씨 무덤)의 돌사자는 네 발로 섰는데 천천히 걸으면서 선 자세이다. 즉 입자식(立姿式) 자세이다. 삼령둔 무덤에서 발견한 입자식 돌사자 대가리와 비교하여 보면 두부(頭部-머리), 흉부와 갈기가 매우

삼령무덤에서 새로 발견된 돌사자 대가리

삼령무덤에서 새로 발견된 돌사자 복원도

상사하다. 이로 보아 중원지구의 조각 예술이 발해에 전해졌다고 볼 수 있다.[7]

발해의 삼채토기에서도 사자 대가리를 조각한 것을 볼 수 있다. 상경용천부 성내 유지에서 유약을 바른 사자 대가리 부분이 발견되었다. 이 사자 대가리는 진흙을 바탕으로 하여 만들었는데 그 바탕흙은 매우 굳고 유약 바른 것은 광채가 좋다. 입을 크게 벌리고 눈을 부릅떴는데 사자 그대로의 모습을 잘 갖추었다.

당조 순릉(무측전 어머니 양씨 무덤)에서 출토된 돌사자

---

7) 방학봉 주편, 『발해사 연구』 (3), 101~103쪽.

9. 각종 불상

발해의 상경용천부와 동경용원부, 중경현덕부, 남경남해부, 오늘의 러시아 연해주지역을 중심으로 한 지역 내의 사원 유지에서 지금까지 적지 않는 불상(佛像)들이 출토되었다. 이는 발해의 불교문화 연구와 조각공예 연구에 매우 귀중한 자료가 된다.

지금까지 발견한 불상을 자료별로 나누어 보면 금으로 만든 것, 금 칠한 구리불상, 구리불상, 쇠불상[鐵製佛像], 돌로 만든 불상, 진흙으로 만든 불상 등이 있다.

금으로 만든 불상은 1점 있으나 은으로 만든 불상은 아직 발견하지 못하였다. 그러나 『발해국지장편(渤海國志長編)』권11, 「식화고(食貨考)」에 의하면 발해는 주작 2년(朱雀 二年-발해 희왕 2년, 814년)에 발해 사진 고례(高禮)는 금(金), 은(銀) 불상 각 한 개씩을 당나라에 공납하였다는 기재가 있는 것으로 보아 발해에 은으로 만든 불상이 있었다는 것을 알 수 있다.

금으로 만든 불상은 상경용천부 내성의 서쪽 어귀에서 출토되었다. 불상의 높이는 5cm이고 어깨 너비는 1.5cm이며 좌대에 꽂기 위한 촉의 길이는 2cm이고 무게는 49.1g이다. 머리 위에는 육계를 높게 표현하였고 두 귀는 어깨까지 길게 늘어지고 얼굴은 방형으로 살이 찐 편이다. 코는 높고 눈은 튕겨 나왔으며 입은 다물었다. 가슴은 드러내 놓았는데 속에 승각기를 입었다. 왼쪽 어깨에는 가사식(袈裟式)의 편삼(偏衫)을 입고 왼손에는 긴 수식이 달린 정병(淨甁)을 들고 있다. 오른쪽 어깨에는 피백(帔帛)을 걸치고 오른손은 난화지식(蘭花之指式)을 하고 어깨 위로 들고 있다. 옆구리에는 대백(帶帛)이 드리워져 있다. 하반신에는 세로 줄이 서 있는 군의(裙衣)를 입었는데 발등까지 드리워져 있다. 편삼의 옷 주름은 사다리 모양으로 되었다. 두 발은 연화형 대좌 우에 평직선으로 서 있다. 몸체 뒤의 왼쪽 어깨에는 편삼을 걸쳤다. 머리와 두 다리의 뒤에는 광배(光背)를 고정시켰던 구멍이 있다. 연화대좌(蓮花臺坐)의 밑에는 송곳 모양으로 된 촉이 만들어져 있다.

　돌로 만든 불상은 중평사원유지(仲坪寺地), 신생사원유지(新生寺址), 오일사원지(五一寺址), 양목림자사원유지(楊木林子寺址), 오매리사원유지(梧梅里寺址), 팔련성 동남구사원유지(八連省 東南泃寺址), 상경성사원유지(上京城寺址) 등의 절터에서 발견되었다. 출토된 석불(石佛) 가운데서 대표적인 것은 상경성사원유지에 보존되어 있는 대석불(大石佛)이다. 대석불에 대한 것은 본서(本書)의 대석불(大石佛)조에서 이미 서술하였기에 본 절에서 취급하지 않는다.

　조각한 석불(石佛)의 예로 중평사원 유지에서 출토된 것을 들 수 있다. 이 석불은 모래 섞인 흰 사암질(砂岩質)에 3구의 불상을 조각하였다. 가운데 불상은 가사를 입고 수미단에 앉아 두 손을 무릎 위에 얹고 있는 모습이다. 두광(頭光) 부분은 파괴되어 상세한 조각 양식은 알 수 없다. 가운데 부처의 좌우에는 각각 1명의 협시보살상(脇侍菩薩像)이 서 있다. 왼쪽의 보살상은 파손되지 않아 원형을 살펴볼 수 있으나 오른쪽의 보살상은 발목 아래만 남고 그 외의 부분은 파손되어 확인할 수 없다. 그러나 가운데에 있는 불상과 양쪽의 협시보살상과의 관계로 보아 좌우의 협시 보살상들은 형태와 규모, 장식이 거의 같았을 것으로 추정된다.

　쇠로 만든 불상은 상경성 관할구역 내의 토대자에서 발견되었다. 이 불상은 광배까지 포함하여 높이가 12.1cm에 불과한 소형으로 연화대석(蓮花臺石)과 두광(頭光), 신광(身光) 등을 모두 갖춘 형태이다. 이목구비가 뚜렷하고 입가에 약간의 미소를 띠고 있다. 법의(法衣)는 두껍게 표현 되었지만 옷 주름의 선은 부드럽고 섬세하게 표현되고 있다. 가슴 부분은 U자형으로 깊게 파져 옷깃의 두선이 U자형으로 내려오고 양팔의 옷 주름은 팔 안쪽으로 나선형을 그리며 말려들어가는 것 같이 깊이 음각 되어 있다. 어깨에 걸친 가사 사이로 내의가 보인다. 앞자락은 묶어서 위쪽이 왼쪽으로 나오고 손과 팔은 옷자락 밑으로 가려져 있다. 불상의 두 무릎 사이로 흘러내린 법의의 옷자락은 U자형으로 조각되었다. 대좌는 앙련화 무늬로 조각되었다.

석불(石佛), 철불(鐵佛)이외 동불(銅佛), 유금동불(鎏金銅佛), 도기불[陶制佛像], 흙으로 빚어 만든 불상 등이 있었는데 모두 조각 공예 기술이 높았다.

불상의 자세는 주로 세 가지로 표현 되어 있다. 즉 좌상(座像), 입상(立像), 삼곡상(三曲像) 세 종류인데 그 중에서 좌상의 자세로 만들어진 것이 수적으로 제일 많고 다음은 입상의 자세를 취한 것이며 삼곡 자세를 취한 것은 그리 흔하지는 않으나 발견된 예가 있다.

발상의 형태는 주로 대략 독존불상(獨尊佛像), 2존병좌상(二尊竝座像), 3존불상(三尊佛像) 세 가지가 있다.

여러 가지 형태의 불상은 발해의 공예와 조각예술, 조각기술이 높은 수준에 이르렀다는 것을 충분히 설명해 준다.

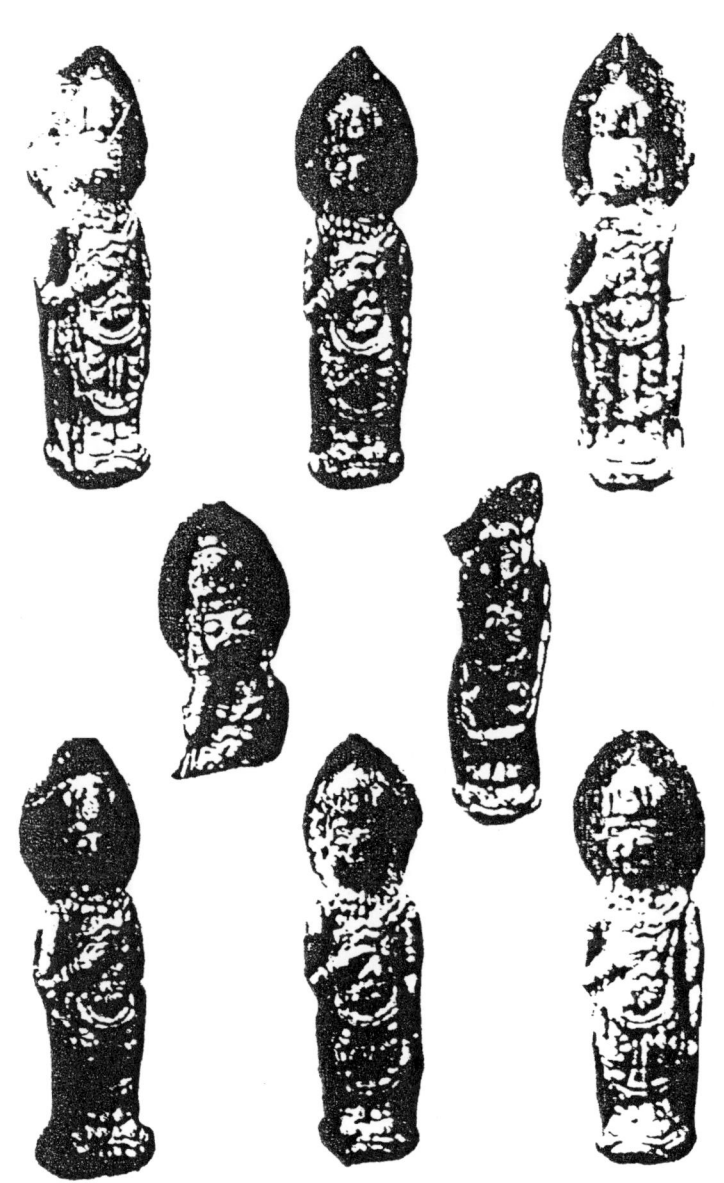

상경성 제4사원유지에서 출토된 도기불상

상경성 제5사원유지에서 출토된 금칠한 구리불상

팔련성 제2사유원지에서 출토된 돌로 만든 2존병립상(二尊竝立像)

과학기술

발해의 천문역법(天文曆法)

발해는 농업 생산과 항해(航海) 사업 발전의 절박한 수요에 따라 천문기상관측(天文氣象觀測)과 역법(曆法)의 운용을 몹시 중시하였고 큰 성과가 있었으리라고 믿어지지만 그러나 이와 관련된 사료의 혹심한 인멸로 하여 그것을 알기 매우 어렵다.

당시 당나라에서는 천문, 기상, 역법이 상당히 높은 수준으로 발전하여 중대한 성과를 거두었고 그 성과는 주변 여러 나라들에 전파되어 그 나라들의 문화, 과학 기술 발전을 촉진하였다. 신라(新羅)에서도 중앙에 전문기구를 설치하고 전문 인원을 두어 천문, 기상, 역법을 관찰하고 연구하였다. 신라의 수도 경주에 있는 첨성대는 바로 이 시기의 산물이다.

발해의 통치자들 특히, 제3대 문왕 대흠무 시기부터 중원지구(中原地區)의 선진 생산기술과 고도로 발달한 문화를 적극적으로 학습하여 각종 제도를 본받아 본국의 생산과 문화의 발전을 촉진하였다. 하여 당나라 목종(穆宗)은 발해를 "지의지도(知義之道)"를 행하며 "홍화하동풍(興

華夏同風)"이라고 칭찬하였고 당나라 시인 온정균(溫庭筠)은 "차서본일가(車書本 一家)"라고 하였다. 때문에 발해는 당나라의 천문, 역법, 기상학에 관한 과학과 기술을 학습하여 전문기구와 전문 인원을 배치하고 연구하였을 것이라고 보아야 한다.

발해는 함화(咸和) 11년(841년) 제24차로 일본에 105명으로 구성된 사절단을 파견하였다. 사절단 구성성원을 보면

　　一人使頭　政堂省左允賀福延
　　一人嗣使　王寶璋
　　二人判官　高文暄 烏孝愼
　　三人錄事　高文宣 高平信 安?喜
　　二人譯語　季(李)憲壽 高應愼
　　二人史生　王祿昇 李朝淸
　　一人天文生　　昇壹
　　六十五人　大首領
　　廿八人梢工

사두(使頭)는 대사(大使)이고, 사사(嗣使)는 부사(副使)이며, 역어(譯語)는 번역관이고, 소공(梢工)은 뱃사공이며, 천문생(天文生)은 천문기상을 관측하는 사람이다. 천문생의 직책은 사절단의 전반 항해 과정에서 구름, 바람 등 항해에 필요한 기상 자료를 제공하는 것이었다. 한 개 항해하는 사절단 가운데 정식 부서로 천문생이 있었다는 것은 발해 사회에 천문 역법, 기상을 관측하고 연구하는 기구와 인원이 있었다는 실증이 된다.

역법(曆法)을 사용하는 면에 있어서도 발해는 당나라의 선진적인 역법을 제때에 받아들여 농업 생산에 적용하였다. 당나라의 사천관(司天官) 서앙(徐昻)이 장경 2년(長慶2年-822년)에 '장경선명력(長慶宣明曆)'을 만들었다. 당왕조(唐王朝)는 이를 그해에 반포하여 실시하도록 하였다.

이 역법은 892년에 폐지되었다. 전후 70년간 실시되었다. 상경선명력은 그 당시에 있어서는 가장 선진적인 역법이었다. 발해는 제때에 '장경선명력'을 받아들여 본국에 적용하였다.

'장경선명력'이 822년부터 당나라에서 실시되었으니 이는 발해 제10대 선왕 대인수 4년에 해당된다. 그러므로 발해는 9세기초엽부터 '장경선명력'을 받아들여 926년 멸망될 때까지 줄곧 사용하였다.

발해국이 건립된 때로부터 9세기초엽까지의 사이, 즉 '장경선명력'을 쓰기 전에 어떤 역법을 사용하였는가 하는데 대해서는 명문 기재가 없기 때문에 알기 어렵다. 다만 이 시기 당나라에서 '대연력(大衍曆)'을 사용하였으니 발해는 그것을 받아들여 쓰지 않았겠는가고 추리할 뿐이다.

일본 사료기재에 의하면 발해 제12대왕 대건황(大虔晃) 2년(859년-일본 청화천황 정관원년) 발해사신 오효심(烏孝愼)이 '장경선명력'을 일본에 가져다 드렸다. 이리하여 당나라의 새 역법 '장경선명력'이 일본에 전해졌다. 일본은 낡은 역법을 버리고 새 역법을 채용하여 862년부터 덕천막부(德川幕府) 시기 원(元)나라의 수시력(授時曆)이 전파 될 때까지 800여 년 간 줄곧 사용하였다. '장경선명력'의 일본에로의 전파는 일본 역법과 농업 생산에 매우 큰 영향을 주었다.

이상에서 본 바와 같이 발해는 자체로 역법을 만들어 사용하지 않고 다만 당나라의 선진 역법을 받아들여 사용하였다.

발해의 항해 기술

발해인들은 빈번한 해상 항행 활동 가운데서 풍부한 경험을 쌓았고 새롭고도 과학적인 인식을 제고하였다. 그들은 험난한 일본해(日本海)를 넘나들면서 일본과 우호 왕래 할 수 있는 길을 개척하였다.

'일본도(日本道)'는 육로 이외 또 해로(海路)가 있었다. 해로는 그 방향과 도착되는 일본의 지점에 따라 세 갈래 항선으로 나눌 수 있다. 첫째 항선은 뽀씨예트만의 크라스끼노에서 출발하여 일본해를 건너 일본의 혼슈(本州) 중부 북해안의 에쯔젠(越前), 노우또(能登), 가가(加賀) 등지에 이르는데 이것을 북부항선(北部航線)이라고 한다. 대흥 15년(752년)에 발해의 대사 보국대장군 개국공 모시몽(輔國大將軍 開國公 慕施蒙) 등 70여명이 일본의 에쯔젠에 감으로써 처음 이 항선을 개척하였다. 두 번째 항선은 뽀씨예트만의 크라스끼노에서 출발하여 조선 반도의 동해안을 따라 남하 하여 일본의 쯔꾸시(築紫-오늘의 규슈북쪽)에 이르는 것인데 이것을 쯔꾸시선(築紫線)이라고 한다. 기재에 의하면 대흥 22년(759년) 보국대장군 현토주 자사(輔國大將軍 玄兎州 刺使) 고남신(高南申), 부사 고

홍복(高興福) 등은 발해를 답례 방문한 일본사신 판관 내장전성(判官 內藏全城)과 함께 배를 타고 쯔꾸시선을 따라 일본의 난빠에(難波江) 어구에 이르렀다. 난빠에 어구는 오늘의 오오사까시(大阪市)이다. 당시 일본 사절단이 배를 타고 당나라로 갈 때에는 거개가 난빠에 강어구에서 출발하여 세또내해(瀨户内海)를 건너 규슈 북쪽 끝의 중요한 항구인 오오쯔우라(大津浦)에 도착하였다. 일본에서 외국으로 가는 선박이나 외국에서 일본으로 오는 선박들은 모두 이곳에 정박하였다. 세 번째 항선은 발해국 남해부(南海府 - 오늘의 조선 함경남도 북청)의 토호포(吐号浦)에서 출발하여 조선의 동해안을 따라 남행하여 대마도해협(對馬島海峽)을 건너 쯔꾸시에 이르렀는데 이것이 남해부 항로이다. 대흥 39년(776년) 일본을 간 발해사신 사도몽(史都蒙) 등은 남해부 토호포에서 출발하여 대마도 찌꾸시쯔(竹室)의 나루터에 이르렀다.[1] 이 항로를 따라 항행하였다. 그러나 쯔꾸시선과 남해부항로는 모두 편리하지 않았다. 일본 수도로 가는 발해의 사절들이 후의 두 항로로 가자면 모두 일본의 서해안을 경유하여 남쪽으로 가야 했으므로 힘들고 시간이 걸렸다. 때문에 발해의 사절들은 늘 거리가 가까운 '북선'을 따라 항행하였다. 발해의 사절들은 도합 34차(727년~916년) 일본으로 갔는데 그 가운데서 쯔꾸시항로와 남해부 항로로 해서 간 것은 모두 한 번씩 밖에 안 되었다.

발해 동경용원부 관할 하에 있는 뽀씨예트만의 크라스끼노(모구위) 항구로부터 일본의 노우또(能登), 가가(加賀)까지의 해상 거리는 약 900km이다. 이에 육로까지 합하면 '일본도'의 전체 길이는 1,130km이다.

발해가 일본으로 내왕한 항해로점은 전기(前期)와 후기(後期)로 나눌 수 있다. 전기는 무왕(武王) 인안(仁安) 8년(727년)부터 간왕(簡王) 태시(太始) 원년(元年)(818년) 전후까지이고 후기는 간왕 태시 원년 전후부

---

1) 김육불,『발해국지장편』권14 『지리고』

터 말대왕 대인선 13년(919년)까지이다.

일본해는 원동의 여러 바다 가운데서 계절풍과 태풍이 제일 심한 바다이며 해상의 자연 조건이 매우 험악하였다. 발해의 사절단은 나무배를 타고 태풍이 예고 없이 불어 닥치는 망망 무제한 대해에서 낮이면 해를 보고 밤이면 별을 보아 방향을 잡으며 전진하였다. 어려움은 매우 심하였다. 전기에 발해 사신들은 한류와 난류가 교체되는 상황과 계절풍 등에 대한 지식을 갖지 못하여 여름과 가을 계절에 건넜는데 태풍의 습격을 받아 배가 파손되어 여러 사람이 죽는 현상이 자주 생겼다. 727년 제1차로 파견한 고인의(高仁義) 등 일행 24명은 베르코고항구를 떠나 동해를 건너는 도중에 폭풍을 만나 멀리 동쪽 에조지방(당시 아이누족이 살고 있던 일본의 오우, 홋카이도 지방)에 표착하여 고인의, 덕주 등 상층급을 포함한 16명은 피살되고 그 밑의 두령 고제덕(高齊德) 등 8명만 겨우 살아남아 일본의 데와국(出羽國)에 상륙하여 사신으로서 행동 할 수 있었다. 대흥 39년(776년) 대사 사도몽(史都蒙)은 167명의 사절단을 거느리고 일본 방문을 떠났는데 그들 일행은 바다에서 조난당하여 120명이 죽었다. 다행히 살아남은 46명이 천신만고로 겨우 일본에 도착하였다. 발해 사람들은 이 험악한 항해선에서도 대담하고 용감하였으며 총명과 재질을 충분히 발휘하였다. 후기에는 일본해의 계절풍과 해류의 규칙을 점차 알게 되어 늦가을과 초겨울에 대륙에서 불어오는 서북풍을 이용하여 항행하여 일본으로 갔으며 이듬해 여름에 해상의 동남풍을 빌어 발해로 돌아왔다. 그 결과 항행시간을 단축하였을 뿐만 아니라 해상조난사고를 크게 줄였다. 그렇기 때문에 사절단이 후기에 와서부터는 기본적으로 이 항선을 따라 항행하여 월전, 노우또, 가가에 무사히 등륙하게 되었다. 노우또, 가가는 당시 일본의 서울 헤이죠꾜(平城京 - 오늘의 나라), 헤이안꾜(平安京 - 오늘의 교또)와의 거리가 비교적 가까웠다. 이 항선은 발해 동경용원부와 일본 서울간의 가장 가까운 거리로서 발해와 일본의 사절들이 내왕할 때 늘 다니는 항로가 되었다.

　발해의 항해가들은 발해와 일본 사이에 새로운 해상항로를 개척하여 양국의 경제 발전과 문화의 교류, 우호적인 관계를 발전시킴에 있어서 중대한 기여를 하였다.

발해의 조선기술

배는 수상 교통에 사용되었다. 수상 교통은 국내 하류 교통과 국외로 왕래한 해상 교통으로 나누어진다. 국내 하류 교통이나 국외로 왕래한 해상 교통이나 할 것 없이 모두 배를 사용하였는데 국내 하류 교통에 사용된 배는 해상 교통에 사용된 배보다 작았다.

우리의 조상들이 언제 제일 처음 배를 만들었는가 하는데 대해 똑똑히 고증할 수는 없지만 그러나 원시사회 때 이미 독목주(獨木舟)가 있었다는 것만은 긍정할 수 있다. 독목주는 인류 역사상에서 제일 처음으로 창제(創製)된 배이다. 널판(木板)으로 배를 만든 것은 대개 상(商)나라 때부터라고 볼 수 있다. 그러기에 갑골문(甲骨文)에 ⟋, ⟋, ⟋ 등이 나타나는데 이는 배에 대한 상형문자(象形文字)이다. 한(漢)나라 때에 이르러서는 객선(客船), 운수선(運輸船), 어선(漁船), 전선(戰船) 등 여러 가지 종류의 선박이 제작되어 사용되었다. 당(唐)나라 때에 이르러서는 600~700명을 용납할 수 있는 큰 배 까지 제작되었다.

본문에서는 국내 하류 교통에 사용된 배가 아니라 일본과의 왕래에 사용된 해상 교통의 선박에 대해서만 서술하려고 한다.

발해 사절단이 일본으로 왕래할 때 사용된 배는 비교적 크고 재중량이 많았다고 볼 수 있다. 그러나 발해 사절단이 탄 배는 얼마나 컸는가? 얼마나 되는 인원을 태웠고 재중량은 어느 정도였을까? 사서에 명확한 기재가 없다. 때문에 정확한 답안을 얻기 매우 어렵다. 그러나『속일본기(續日本紀)』에 의하면 발해 무왕(武王) 인안(仁安) 8년(727년) 발해국 사절단 고인(高仁), 고제덕(高齊德) 등 24명이 일본을 방문하였고 발해 문왕 대흥(文王 大興) 34년(771년) 일만복(壹萬福)등 325명이 17척의 배에 나누어 타고 일본을 방문하였으며 문왕 대흥 36년(773년) 오수불(烏須弗) 등 40명이 배 1척에 앉아 일본을 방문하였고 대흥 42년(779년) 고양필(高洋弼) 등 359명 사절단은 배 9척에 나누어 타고 일본을 방문하였으며 대흥 49년(786년) 이원태(李元泰) 등 일행 65명은 배 1척에 앉아 일본을 방문하였다고 기재하였다.

이상의 기재로 보아 배 1척에 탄 인원수는 24명, 19명, 40명, 65명 등으로 같지 않다. 이 기재는 발해 무왕 인안 8년부터 제3대 문왕 대흥 49년까지의 사실이다. 이 시기는 발해의 전기(前期)에 속한다. 후기에 조선업이 발전하고 항해술이 발전함에 따라 전기에 사용된 배보다 규모가 더 크고 재중량이 많은 배가 제작되어 발, 일 해상 교통에 사용되었을 것이라고 짐작된다. 그렇기에 발해 후기 일본을 방문한 사절단의 일행 인수는 절대 다수가 100명 좌우이다. 이는 배 1척에 앉아 일본을 방문한 것이라고 짐작된다.

배에는 사절단 성원의 상당한 수량의 예물품과 무역품을 실었는데 그 중량도 대단했을 것이다. 때문에 전기에 사용된 배의 총 재중량은 100톤 좌우이고 후기에 사용된 배의 총 재중량은 200 톤 좌우였을 것이라고 짐작된다.

발해가 사용한 배의 크기와 재중량은 당시 당나라에 파견한 '견당선(遣唐船)'의 크기, 재중량과 비슷하다고 짐작된다. 지금 일본에 복원한 '견당선' 두 척이 있다. 한 척은 1981년 고베시(神戶市)에서 열린 박람회에 전시된 것이다. 이것은 길이 20m, 너비 6.5m, 높이 13.5m이다. 이 배는 관내 전시이기 때문에 밑바닥 부분이 없다. 실제 높이는 이보다 높았을 것이다. 다른 한 척은 1989년 히로시마시(廣島市)에서 열린 박람회에 출품된 것으로서 길이 25m, 너비 7m, 배 밑에서 돛대까지 높이 17m, 총톤수 약 200톤 정도이다.[1] 여고(如皋)에서 당나라 때의 목선(木船)을 발견하였다. 선체(船體)의 현존 길이 17.32m이고 선면이 가장 넓은 곳이 2.58m, 배 밑바닥 깊이 1.6m이고 선체는 세 단락 목재로 이어 만들었으며 쇠못을 사용하여 단단히 이은 다음 동유(桐油)로서 엄밀하고도 견고하게 하였다.[2] 발해의 선박도 목선(木船)이었고 쇠못과 동유를 사용했을 것이며 돛대는 하나 내지 두 개였을 것이다.

발해 선박은 키(舵), 돛대(桅), 노(櫓), 돛(帆), 닻(錨) 등의 설비가 다 갖추어졌고 객(客)과 화물을 싣는 조건과 설비, 구역 등이 구체적으로 정밀하게 배치되어 있었다.

---

1) 우에다아게오 저, 최봉렬 역, 『발해의 수수께끼』, 153쪽.
2) 『문물(文物)』, 《여고에서 발견한 당나라 목선》, 1974년 5기.

발해의 의학

발해 사람들은 원유의 기초 위에서 당나라의 선진 의학 기술을 적극적으로 받아들여 자기 나라 의학을 높은 수준으로 발전시켰다.

고구려 때에 의학이 이미 상당한 수준으로 발전하였다. 특히 고구려의 침 치료법(針治療法)은 매우 높은 수준에 이르렀다. 『일본서기』에 의하면 일본에서 온 안작득지라는 사람이 고구려의 우수한 침구술을 배워 달통하였다고 한다.[1]

고구려 때에 또 약재 채취와 약물요법도 높은 수준으로 발전하였다. 고구려에서는 삼, 오미자, 족두리풀(세신), 백부자, 다시마, 대황, 파두, 천궁, 고삼, 랑아, 더덕뿌리(사삼), 함박꽃뿌리(작약), 부자, 우황, 사향 등 식물성 약재와 동물성 약재로 병을 치료하였다.

고구려의 의학은 백제, 신라, 일본에도 많은 영향을 주었다. 『일본서기』에 의하면 459년 일본의 요청으로 건너간 고구려 의사 덕래는 발

---

1) 손영종, 『고구려사』(3), 가학백과사전종합출판사, 1999년, 9쪽 ; 『일본서기』권24. 황극기 4년 4월 무술.

전한 고구려 의학을 일본에 전했으며 『일본서기』 권25, 효덕기 백치 1년 2월 무인에 고구려의 의사 모치도 훌륭한 의사로서 일본 땅에 널리 알려졌다고 한다.[2]

발해는 건국 초부터 특히 제3대 문왕 대흠무시기부터 대외로 개방하고 대내로 개혁하면서 전면적 적극적으로 당나라의 선진 생산 기술과 선진적인 문화를 받아들였다. 하여 『신당서』에 발해는 당나라의 "고금의 제도를 학습하였다(習識古今制度)"라고 하였다. 당나라의 높은 의학 기술과 의학 서적은 발해에 전해져 발해 의학이 높은 수준에 이르렀다.

발해 세속에서 귀히 여기는 물건 가운데 '남해의 곤포(南海之昆布)'가 있고[3] 외국에 보낸 조공품 가운데는 인삼(人蔘), 곤포, 우황(牛黃), 황명(黃明), 백부자(白附子), 꿀(蜜), 사향(麝香) 등이 있다.[4]

우황, 황명, 사향 등은 동물성 약재이고 곤포, 인삼, 백부자 등은 식물성 약재이다.

발해는 이상의 약품을 귀히 여겨 진귀한 토산품의 일종으로 당나라, 후당(後唐), 일본에 조공하였다는 것은 발해인들은 능히 자체로 약물을 제작하고 이용하는 방법이 상당히 발전한 수준에 이르렀고 외국에까지 전파되어 발해 의학의 높은 수준을 설명하여 주는 것이다.

발해인 들은 약품을 제작하고 그것을 이용할 줄 안 것으로 보아 약제사, 의사, 의학서적 등 있었을 것이다. 이는 의심할 바 없다. 그러나 구체적인 사료가 없어 해석하지 못한다.

---

2) 손영종, 『고구려사』(3), 11쪽
3) 김육불, 『발해국 지장편』 권17 「식화고」
4) 김육불, 『발해국 지장편』 권17 「식화고」

발해의 건축

 발해의 건축은 그 전대(前代)의 기초 위에서 적극적으로 당나라의 선진적이고 발전한 건축 기술을 받아들여 본지구와 본민족의 정황에 알맞게 결합시켜 독특한 자기의 건축 문화를 창조하였다. 중·후기에 이르러 건축의 규모는 상당히 크고 그 기세도 굉장하였으며 건축 기술은 당시로서는 아주 높은 수준에 이르렀다. 발해 건축 부문에서는 주로 도성(都城), 관서(官署), 도성의 변화 발전 과정, 도성의 위성체계, 평민집터, 난방설비가 있는 집터, 묘상건축, 성곽, 24개돌 유적, 불교관련 건축 등을 취급하려고 한다.

1. 발해의 평지도성

(1) 발해의 평지도성 건축

 발해의 평지도성으로는 오동성, 서고성, 팔련성, 상경성 네 개가 있다.

1) 오동성

　오동성(敖東城)은 발해의 첫 번째 평지도성이다. 그의 규모는 그리 크지 않다. 오동성의 모양은 장방형이고 내·외 두 성을 가진 '회(回)'자 모양의 성(城)이다. 외성(外城)은 흙으로 쌓았는데 둘레의 길이가 약 1,200m이고 동·서 두 성벽의 길이는 각각 약 400m이며 남·북 두 성벽의 길이는 각각 약 200m이고 성벽 기초의 너비는 8~11m이며 남은 성벽의 높이는 1.5~2.5m로서 성 밖에 해자가 있다. 남쪽 성벽 중부에 옹성이 나 있다. 성벽 위에는 치가 있는데 남쪽 성벽에 3개, 북쪽 성벽에 2개, 서쪽 성벽에 2개가 있고 동쪽 성벽의 것은 이미 파괴되어 알 수 없다. 내성(內城)은 정방형(正方形)이며 둘레의 길이가 320m이고 흙으로 쌓았다. 내성은 외성 중부에서 서쪽에 치우친 곳에 있으며 내성의 서쪽 성벽과 외성의 서쪽 성벽 사이의 거리는 90m이다. 내성이 위치한 곳의 지세는 성벽의 지세보다 약간 높다. 성벽 밖의 주위에는 해자가 있다.

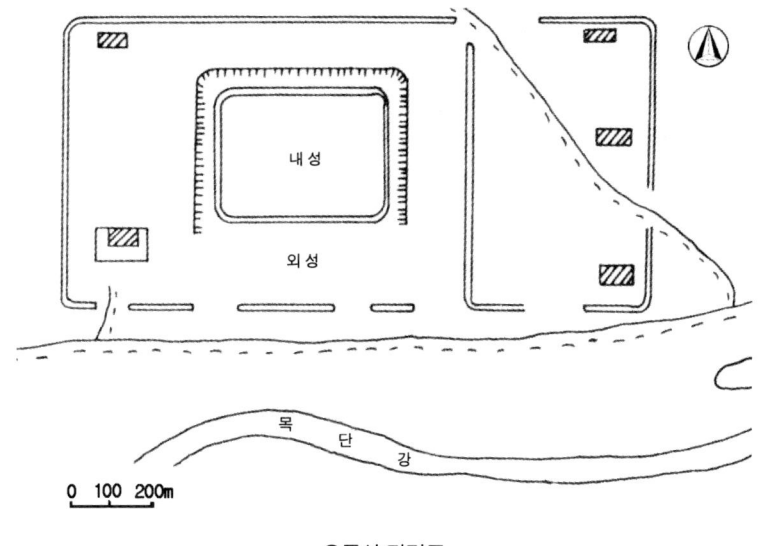

오동성 평면도

2) 서고성

　서고성(西古城)은 오늘의 길림성 화룡현 서성향 북고성촌(吉林省 和龍縣 西城鄉 北古城村)에 위치해 있다. 서고성은 발해 시기 중경현덕부(中京顯德府) 자리이다. 중경(中京)은 742년부터 755년까지 14년간 발해의 두 번째 서울이다.

　서고성은 화룡현 투도평원 서북부에 자리 잡고 있다. 성은 내성과 외성으로 구성되었다. 외성은 장방형인데 동서의 길이가 630m, 남북의 길이가 730m이고 둘레의 길이가 2,720m이다. 성벽은 흙을 다져 쌓았는데 성벽 밑면의 너비는 13~17m이고 윗면의 너비는 1.5~4m이며 남아 있는 성벽 높이는 보통 1.8~2.5m이고 개별적 구간은 4~5m에 달한다. 남쪽 성벽과 북쪽 성벽 중간의 트인 곳은 성의 남북 중추선에 놓였는데 그것은 남문과 북문 자리이다. 그 너비는 약 15m이다. 성안의 동남쪽에는 면적이 약 1,500㎡ 되는 못 자리가 있다. 성 밖에는 해자가 있었는데 지금은 거의 메워지고 남쪽 성벽 동쪽 끝 밖의 해자 자리가 물도랑으로 되었다.

　내성은 외성 중부에서 북쪽에 치우친 위치에 있는데 장방형이며 남북의 길이가 310m, 동서의 너비가 190m이다. 내성의 북쪽 성벽은 외성의 북쪽 성벽에서 약 70m 떨어졌다. 내성의 중북부가 궁전 자리이다. 제1·제2·제5 궁전(宮殿) 자리는 성의 남북 중추선 위에 위치해 있으며 남으로부터 북으로 한 줄로 배열되었다. 제1호와 제2호 궁전은 길이가 약 36m이고 너비가 4m 되는 긴 복도로 연결되었다. 제2호와 제5호 궁전 자리 사이의 거리는 약 80m이고 그 중간에는 동서향을 한 성벽이 있었는데 성벽 중간에는 문 자리 비슷한 트인 곳이 하나 나 있다. 제3호·제4호 궁전 자리는 제2호 궁전 자리의 동쪽과 서쪽에 위치해 있다. 5개 궁전 자리 중에서 제2호 궁전 자리의 규모가 가장 크고 배치도 똑똑하다. 이 궁전은 무전식(廡殿式)(우진각지붕) 짜임새로 되었는데 측면 1칸, 정면 3칸으로 되었으며 주위에는 회랑이 있었다. 궁전은 동서의 길이가 약 20m이고 남북의 너비가 약 9m이다. 내성의 남쪽 성벽 중간 구간은 안쪽으로 들어갔고 그 중부에 대문 자리가 있다.

오동성은 흙을 다져 쌓았고 성에 치와 옹성(瓮城)이 있다. 서고성은 비록 흙을 다져 쌓았으나 치와 옹성이 없다. 오동성은 '회(回)' 자형의 성으로 외성은 동서로 놓인 장방형이고 내성은 정방형인데 서고성의 외성은 남북으로 자리잡은 장방형이고 내성도 남북으로 놓인 장방형이며 서고성은 오동성보다 두 배 더 크다. 서고성의 내성은 외성의 중부에서 북쪽에 치우친 곳에 위치해 있고 내성의 남쪽 성벽 중간 구간이 안쪽으로 들어가고 그 중부에 대문 자리가 있다. 그러나 오동성은 내성이 외성의 중부에서 이 성의 서쪽 성벽 쪽으로 치우친 곳에 있다. 내성 남쪽 성벽은 직선으로 되고 중간 구간이 안쪽으로 들어가지 않았다.

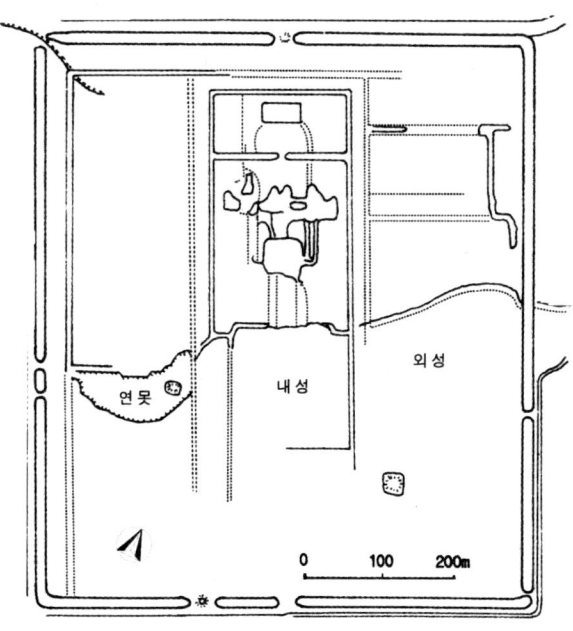

서고성 평면도

3) 동경성(東京城-팔련성)

동경용원부(東京龍原府) 자리를 팔련성(八連城) 혹은 반랍성(半拉城)이라고 한다. 팔련성은 훈춘시(琿春市) 국영 우량종농장 남부의 경작지에 위치한다. 팔련성은 대흥 48년(785년)부터 대흥 57년(794년)까지 9년 동안 발해의 수도였다.

팔련성은 내성과 외성으로 되었으며 성벽은 흙을 다져 쌓았고 둘레의 길이는 2,894m, 북쪽 성벽의 길이는 712m, 동쪽 성벽의 길이는 746m, 서쪽 성벽의 길이는 735m, 남쪽 성벽의 길이는 701m이며 성 밖에 해자가 있고 네 성 벽에는 문이 각기 하나씩 있다. 내성은 외성 중부의 북쪽에 치우친 곳에 있는데 장방형으로 되었다. 내성의 둘레 길이는 1,072m, 남북 성벽의 길이는 각기 218m, 동서 성벽의 길이는 각기 318m이며 남쪽 성벽 중간 약 80m 되는 곳은 안쪽으로 약 5m 가량 들어갔고 그 중부에 대문자리가 있는데 대문 안 통로의 너비는 25m이다. 성안의 중부에서 북쪽에 치우친 곳에 동서의 길이 45m, 남북의 너비 30m 되는 둔덕이 있는데 지금은 그 높이가 약 2m 가량 된다. 강돌과 진흙으로 다진 이 둔덕위에는 지금도 거칠게 다듬은 기초돌이 여러 개 남아 있다.

그 가운데 한 기초돌의 길이는 60cm, 너비는 50cm, 두께는 20cm이다. 이것이 제1궁전 자리이다. 제1궁전 자리에서 북으로 약 28m 되는 곳에 제2궁전 자리가 있다. 제1궁전과 제2궁전은 복도에 의해 연접되었다. 제2궁전 자리는 동서의 길이 약 14m, 남북의 너비 약 9m인데 동서의 길이 21m, 남북의 너비 15m인 둔덕위에 건축되었다. 제1궁전 자리와 제2궁전 자리 동서 양쪽에도 각각 궁전 자리가 있다. 제1궁전 자리 앞은 광장으로 되어 있다. 제1궁전 자리는 당시 발해 제3대 문왕 대흠무가 정사를 보던 곳일 것이고 제2궁전 자리는 왕의 침전이었을 것이다. 이밖에 내성의 동북 모서리 부근에 늪 자리가 있었다. 이 궁전 자리에서 겨우살이무늬막새기와, 연꽃무늬막새기와, 연꽃살무늬녹유기와조각, 문자기와, 손가락무늬암키와 등을 수집하였다. 외성벽과 내성벽 사이에 성벽을 가로세로 여러 갈래 쌓아 놓아 성안을 8개 구역으로 나누어 놓았다. 이러한 구역들은 관리, 호위병, 장사군, 공장들이 일을 보거나 거주하거나 살림하던 곳으로 짐작된다.

팔련성이 내·외 두 성으로 되고, 남·북으로 놓인 장방형, 내성이 외성의 중심에서 북쪽으로 치우친 곳에 위치하고 내성 북쪽 성벽과 외성 북쪽 성벽의 거리가 70~80m 좌우 되는 것, 내성 남쪽 성벽 중간 구간의 약 80m 되는 곳이 안쪽으로 약 5m 가량 들어가고 그 중부에 대문 자리가 있는 것 등은 서고성의 배치와 같다. 그러나 자세히 살펴보면 같지 않는 점들도 있다.

첫째, 서고성은 남북으로 놓인 전형적인 장방형이다. 그러나 팔련성은 남북으로 놓인 정방형에 가까운 장방형이다.

둘째, 내성 내의 중추선과 그 좌우에 설치된 궁전들의 배치가 다르다.

셋째, 팔련성 내성의 동북 모퉁이 부근에 늪 자리가 있다. 그러나 서고성은 외성의 남북 중추선 서쪽에 늪이 있고 동쪽에 가산(假山)이 있으며 내성의 동북 모퉁이에는 늪이 없이 집 자리로 되어 있다.

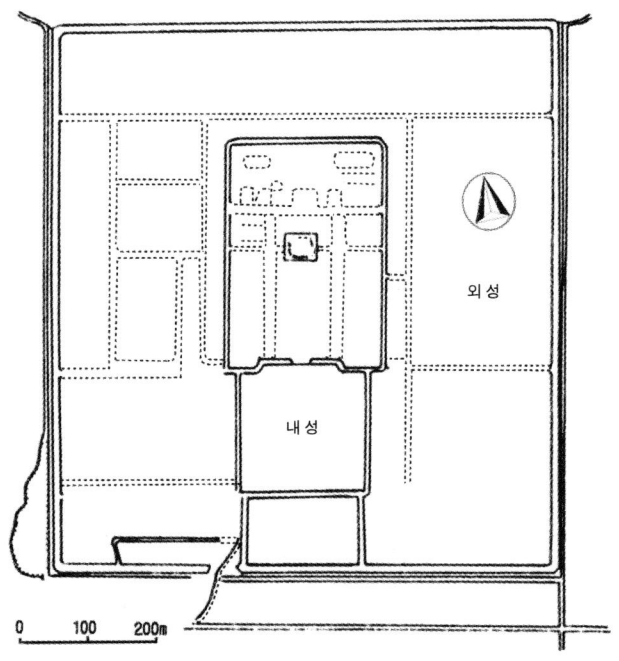

팔련성 평면도

4) 상경성(上京城)

상경성은 발해의 4개 평원도성(平原都城) 가운데서 그 규모가 제일 크고 통치 시기가 제일 오래고 가장 완벽한 도성(都城)이다.

발해 제3대 문왕은 755년에 수도를 중경 현덕부로부터 상경용천부에 옮겨 30년간 통치하다가 785년 또 상경용천부에서 동경용원부로 옮겼다. 그 후 성왕 대화위(成王大華璵) 시기에 수도를 다시 상경용천부로 옮겼다. 이때로부터 말대왕 대인선이 요나라의 침략에 의해 망할 때까지

132년간 수도를 다시 움직이지 않았다. 상경용천부는 선후 162년 동안 발해의 정치, 경제, 문화의 중심이 되었다.

① 외성(外城)

상경의 짜임새를 보면 그 외형은 동·서향으로 가로 놓인 긴 장방형이다. 내성과 외성 북쪽 성벽, 호위성(護衛城) 등은 돌로 쌓고 흙을 덮었다. 그 외 구간은 속을 돌로 쌓고 겉에 흙을 씌웠다. 외성의 둘레의 길이는 16,296.5m로서 약 37리가 된다. 그 중 동쪽 성벽은 곧은 벽으로서 그 길이가 3,358.5m이다. 서쪽 성벽도 곧은 벽으로서 그 길이가 3,406m이다. 남쪽 성벽 역시 곧은 벽으로서 그 길이가 4,586m이다. 북쪽 성벽은 가운데가 불쑥 밖으로 나가서 凸 모양으로 생겼는데 그 길이가 4,964m이다. 남쪽 성벽과 북쪽 성벽의 길이가 기본적으로 같다고 하면 북쪽 성벽 가운데에 불쑥 밖으로 나간 부분은 360m 좌우일 것이다. 외성 밖에는 성벽에 잇달아서 해자를 둘러 팠다.

성문(城門)은 4면에 10개가 있다. 동쪽 성벽과 서쪽 성벽에 각각 2개, 남쪽 성벽과 북쪽 성벽에 각각 3개씩 있다. 10개의 성문 가운데서 남쪽 성벽 가운데 문과 북쪽 성벽의 가운데 문만은 문길(門道)이 각각 3개이고 나머지 문들은 문길이 하나다. 동쪽 성벽의 2개의 문은 각각 서쪽 성벽의 2개의 문과 서로 대칭으로 놓였고 남쪽 성벽의 3개의 문은 각각 북쪽 성벽의 3개의 문과 서로 일직선상에 놓였다. 따라서 동서 양쪽 성벽의 문들과 남북 양쪽성벽의 문들 사이의 거리도 서로 같다. 이와 같은 문의 배치는 도시 설계에서의 정연성을 보여주는데, 도시와 이방(里坊)들의 배치에서는 그것이 더욱 뚜렷하다.

성안에는 성문을 연결하는 길과 그 밖의 여러 길을 닦았다. 큰 것이 11개인데 외성 성벽 안을 감도는 길을 제외한 나머지 큰길들은 모두 곧추 뻗어 마주 향한 성문 혹은 성벽 사이를 이은 까닭에 서로 교차되어

'+'형 길을 이루면서 바둑판 모양으로 전체성을 여러 개의 구역으로 갈라놓았다. 길의 너비는 그 위치와 중요성에 따라 서로 다르게 하였는데 그 중 가장 넓은 것은 외성 남쪽 성벽의 가운데 문과 황성(皇城-내성이라고도 함) 남문을 이은 길이다. 이 길로 황성을 거쳐 궁성(宮城)으로 곧추 들어간다. 이 길은 성을 동, 서 두 부분으로 나누는데 그 동쪽을 동반성이라 하고 그 서쪽을 서반성이라 한다. 이 길은 성내 여러 갈래의 길 가운데서 맨 복판에 놓인 가장 중요한 길로서 그 너비는 110m이다.

주영헌이 지은 『발해문화』에 의하면 외성 내의 큰 길들의 방향, 길이, 너비, 경로와 위치를 보면 다음과 같다.

큰 길들에 의하여 바둑판 모양으로 갈라진 외성의 각 구역 안에는 당시 도시 주민들이 살던 집과 절간, 장마당 같은 것이 있던 이방이다.

서반성 이방의 배열 상태는 잘 밝혀졌다. 서반성에는 41개의 이방이 있는데 그 가운데서 큰 것이 9개이고 작은 것이 32개이다. 황성 앞을 지나서 동·서로 뻗은 제6호 큰 길의 북쪽, 즉 궁성과 큰길의 남쪽에 있는

번호	방향	길이(m)	너비(m)	경로와 위치
제1호 큰길	남북	2,195	110	외성 남쪽 성벽 가운데 문에서 황성 남문까지
제2호 큰길	남북	3,400	78	외성 남쪽 성벽 동문에서 북쪽 성벽 동문까지
제3호 큰길	남북	3,450	78	외성 남쪽 성벽 서문에서 북쪽 성벽 서문까지
제4호 큰길	동서	4,598	78	외성 동쪽 성벽 남문에서 서쪽 성벽 남문까지
제5호 큰길	동서	4,620	92	외성 동쪽 성벽 북문에서 서쪽 성벽 북문까지
제6호 큰길	동서	44,610	65	외성 동쪽 성벽에서 황성 남문 앞을 지나 외성 서쪽 성벽까지
제7호 큰길	동서	4,605	28	외성 동쪽 성벽에서 서쪽 성벽까지
제8호 큰길	남북	1,300	34	궁성과 황성 동쪽 성벽까지
제9호 큰길	남북	1,290	28	궁성과 황성 서쪽 성벽까지
제10호 큰길	동서	4,600?	28?	외성과 동쪽 성벽에서 서쪽 성벽까지
제11호 큰길	성을 돌았다	14,920	?	외성의 안을 한 바퀴 돌아 북쪽에서 궁성의 벽에 잇닿는다.

이방들은 모두 작은 것이다. 이방은 모두 질서 정연하게 배치되었다. 이방의 벽은 모두 돌에 흙을 물려 쌓았다. 벽의 높이는 알 수 없으나 벽 밑 부분의 너비가 1.8m나 되는 것으로 보아 상당히 높았으리라고 짐작된다. 이방의 크기를 보면 그 동서의 길이는 465~530m이며 남·북의 너비는 큰 것이 350~370m이고 작은 것이 235~265m이다. 이방은 남·북 너비의 크기에 따라 큰 것과 작은 것으로 갈라진다. 큰 이방이나 작은 이방이나 막론하고 그 안은 다시 여러 개의 작은 구획으로 나뉘었다. 그 구획의 규모는 같지 않다. 그러나 동·서 혹은 남·북으로 질서 정연하게 쌓은 벽에 의하여 나누어진 점에서는 모두 같다.

동반성 이방의 보존 상태는 서반성에 비하여 매우 나쁘다. 그러나 자세히 살펴보면 그의 대체적인 정황을 볼 수 있다. 그런데 궁성 동쪽의 이방의 구조는 다른 이방보다 좀 특이한 점이 있다. 이 구획은 동서너비 500m, 남북 길이 780m나 되는데 사면이 벽으로 둘러쌓였다. 이 구역에는 비교적 규모가 큰 집 자리만 해도 15개나 있다. 이 구역은 궁성 안의 형편과 비슷하므로 별궁 혹은 고위급 귀족들의 주택 지구가 아닌가 생각된다.

절터[寺廟]는 외성 내외에서 이미 10개가 발견되었다. 그중 2개는 성 밖에 있다. 지금도 석등탑(石燈塔), 사리함(舍利函), 대석불(大石佛), 불상 등은 아주 잘 보존되어 있다.

② 내성

내성(內城)을 황성(皇城) 혹은 왕성(王城)이라고도 한다.

내성은 남북으로 놓인 장방형이다. 내성에는 동문, 남문, 서문이 있다. 동문은 동쪽 성벽의 북쪽 끝에 있으며 외성 동쪽 성벽의 북문과 같은 사이를 두고 마주 놓였다. 서문은 서쪽 성벽의 북쪽 끝에 있으며 외성 성벽의 북문과 같은 사이를 두고 마주 놓였다. 서문은 서쪽 성벽의 북쪽 끝에 있으며 외성 성벽의 북문과 같은 사이를 두고 마주 놓였다. 남문은 내성 남벽의 한복판쯤에 있다. 이 문은 내성의 정문으로서 북으로는 궁성(宮城) 남문과, 남으로는 외성 남벽의 가운데 문과 일직선 위에 있다. 내성의 3개 문 가운데서 동·서문은 문길이 한 개이고 남문은 문길이 3개이다. 내성은 또 동·서·중(中) 등 세 개 구역으로 나뉜다. 동구와 중구(中區) 및 서구와 중구 사이에는 돌로 쌓은 남북 방향의 성벽이 있다. 동·서 두 구역은 다시 사이 벽에 의하여 여러 개의 작은 구역으로 나뉜다. 동·서 두 구역은 그 크기가 서로 같다. 여기에서 지금까지 10개의 관청 터가 드러났으며 그중 일부는 발굴하였다. 중구는 지세가 평탄하고 거기에서는 아무런 유물도 보이지 않는다. 중구는 내성 남문과 궁성 남문을 잇는 길이며 궁성의 앞 광장이었다. 광장의 동서 너비는 222m이다. 내성은 중앙관청기관인 3성 6부가 있던 곳이고 내성에는 또 정원(금원 - 禁苑이라고도 한다)도 있었다. 내성 둘레의 길이는 약 9리 가량 된다.

③ 궁성

궁성(宮城)은 남·북으로 놓인 장방형이다. 궁성에서 가장 중요한 곳은 중심구역이다. 중심구역은 그 둘레가 2,680m이고 동·서 성벽의 길이는 각각 720m이며 남·북 성벽의 길이는 각각 620m이다. 성벽의 높이는 2.5m, 너비는 10m 좌우이다. 중심구역의 남쪽 성벽과 북쪽 성벽 가운데에는 문이 있다. 『영안현지(寧安縣志)』에서 '오봉루(五鳳樓)'라고 한 것이 바로 궁성 남문인데 기단이 5m, 길이 42m, 너비 27m[1]인데 이것이 성벽 위에 있는 궁성의 정문이다. 이 문은 북문, 내성의 남문 및 외성의 남문과 서로 일직선상에 놓여있다. '오봉루' 양쪽에는 너비 약 5~6m 정도의

---

1) 『발해상경유지간개』, 제 4쪽

곁문이 있다. 서문은 오문(午門)에서 서쪽으로 약 60m 되는 곳에 있는데 문길에 돌을 깔았다. 지금도 발해시기에 수레가 다닌 흔적이 남아 있다. 동문은 오문(午門)에서 동쪽으로 약 60m 떨어진 곳에 있다.

궁성은 남 북향으로 수축된 장방형이다. 이곳은 발해왕실(渤海王室)의 거주지인 동시에 국가의 통치 권력을 행사하는 곳이었다. 지금 남아 있는 유지로는 성벽과 궁전(宮殿), 우물터(石井) 등이다.

궁성을 중구, 동구, 서구 등으로 나누어 볼 수 있는데 그 가운데서 중구가 중심구역이다. 중구에는 7개의 궁전 터가 있다. 그중 제1궁전 터로부터 제5궁전 터까지는 『영안현지』에 '오중전(五重殿)'이라고 한 것이다. 이 다섯 개 궁전은 궁성 남문과 북문을 잇는 동시에 외성 남북성벽의 가운데 문을 잇는 복판 길가에 놓여 있다. 이 다섯 개 궁전 터는 궁성에서 가장 중요한 곳으로서 그 규모도 매우 웅장하다. 특히 그중에서도 제1, 제2궁전 터가 가장 웅장하며 제4궁전 터는 구들시설까지 갖추었다. 이 중요한 궁전들은 회랑에 의하여 서로 이어졌다.

(2) 궁전건축(宮殿建築)

1) 궁성정문터

궁성성문은 남쪽 성벽에 4개, 북쪽 성벽에 1개 있다. 궁성 중추선상에 있는 남쪽 성벽 문을 정문(正門)이라고 한다. 정문을 『영안현지』에는 '오봉루(五鳳樓)'라고 기재하였다. '오봉루'를 일명 '오문(午門)'이라고도 한다. '오봉루'는 궁성의 북문, 내성의 남문, 외성의 남북문과 서로 일직선상에 놓여 있다.

궁성의 정문은 돈대(墩臺-기단), 문길(門道), 정문루(正門樓), 동서곁문 등으로 조성되었다.

① 돈대(墩台)

돈대는 정문 돈대와 그 좌우에 있는 곁문 돈대 등 세 개 부분으로 구성 되었다.

정문 돈대는 궁성 남쪽 성벽 중부에 있는데 현무암으로 정연하게 쌓았다. 높이는 5.2m이고 밑에서 위로 올라가면서 안으로 좁혀 쌓은 제형 돈대(사다리꼴 형태의 돈대(墩台))이다. 동서가 길고 남북이 좁은 장방형이다. 동서 밑 부분의 길이는 45.2m이고 윗 부분은 40.66m이며 남북의 밑 부분은 28.2m이고 윗 부분은 26.4m이다.

돈대의 표면층은 내외 두 층으로 되었는데 안쪽 층은 현무암석으로 쌓았고 바깥 층은 일정한 규격이 있게 좋은 돌로 규칙적으로 잘 올려 쌓았다. 그 밖에는 회를 발랐다.

정문 돈대 위에는 지금 50개의 기초돌이 정연하게 배열되어 있다. 기초돌과 기초돌 사이의 거리는 약 2.2m이다. 기초돌의 직경은 74~76cm이고 기초돌은 모두 기둥 밑 장식으로 되었으며 남·북으로 10줄, 동·서로 7줄 배열되었고 동·서로 배열된 가운데 줄은 초석 4개가 없고 오직 두 쪽에 각각 3개씩 있을 뿐이다. 정문 돈대의 남북 쪽은 문동(門洞)과 문이 없는 실체돈대(實體墩臺)이다.

정문 돈대 좌우에 또 곁문 돈대가 있다. 정문 돈대의 양쪽과 정문 돈대를 향한 동서 곁문 돈대에는 돈대 벽에서 3m 떨어진 곳에 남북으로 놓인 3개의 장방형 기둥구멍[柱洞]이 있다. 기둥구멍의 깊이는 3.8m, 길이는 0.6m, 너비는 0.3m이다. 기둥구멍과 기둥구멍 사이의 거리는 3.2m이다. 기둥구멍의 위치와 짜임새로 보아 곁문루[側門樓]에 쓰인 '영정주(永定柱)'인 듯하다.

동서 두 쪽의 곁문은 궁성 내 제1궁전으로 통하는 길이며 이 두 문은 제1궁전 남쪽 면에 설치된 동서 두 계단과 직선을 이루고 있다.

② 문길(門道)과 문

문길의 길이는 12m이고 너비는 5m이다. 문길 내에는 두 갈래의 문지방(門檻) 길이 있는데 그들 간의 거리는 2.85m이다. 문지방의 동·서 양쪽에는 각각 장방형으로 생긴 오조(凹槽)(문확)가 하나씩 있다. 문지방 내의 지면에는 두께 0.9㎝ 좌우 되는 불규칙적인 석판(石板)을 깔았다. 문지방 내의 지면에는 또 돌로 만든 문침석(門枕石—고맥이돌)이 있다. 문길 지면에는 불규칙적인 현무암 돌을 폈고 문길 좌우 쪽 기단성벽은 지면과 수직을 이루었으며 매 측의 성벽은 동서로 대칭이 되게 15개의 배차주(排叉柱)가 있었다.

이상과 같은 정황으로 보아 궁성남문은 단문도(單門道-문길이 하나인 것)이고 좌·우 두 벽의 배차주와 돈대 위에 있는 영정주에 의해 문길 상부와 곁문돈대 위에는 과량식(過梁式) 건축물이 있었을 것이며 동·서로 두개 문이 있었을 것이라고 짐작된다.

문길의 너비는 비록 5m이지만 문틀의 좌우 면적을 제하면 선문관도(扇門寬度)는 4.3m 내외일 것이다. 성문의 일반적인 규율에 의하면 만약 성문의 너비가 4.3m일 경우에 문의 높이는 너비와 같거나 혹은 더 커야 한다. 만일 성문의 높이를 4.3m라 가정한다면 곁문의 최고 높이 5m와의 상차는 0.7m이다. 4.3m 되는 문 위의 문틀, 문틀 위에 놓이는 가름대, 가름대 위에 놓인 대들보, 대들보 위에 편 널판 등을 합하면 0.7m 될 것이다. 이렇기 때문에 문길 위에 지어진 건축은 과량식목조건물(過梁式木造建物)이었다는 것을 알 수 있다.

③ 성문누각

궁성정문 돈대 위에 주춧돌이 동서 10행(行), 남북 7행으로 배열된 평면정황으로 미루어 보면 정면 9간이고 주변에 회랑이 있는 할산식(歇山式)(팔작지붕)단층 처마집이 아니었겠는가 생각된다.

궁성 남벽의 정문은 높은 돈대 위에 올라 앉아 있어서 여기에 오르면 앞으로는 황성(皇城-내성)과 외성(外城)을, 뒤로는 궁성(宮城)안을 한눈에 바라볼 수 있다.

궁성정문(오봉루)으로 오르는 길은 오봉루 정면 혹은 뒷면에 설치하지 않고 오봉루 좌우에 설치된 곁문방(양쪽 문길[門道]) 북쪽 성벽에 성루로 오르내리는 길을 각기 하나씩 내었다.

궁성 정문에서 좌우로 약 60m 나가면 성문 자리가 각기 하나씩 있다. 문길의 길이는 7.5m이고 너비는 4.5m이다. 이 길은 사람과 수레가 다니던 길이다. 문길에는 정연하게 다듬은 현무암석판(石板)을 깔았다. 석판은 대소가 같지 않고 불규칙적으로 놓였는데 석판과 석판 사이의 빈 곳에는 작은 돌을 넣어 미봉하였다. 문길의 중간부분이 불룩하게 두드러져 나오고 남쪽과 북쪽으로 가면서 점차 낮아졌으며 길 표면은 오랫동안 사용하는 중에 닳아서 반들반들하게 되었다.

2) 정전(政殿)

정전 터로는 제1, 제2, 제3, 제5 등 4개가 있다.

① 제1궁전 터

제1궁전 터는 궁성남문 즉 오봉루에서 북으로 약 200m 떨어진 곳에 있다. 제 1궁전 터를 『영안현지』에는 '금란전지(金鑾殿址)'라고 하였다. 제1궁전의 기단의 높이는 3m, 길이는 56m, 너비는 25m이다. 기단은 ✚형으로 되었는데 밖은 돌로 쌓고 안에 흙을 다져 넣었다. 기단 앞 좌우와 뒷면의 한 복판에는 기단으로 오르내리기 위한 계단이 있었다. 기단 밑 부분에는 인동무늬로 장식한 벽돌이 쌓여 있었고 그 기단 가까이에는 기단 위를 장식하는 돌사자머리가 7개 이상이 나왔다. 기단 위에는 용암(瑢岩)으로 만든 웅장한 주춧돌이 동서 다섯 줄로 놓여있다. 지금 보존되어 있는 주춧돌은 모두 54개이다.[2] 궁전 터에서는 각종 기와와 녹색 유약을 바른 치미, 귀면 같은 것이 나왔다. 제1궁전 터와 오봉루의 약 200m 사이와 동서 약 100m 사이에서는 아무런 건축물 유지도 발견되지 않았다. 이 사실은 이곳이 넓은 광장이었다는 것을 실증한다. 마당 좌우에는 회랑 자리가 있다. 회랑은 궁전의 동, 서 두쪽에서 시작하여 좌우로 약 50m쯤 가다가 각각 남쪽으로 꺾여져 약 180m 가서 성벽 가까이에 이르렀다. 제1궁전 터는 발해국왕들이 정사를 보던 곳이다.

『요사(遼史)』「돌려불전(突呂不傳)」에 요태조(遼太祖)는 상경을 공격하여 함락시키고 발해를 멸망시킨 후……문반림아돌려불(文班林牙突呂不)에게 명령하여 태조의 공덕을 영흥전(永興殿) 벽에 새기게 하였다는 기재가 있다. 궁성내의 제1궁전으로부터 제5궁전까지 각각의 궁전은 모두 고유한 자기의 명칭이 있었을 것이다. 그러나 발해사에 유관되는 문헌 자료가 거의 다 훼멸되다시피 되었고 고고학적 자료가 아직 불충분한 형편에서 각각의 궁전 명칭을 알 수 없다. 제1궁전을 『요사』에는 '영흥전', '영안현지'에는 '금란전지'라고 하였는데 어느 것이 옳은가 하는데 대해서는 아직 판단하기 어렵다. 이외 다른 그 어떤 명칭이 또 있었는지 알 수 없다.

② 제2궁전 터

제2궁전 터 뒤에는 제1궁전의 뒷문이 있다. 이 문은 주춧돌이 동서로 세 줄, 줄 마다 6개씩 있다. 이곳에서 녹유를 바른 장식물 조각이 나오는 것으로 보아 이 문은 비록 그 규모가 크지는 않으나 녹유를 바른 용마루 장식 및 그 밖의 장식물로 지붕을 이은 아담한 문이었을 것이라고 짐작된다. 제1궁전 터에는 제2궁전 터까지의 거리는 약 150m이다. 제2

---

[2] 『발해상경유지간개』 제 5쪽

궁전은 다섯 개 궁전 가운데서 제일 큰 것으로서 동서 길이 82m, 남북 너비 28m이다. 궁전 앞에 광장이 있는데 제1궁전 앞에 있는 광장의 4분의 1쯤 된다. 제1궁전과 제2궁전 사이도 회랑에 의해 연결되었다.

③ 제3궁전 터

제3궁전 터는 제2궁전 터에서 북으로 130m 되는 곳에 있다. 제2궁전 터와 제3궁전 터는 동서로 된 회랑으로 이어졌다. 제2궁전 터의 동서 두 끝에서 나가다가 안으로 꺾여서 제3궁전 터에 맞닿았다. 동서 두 회랑 사이의 거리는 약 60m이다. 제2궁전과 제3궁전 사이는 제3궁전의 앞마당이다. 제3궁전 터의 앞마당은 제2궁전 터의 앞마당보다 그 규모가 좀 작다. 제3궁전 터도 다른 궁전 터와 마찬가지로 밖을 돌로 쌓고 안에 흙을 다져 넣은 높이 약 1.8m의 축대 위에 있다. 궁전은 7칸 4면의 집이었다. 주춧돌은 용해암과 화강암을 잘 다듬어서 만들었는데 지금까지 잘 보존되어 있기에 당시 이 궁전의 건축 윤곽을 짐작할 수 있다. 주춧돌 위에는 회거나 녹색 유약을 바른 기둥 밑 장식이 그대로 남아있고 또 붉은 색깔을 바른 못이 나왔다. 이러한 정황으로 미루어보면 이 궁전에는 주춧돌 위에 녹유기둥 밑 장식으로 밑기둥을 장식한 붉은색의 둥근 기둥이 서 있었음을 알 수 있다. 유약 바른 기둥 밑 장식은 궁전 몸체의 주춧돌 위에서 뿐만 아니라 회랑의 주춧돌 위에서도 나왔다. 그런데 안쪽 주춧돌의 기둥 밑 장식은 2~3개를 무어 동그랗게 하였으나 바깥쪽 주춧돌과 회랑의 주춧돌 위에 있던 기둥 밑 장식은 반원형으로 되었다. 서쪽 회랑에 두께 12~15cm의 벽의 흔적이 남아 있는 것을 보아 회랑과 바깥 기둥들과의 사이에는 벽이 있었음을 알 수 있다. 기둥 밑 장식을 안쪽에만 하였기 때문에 반원형으로만 남아 있는 것이다.

④ 제5궁전 터

제5궁전 터는 벽으로 둘러싸인 구획 안에 있다. 제4궁전 터와 제5궁전 터와의 거리는 약 80m이다. 궁전 축대의 높이는 약 60㎝이고 동서 길이는 약 37m이며 남북의 너비는 약 20m이다. 궁전은 11칸 5면으로 된 큰 집이다. 주춧돌의 6줄인데 한 줄에 12개씩 모두 72개이다. 주춧돌의 너비는 약 120~150㎝이다. 궁전 바닥에는 회를 곱게 발랐다.

이상의 4개의 궁전은 용도에 따라 그 위치, 크기, 안짜임새(내부구조)가 각기 다르다. 궁전들의 용도에 따라 사무를 보던 집과 일상적으로 쉬던 집으로 나누어 볼 수 있다. 사무를 보던 집인 제1, 제2, 제5궁전은 당시 조회나 예식을 거행하던 곳이었으므로 여러 궁전 가운데서 제일 앞쪽과 뒤쪽에 있으며 왕이나 그 측근자들이 일상적으로 쉬던 집, 이른바 '침전'인 제3, 제4궁전은 그 중간에 있다. 다섯 개의 궁전은 발해왕들과 그 측근자들이 있던 곳이고 국가의 정사를 처리하던 곳이었으며 전국 통치의 중심이었다.

3) 침전(寢殿)

5개 궁전 가운데서 침전에 속하는 궁전은 제4 궁전이다.

제4궁전 터는 제3궁전 터에서 북으로 약 30m 되는 곳에 있다. 궁전 터에는 동, 서, 중앙 3개의 회랑이 있었다. 동, 서 회랑은 동, 서 두 길 회랑이고 가운데 회랑은 외길 회랑이다. 이 궁전 터도 다른 궁전과 마찬가지로 기단 위에 있다. 기단은 다른 궁전의 기단에 비하면 낮다. 궁전은 중심에 있는 본채와 그 좌우에 있는 곁채의 3개 건물로 이루어졌다. 그리고 이 궁전 터에서 서쪽으로 약간 떨어진 곳에 또 하나의 집이 있다. 본채는 동서의 길이가 21.6m이고 남북의 너비는 15m로서 밖으로는 회랑을 두르고 안에 동서로 잇닿은 3개의 방이 있다. 회랑과 방바닥에는 회를 두껍게 발랐다. 남쪽 회랑의 주춧돌 위에는 연꽃을 돋우새긴 녹유를 바른 기둥 밑 장식이 동그랗게 놓여 있었다. 본채와 좌우의 곁채 사이에는 길이 있다. 곁채는 3간이고 좌우 곁채의 짜임새나 크기는 같다. 궁전 서쪽에 있는 집은 동서의 길이는 약 27m이고 남북의 너비는 약 15m의 9칸짜리 집이다. 방에는 회랑이 있고 안에 동, 서 가운데의 세 방이 서로 맞딸려 있을 뿐만 아니라 동, 서 두 방이 크고 가운데 방이 좁으며 방에는 모두 구들을 놓았다. 구들 골은 2개다. 구들은 골을 암키와로 쌓고(동쪽 방의 것은 벽돌만으로 쌓았다) 그 위에 벽돌을 깐 다음 판돌로 된 구들장을 덮고 그 위에 회를 발랐다. 구들의 높이는 약 33cm이다.

4) 팔보유리정(八寶琉璃井)

팔보유리정은 궁정에서 음수용으로 사용하던 우물인데 '팔각석정(八角石井)'이라고도 한다. 발해 상경용천부 궁정 내의 우물터에 대해 일찍 문헌에 기재된 것이 있다. 장분(張賁)이 쓴 『백운집(白云集)』에 '궁전 좌우에 돌로 쌓은 우물이 2개 있는데 백석(白石)으로 8각형이 되게 쌓았다'라고 하였다. 우물터는 제2궁전 터의 동쪽과 서쪽에 각기 하나씩 있는데 서쪽의 것은 이미 파괴되어 지금은 그 흔적을 찾아보기 어렵다. 동쪽 우물터는 지금까지 잘 보존 되어 있다. 이 우물터를 세속에서 '팔보유리정'이라고 하며 『영안현지』에도 '팔보유리정'이라고 기재 되어 있다. 우물의 아가리 부분은 1963년 우물을 수선할 때 보수하였고 그 위에 정자를 지어 우물 전체를 보호하였다. 우물의 아가리 부분을 제한 외의 대부분은 본래의 모습을 그대로 보여준다. 우물의 윗부분은 지면보다 약간 높다. 우물의 벽은 현무암으로 쌓았다. 우물 아가리에서 깊이 2m 되는 곳까지는 횡단면이 8각형을 이루었으며 그 직경이 약 0.66m이다. 거기에서부터 아래로 내려가면서는 횡단면이 원형을 이루었으며 동시에 점차로 넓어졌다. 깊이 4m 되는 곳에 이르러 가장 넓어졌는데 그 직경은 0.99m이다. 그 아래로 내려가면서 다시 좁아졌는 바 우물 바닥의 직경은 0.82m이다. 우물 아가리에서 밑바닥까지의 현존 깊이는 약 5.6m이다. 우물의 아가리는 좁고 곧게 만들고 우물 안은 둥글고 넓게 하여 내부 용적을 크게 하였다. 전하는 바에 의하면 우물 안에서 철로 만든 방망이와 동경(銅鏡), 은패(銀牌)를 건져냈다고 한다.[3]

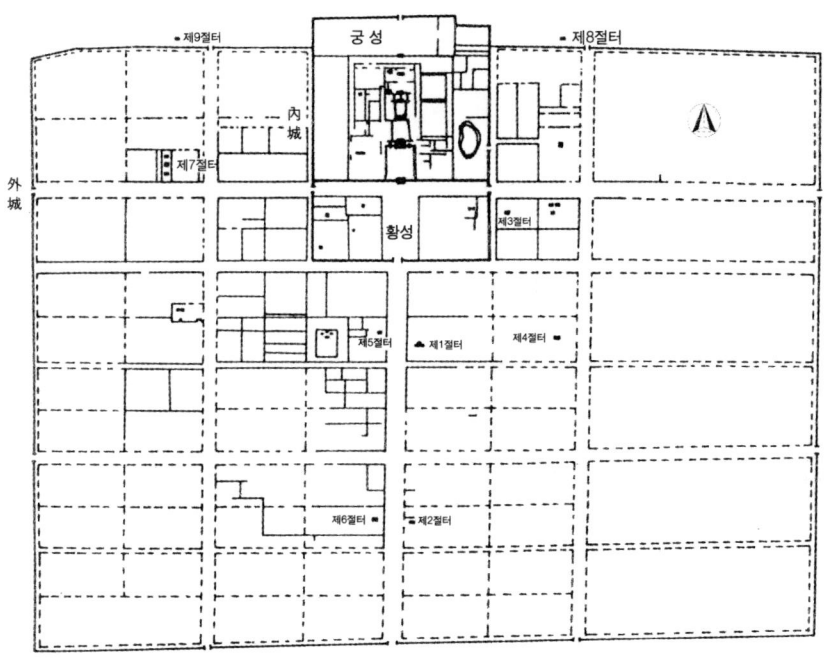

상경용천부 유지 평면도

---

3) 진헌창, 『당나라때 발해상경룡천부유지』 문물, 1980년 9기.

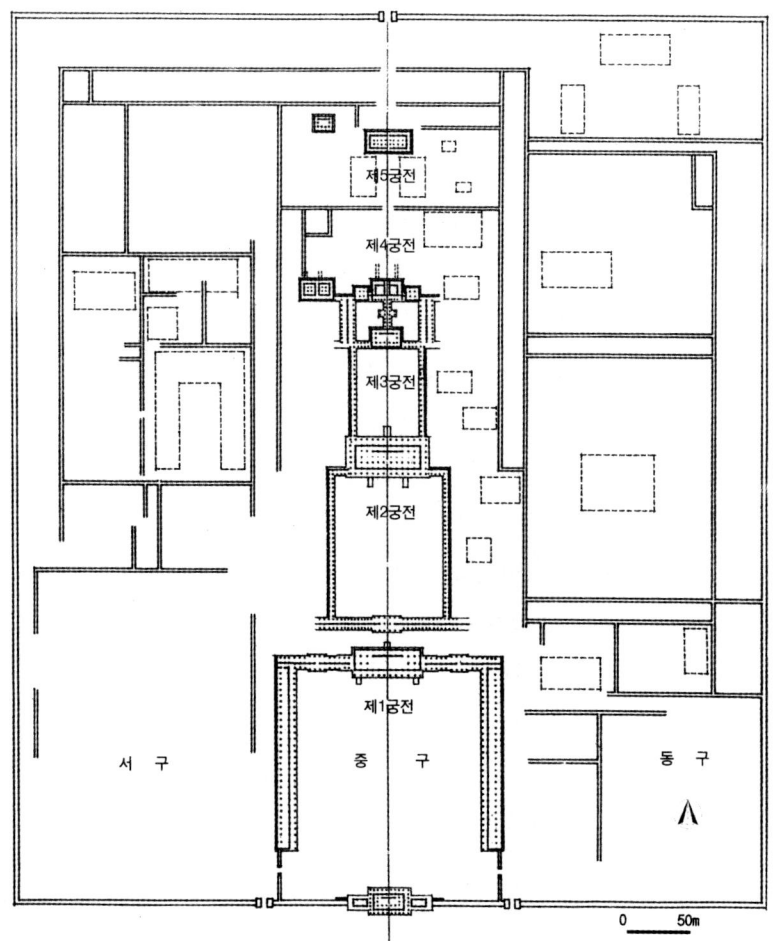

상경용천부 궁성과 황성 평면도

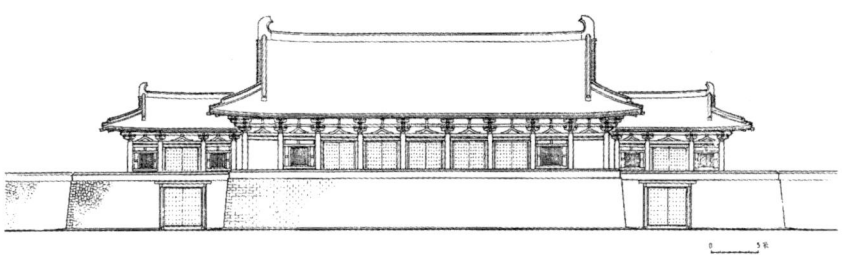

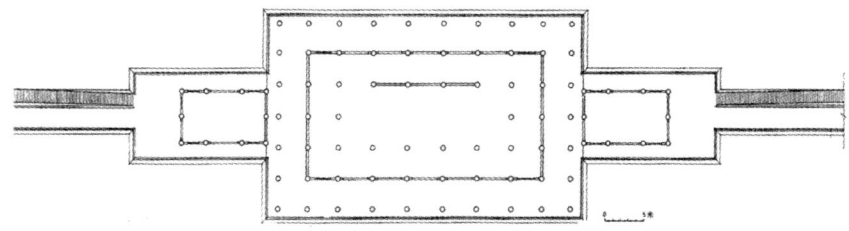

상경용천부 오문기단 평면도와 입면도

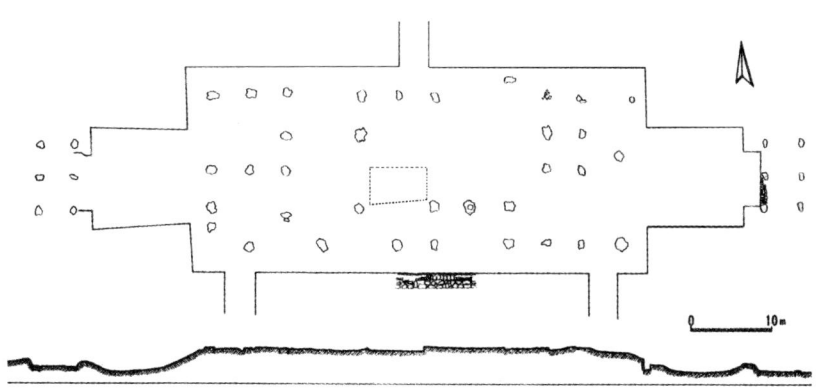

제1궁전터 실측도

제1궁전터에서 출토된 돌사자

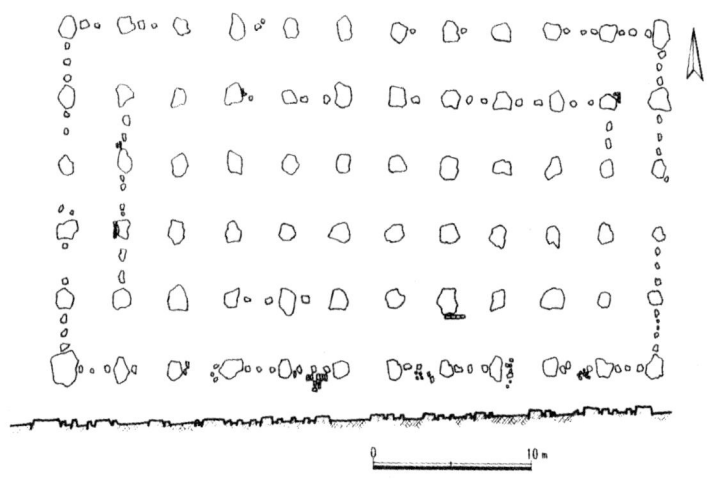

제5궁전터 실측도

(3) 관청과 금원 건축

1) 관청 건축

발해의 관청 건축을 잘 알아 볼 수 있는 곳은 상경용천부(上京龍泉府) 내성(內城)이다. 내성에는 주로 발해의 중앙기관들인 3성 6부(三省六府)가 있었다. 내성 정문과 궁성 정문을 이어준 중심 길을 기준으로 하여 그 좌우 구역 내에 관부(관아 혹은 관청)가 설치되어 있었다. 지금까지의 조사에 의하면 10개의 관청 터가 확인 되었는데 발굴된 것은 한 개 유적뿐이다. 이 집터는 두 번에 걸쳐 집을 지었던 것으로 확인되었다. 먼저 지었던 것을 1차 집터, 후에 지은 것을 2차 집터라고 한다.

1차 집터는 내성 동쪽 구역 북쪽 모서리에 있으며 동서 길이 31m, 남북 너비 11.5m, 높이 0.24m의 장방형 기단 위에 있다.

건물의 규모는 동서 길이 27.1m, 남북의 너비 8m로 정면 10칸(동서), 측면 4칸(남북) 되었으며 벽체는 회벽으로 마감하고 붉은 색칠로 장식까지 하였다. 집안에는 남쪽과 북쪽에 기둥을 한 줄씩 더 세워 겹기둥을 이루었으며 건물 내부 전체를 하나의 통 칸으로 만들고 많은 사람들을 대상하여 일하기 편리하게 하였다.

바닥은 먼저 기와조각을 깔고 그 위에 흙을 마저 깔았다. 이외 바닥에는 구들 등 난방 시설의 흔적이 보이지 않고 다만 화로조각이 나온 것으로 보아 화로로 난방을 했던 것으로 추리된다. 집 문의 흔적은 발견하지 못했지만 다른 집들의 경우로 보아 남쪽에 있었던 것으로 짐작된다.

2차 집터의 몸체는 정면 7칸(28m), 측면 2칸(7.7m)으로 되었다. 몸체의 세 방 가운데서 동, 서 양쪽 방은 크고, 가운데 방은 작다. 이로 보아 가운데 방은 통로나 대기실 정도의 용도로 쓰였을 것이다. 양쪽 두 방은 많은 사람들이 일하기 좋게 되었다.

벽체는 돌로 쌓거나 흙으로 쌓은 것이 아니고 산자로 엮은 다음 여물 등을 섞은 진흙으로 초벽을 하고 거기에 모래 섞인 진흙으로 재벽을 하고 마감은 회칠을 하였다. 1차 집터의 경우 벽체에 일정한 부분의 힘을 받게 한 띠 기초를 한 반면, 2차 집터는 대부분의 하중이 기둥을 통해 주춧돌에 전달되게 한 가구식 구조(짜맞추는 구조)(架構式構造)이다.

2) 어화원(금원)

어화원(御花園)을 금원(禁苑-대궐안의 동산) 혹은 정원이라고도 한다. 어화원은 내성의 동쪽 성벽 이서와 궁성의 동쪽 성벽 이동에 있는데 둘레 길이는 537.6m이고 남북의 길이는 167m이며 동서의 너비는 69m이다. 어화원은 타원형으로 되었고 호수의 지금 깊이는 1.6m이다. 어화원은 1천여 년이 지난 지금에도 의연히 물이 고여 있다. 어화원은 뒤가 높고 앞이 낮은 완만한 경사를 이룬 앞이 탁 트인 지대에 자리 잡았다. 호심(湖心)에서 북으로 치우친 곳에 높은 섬을 만들고 정자를 지었던 자리가 있고 그 앞에는 큰 못을 팠고 못 앞부분에는 자그마한 섬 자리 하나가 있다. 즉, 호심에서 남으로 치우친 곳에 섬 하나가 있는데 높이 2m, 남북 직경 25m, 동서직경 15m이다. 못 안 북쪽에 치우쳐 2개의 인공 섬이 있고 못 바깥 좌우에도 가산이 각각 1개씩 있다. 못 안 2개의 섬은 둥그스름하고 정상은 평평하며 그 직경은 약 30m, 높이는 약 2.7m이다. 이 섬은 못을 인공으로 파면서 나온 흙으로 쌓은 것이다. 못 안 2개의 섬 위에는 각각 1개씩 8각 누정터(정자터)가 있다. 서쪽 섬 위에는 지금 주춧돌이 7개, 동쪽 섬 위에는 16개 보존되어 있다. 이곳에서 녹유를 바른 연꽃 모양의 기둥밑장식, 녹유기와, 막새 및 도금한 물건 조각이 많이 출토되었다. 이 정자는 녹유를 바른 연꽃 모양의 기둥 밑 장식과 도금한 금속으로 장식한 기둥을 세우고 녹유기와를 이은 8각 정자였을 것이라고 보아진다. 2개 섬의 밑 부분에는 다리를 놓았던 자리인 듯한 돌들이 있다. 이로 보아 당시 못가에서 섬[島]까지 또 정자와 정자 사이에 다리를 놓고 다녔을 것이라고 짐작된다.

연못 좌우 연안에 또 인공 산이 각각 1개씩 있다. 이 산도 못을 만들 때 파낸 흙으로 쌓아올려 만든 가산(假山)이라고 짐작된다. 산에는 아무런 집터자리도 없고 건축 유물도 발견하지 못하였다. 그러므로 당시 이 2개의 가산에는 진귀한 나무와 꽃을 심었을 것이라고 짐작된다. 동쪽 호안 가산의 높이는 4.1m이고 남북 직경이 34m이며 동서 직경이 34m이다. 서쪽 호안(호수) 가산의 남은 높이는 3.5m, 남북 직경이 46.4m, 동서 직경이 22.5m이다.

못 남쪽의 넓은 터에는 여러 채의 집을 지었던 자리가 있다. 어화원의 북쪽 한가운데 있는 집터는 동서 길이 24.15m이고 남북의 너비는 13.8m로서 바깥간과 속간으로 되었다. 바깥간에는 동서 양쪽에 각각 5개, 남북 양쪽에 각각 8개의 주춧돌이 있고 속간에는 동서 두 쪽에 각각 3개, 남북 두 칸에 각각 6개의 주춧돌이 있다. 속간 안에는 주춧돌이 없으므로 이 집은 기둥을 던 집이라고 할 수 있다. 이 집의 남쪽에는 3칸 2면의 현관이 달렸다. 집 좌우에는 긴 회랑 터가 있고 그 끝에 각각 3면 3칸의 자그마한 정자 터가 있다. 주춧돌 사이의 거리는 모두 3.45m다. 이 집은 그 규모와 위치로 보아 어화원의 중심에 있는 다락터인 듯하다. 중심 다락터 정면의 못 안에 2개의 섬과 그 섬위에 지은 정자터가 있다.

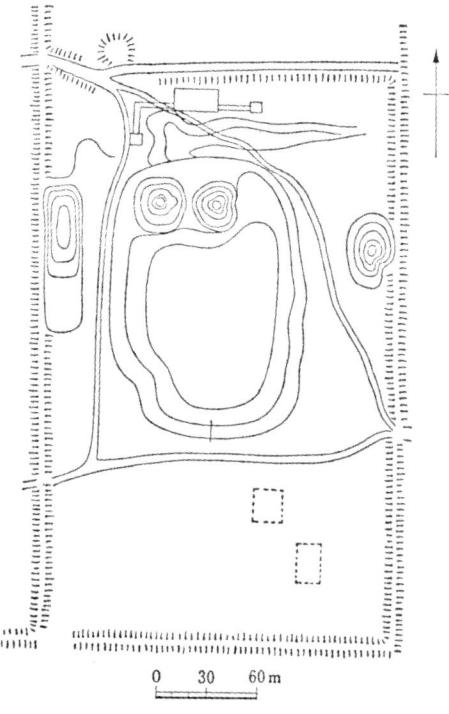

어화원 평면도

어화원 전경

어화원 정자 터의 주춧돌

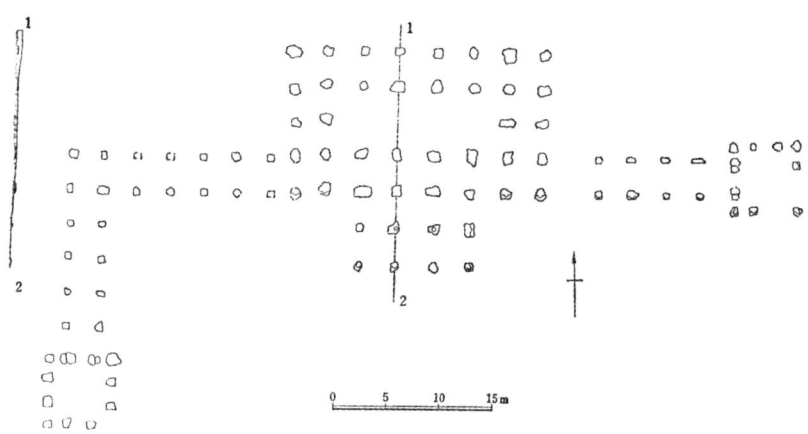

궁성정원 다락집터

어화원 다락집터 유적

(4) 발해도성의 변화, 발전 과정에서 나타난 몇 가지 문제

발해는 선후하여 오동성, 서고성, 팔련성, 상경성 등 4곳에 수도를 정하고 전국을 통치하였다. 도성의 변화와 발전 과정을 살펴보면 다음과 같은 몇 가지가 있음을 알 수 있다.

첫째, 발해 수도는 산성(山城)으로부터 평지성(平地城)으로 발전하였다. 대조영은 영주(營州)에서 읍루의 고지 동모산(東牟山)에 도착한 후 동모산에 의거하여 나라를 세우고 성을 쌓고 전국을 통치하였다. 그 후 점차 국세가 안정되고 지역이 확대되고 국력이 강해지자 평지성을 쌓고 천도하였다. 이리하여 평지성은 발해 대씨 통치 집단의 통치 중심이었을 뿐만 아니라 전국의 정치, 경제, 문화의 중심으로 되었다. 그 후 기원

926년 거란의 침입에 의해 망할 때까지 평지성을 줄곧 통치의 중심지로 삼았다.

둘째, 발해의 수도는 '回'자형의 평지성으로부터 내성이 외성의 북쪽에 치우쳐 위치해 있는 장방형성으로 변화하였다. 돈화 오동성을 발해의 첫 번째 평지성이라고 한다면 오동성의 형태는 '回(회)'자형으로 되었다. 그러나 그 후에 수축한 서고성과 팔련성, 상경성은 모두 내성이 외성의 북쪽에 치우친 장방형이다.

셋째, 발해의 도성(都城)은 동서향으로 놓인 장방형으로부터 남북으로 놓인 장방형으로 변하였고, 후에는 또 남북으로 놓인 장방형으로부터 동서향으로 놓인 장방형으로 그 형태가 변하였다. 물론 오동성과 서고성, 팔련성은 외곽성(外郭城)이 없고 상경성만이 외곽성이 있기 때문에 비교하기 어렵지만 오동성이든 서고성이든 팔련성이든 상경성이든 모두 발해 시기의 수도였다는 정체로 생각하고 고찰한다면 그의 변화 과정을 찾아볼 수 있다. 오동성은 동서로 놓인 '회(回)'자형 장방형이다. 서고성과 팔련성은 남북으로 놓인 장방형이다. 그러나 상경성은 동서로 놓인 장방형이다.

넷째, 발해의 수도는 외곽성이 없던 데로부터 있는 데로 발전하였다. 오동성, 서고성, 팔련성은 모두 외곽성이 없고 오직 황성(皇城-내성이라고도 한다)과 궁성(宮城)으로 형성되었다. 학계에서 습관적으로 외곽성이 없는 이 성들에 대해 내성을 외성으로, 궁성을 내성이라고 부르는데 이 성들은 실제상에서 상경의 내성(황성)과 궁성에 해당된다. 팔련성에는 외곽성이 있었다는 설(説)도 있지만 고고학적으로 아직 그 유지를 발견하지 못하였기 때문에 외곽성이 있었다고 긍정하지 못한다. 상경성은 외곽성이 있고 또 내성과 궁성이 있다.

다섯째, 발해의 궁성은 호위성(護衛城)이 없던 데로부터 있는 데로 발전하였다. 오동성, 서고성, 팔련성 등은 모두 궁성의 북쪽에 궁성을 보위하기 위해 증설한 호위성은 없다. 그러나 상경성만은 내성 북쪽 성벽과 외성 북쪽 성벽이 접한 부분에 궁성을 보위하기 위해 증설한 호위성이 있다. 그 기본 형태는 당나라 서울 장안성의 호위성과 비슷하다. 장안성에 증설한 호위성을 대명궁(大明宮)이라고 한다. 이로 보아 발해 수도 수축은 당나라 장안성의 기본 구조 형태를 본받았다는 것을 알 수 있다. 그러나 자세히 살펴보면 호위성 수축에서도 발해 자체의 특징이 있다는 것을 알 수 있다. 발해는 당나라의 선진문화를 적극적으로 받아들였을 뿐만 아니라 자기 나라와 민족의 실제 정황에 결부시켜 독특한 문화를 창조하였다.

여섯째, 발해의 수도는 작은 데로부터 큰 데로, 초라한 데로부터 완벽한 규모를 갖춘 데로 발전하였다. 오동성은 규모가 아주 작고 초라하였지만 서고성 때부터는 한 나라의 수도로서의 규모를 기본적으로 갖추었다. 발해 후기의 수도였던 상경용천부는 그 규모가 안전히 구비되어 《해동성국(海東盛國)》의 수도로 손색없는 대도시로 발전하였다. 상경은 당시 동북아시아에서 제일 큰 도시였다.

일곱째, 발해 수도는 흙을 다져 쌓은 성으로부터 돌로 쌓고 흙을 덮은 성으로 발전하였다. 오동성, 서고성, 팔련성은 모두 흙을 다져 쌓은 성벽이다. 그러나 상경성은 돌로 성을 쌓고 흙을 덮었다. 그리고 호위성과 외성의 북쪽성은 물론, 그 외의 일부 성벽도 먼저 돌로 쌓고 흙을 덮었다.

(5) 발해의 수도위성성곽방위체계

발해는 그가 존속한 229년 사이에 수도를 네 번 옮겼다. 첫 번째는 구국(舊國)에서 중경현덕부(中京顯德府-오늘의 화룡현 서고성)로 옮겼고, 두 번째는 755년 중경 현덕부에서 상경용천부(上京龍泉府-오늘의 흑룡강성 영안시 발해진)로 옮겼으며, 세 번째는 785년 상경용천부에서 동경용원부(東京龍原府-오늘의 훈춘현 팔련성)로 옮겼고, 네 번째는 794년 동경용원부에서 상경용천부로 다시 옮겼다.

발해는 구국, 중경, 동경, 상경 등 네 성을 수도로 정하고 있는 기간 그 수도성을 호위하기 위한 수도위성 성곽 방위 체계를 엄밀히 작성하고 튼튼히 가꾸었다.

구국, 중경, 동경, 상경 등 4개 수도위성 성곽 방위 체계 가운데서 중경과 상경의 두 개 방위 체계만 실례로 설명하겠다.

1) 중경 위성성곽방위체계

중경(中京-오늘의 화룡시 서성향 서고성)은 발해 제3대 문왕 대흠무가 기원 742년부터 755년 사이에 수도로 정하고 전국을 통치한 곳이다. 수도로 정한 시간이 비록 짧은 14년간이었지만 의연히 수도위성성곽방위체계는 엄밀히 이루어졌다.

중경의 위성성곽방위체계로 산성, 평지성, 보루(城堡), 장성(長城), 봉화대 등 시설이 엄밀히 이루어졌다.

중경 위성성곽방위체계에 속하는 산성(山城)으로 송월산성(松月山城), 팔가자산성(八家子山城), 양목정자산성(楊木頂子山城), 금곡산성(金谷山城), 선구산성(船口山城), 5호산성(五虎山城), 성문산성(城門山城)등이 있다.

송월산성은 화룡시 부흥향 송월촌(和龍市 富興鄕 松月村) 서남쪽에서 약 1km 떨어진 산위에 위치해 있다. 성은 불규칙적인 타원형이며 둘레의 길이는 2,480m이다. 송월산성과 서고성과의 거리는 약 34km이다. 송월산성은 서고성의 서남 방향에 위치하여 서고성을 호위하는 위성의 역할을 하였다.

팔가자산성은 화룡시 팔가자진(和龍市 八家子鎭) 남산위에 위치해 있다. 모양은 불규칙적인 '凹'자형이고 둘레 길이는 약 1,500m이며 성벽은 대부분 흙으로 쌓았고 국부적인 구간만은 흙과 돌을 섞어서 쌓았다. 성에는 망대와 못자리, 우물자리가 있다. 팔가자산성은 서고성에서 서남방향이고 거리는 공로(도로)를 가면 약 10km이고 직선거리는 7km 내외이다. 팔가자산성은 서고성 주변에서 제일 가까운 거리에 위치한 산성으로서 수도성을 호위하는 중요한 작용을 하였다.

양목정자산성은 서고성에서 동남방향에 위치해 있고 금곡산성은 동으로 약 49km 떨어진 곳, 선구산성은 동으로 50여km, 성자산산성은 동북쪽으로 약 50km, 오호산산성은 북쪽으로 약 60km 떨어진 곳에 위치해 있다. 이 산성들은 모두 서고성을 호위하는 중요한 위성(衛城)들이었다.

평지성으로는 장항고성(獐項古城), 하남고성(河南古城), 잠두고성(蠶頭古城), 하남툰고성(河南屯古城), 토성툰고성(土城屯古城), 고성촌고성(古城村古城), 영성고성(英城古城), 태양고성(太陽古城), 대회툰고성(大灰屯古城), 북대고성(北大古城), 성교고성(聖敎古城)등이 있었는데 이들은 모두 수도를 호위 하는데 있어서 중요한 작용을 하였다.

성새(城堡-보루)로 안전옛성새(安田古城堡)와 흥륭옛성새(興隆古城堡)를 들 수 있다. 안전옛성새는 왕청현 배초구진 안전촌 신화려(汪淸縣 百草溝鎭 安田村 新華閭)에서 서쪽으로 0.5km 떨어진 산꼭대기에 위치해 있다. 성벽은 쇄석(잡석)으로 쌓았는데 평면형태는 타원형이며 둘레 길이는 64m이다. 성새에 서서 동, 서, 남 세 방향을 바라보면 모든 경관이 일목요연하다. 이 성새는 흥륭옛성새와 마찬가지로 방어와 망대의 작용을 했을 것이다.

홍륭옛성새는 왕청형 중안향 홍륭촌에서 동남으로 1.5km 떨어진 산꼭대기에 위치해 있다. 성벽은 흙과 돌을 섞어 쌓았는데 타원형을 이루었다. 성의 둘레 길이는 352m이고 성내에 건물 유적이 몇 곳 있다. 홍륭옛성새의 남쪽에는 배초구 평원이 있고 북쪽에는 중안평원이 있으므로 지세는 매우 중요하다. 그러므로 성은 망대와 봉화대의 역할을 하였을 것이다.

봉화대로는 모아산돈대(帽兒山墩臺), 대돈대(大墩臺), 소돈대(小墩臺) 등이 있다. 모아산돈대는 연길시와 용정시 접경지대의 모아산 꼭대기에 위치해 있다. 돈대의 남쪽은 넓은 해란강 충적평원이고 북쪽은 부르하통하충적으로 이루어진 연길 하곡평지이다. 산기슭으로 연길-용정 도로가 통한다. 모아산 돈대는 당시에 있어서 매우 중요한 봉화대였다.

대돈대는 연길시 소영진 동흥촌(延吉市 小營鎭 東興村)에 위치해 있다. 돈대의 밑 직경은 60m, 높이는 17m, 꼭대기 직경은 약 20m이다. 돈대를 성새 혹은 봉화대라고도 한다. 돈대는 군사용 상비시설이다. 발해시기 이곳에 상비군을 주둔시켜 방어력을 강화하였다.

이외 또 장성(長城)을 수축하고 이용하여 수도 방위력을 강화하였다. 장성은 화룡시 토산향 동산촌(和龍市 土山鄕 東山村) 2도구(二道溝)의 산비탈로부터 시작하여 서성 북쪽, 세린하향, 팔도구향, 성자산북쪽, 부르하통하를 넘어 해란강 연안의 계림까지 이르렀다. 이를 통상 '백리장성'이라고 하는데 실제 거리는 300리 이다. '백리장성'은 고구려시기에 쌓고 발해시기에 계속 사용한 장성으로서 수도 서고성을 호위하는 중요한 작용을 하였다.

2) 상경 위성성곽방위체계

발해 제3대 문왕 대흠무는 753년 수도를 중경현덕부(中京顯德府-오늘의 화룡시 서고성)로부터 상경용천부(上京龍泉府-오늘의 흑룡강성 영안시 발해진)에 옮겨 30년간 통치하다가 785년에 또 상경용천부에서 동경용원부(東京龍原府-오늘의 훈춘시 팔련성)로 옮겼다. 그 후 성왕 대화여(成王 大華璵)시기에 수도를 다시 상경용천부로 옮겼다. 이때로부터 말대왕 대인선(大諲譔)이 요나라의 침략에 의해 망할 때까지 132년간 수도를 다시 움직이지 않았다. 상경용천부는 선후 162년 동안 발해의 정치, 경제, 문화의 중심이었다.

발해의 통치자들은 상경성의 안전을 도모하기 위해 여러 면에서 수도 위성 성곽 방어 체계를 이루기 위해 방어 시설을 강화하였다.

상경의 위성성곽방어체계로 산성, 평지성, 성새, 장성, 봉화대 등 시설이 엄밀히 짜여졌다. 상경위성성곽방위체계에 속하는 산성으로 성장립자산성(城墻砬子山城), 중진하산성(重唇河山城), 성자후산성(城子后山城), 9공리산성(九公里山城) 등이 있다.

성장립자산성은 흑룡강성 영안시 경박호(鏡泊湖) 풍경구의 중부서안의 높은 산 위에 위치해 있다. 산성과 상경성(上京城)과의 거리는 70여 리이다. 산성의 평면은 장방형이고 둘레 길이는 약 3,100m이다. 북쪽 성벽은 흙으로 쌓았고 서쪽 성벽과 남쪽 성벽, 동쪽 성벽은 돌로 쌓았다. 성에는 성문, 옹성, 망대, 저수지, 우물, 건물유지, 군사훈련장 등이 있다. 산성이 위치한 지세는 남이 높고 북이 낮으며 동서 양측은 언덕으로 되었고 가운데는 오목하게 들어갔기 때문에 남북으로 놓인 키모양으로 되었다. 성장립자산성은 수륙교통의 주요한 요충 지대 일뿐 아니라 상경성과 동경성 분지평원의 안전을 도모하는 중요한 군사요새였다.

성자후산성은 경박호 폭포에서 동북쪽으로 약 3㎞ 떨어진 산꼭대기에 위치해 있다. 산성의 동, 서, 북 3면은 모두 깊은 골짜기와 벼랑으로 되었다. 성은 목단강 오른편에 위치해 있는데 지세가 매우 험하며 수륙교통의 요충지이다. 성의 둘레 길이는 3,500m이다. 성자후산성도 성장립자산성과 함께 동경성 분지 평원과 상경성을 호위하는 위성의 중요한 작용을 하였다.

 구공리산성은 흑룡강성 해림현 장정진 구공리 기차역(黑龍江城 海林縣 長汀鎭 九公里 火車站)의 구공리 산위에 위치해 있다. 세속에서 '고구려 성'이라고 한다. 성벽은 토석 혼축이고 평면은 키모양이며 둘레 길이는 약 1,500m이다. 성에는 옹성과 망대 시설이 있다. 구공리산성은 발해 상경용천부를 수호하는 근기(近畿)의 주요한 성이었다.

 상경성 주변의 주요한 평지성으로 토성자고성(土城子古城), 우장고성(牛場古城), 남호두고성(南湖頭古城), 남성자고성(南城子古城), 대목단고성(代牧丹古城) 등이 있다.

 목단강변성(牧丹江邊城)은 흑수말갈의 남진을 막고 상경의 안전을 도모하는데 있어서 적지 않은 작용을 하였다. 목단강변성은 동으로 목단강 좌안의 강서촌 서쪽골 북산주봉에서 시작하여 서북쪽으로 뻗어 신풍남령, 하마탕립자, 만두산립자, 대왕립자, 이인석남령을 지나 해발 740m 되는 서북립자 북쪽 비탈에 이르는데 총 길이는 약 100리이다. 성벽은 지세와 축성자료에 따라 어떤 구간은 흙으로 쌓고 어떤 구간은 돌로 쌓았다. 성벽에는 또 치와 활 쏘는 구멍이 설치되어 있고 성벽 내 측에는 거주지 유적과 무덤들도 있다. 방위하는 방향은 북으로부터 남하하는 적을 막기 위한 것으로 시설되었다. 이로 보아 목단강변성은 흑수말갈이 남하하는 것을 막기 위한 군사 시설이었다는 것을 알 수 있다. 목단강변성은 목단강을 사이에 두고 남성자고성과 대칭을 이루고 있다. 목단강변성과 남성자고성은 흑수말갈의 남진을 막고 상경성을 호위하는 중대한 작용을 하였다.

 이상에서 서술한 바와 같이 발해는 수도의 안전을 도모하기 위해 수도방위체계를 튼튼히 하기에 힘썼다. 산에는 산성, 평지에는 평지성, 강변과 산꼭대기에는 성새, 긴요한 곳에는 망대와 봉화대, 험요하고 요충지로 되는 능선에는 장성을 쌓아 수도위성성곽방어체계를 형성하였다.

2. 발해의 살림집 건축

발해의 도성(都城)과 궁전(宮殿), 관부(官府), 평지성(平地城)과 성내시설, 산성(山城)과 성내시설, 사원(寺院)등에 대해 이미 『발해건축연구』, 『발해불교연구』, 『발해성곽연구』전문 저서에서 자세히 서술하였기 때문에 본문에서는 발해인들의 살림집 건축에 관련되는 몇 가지만 취급하려고 한다.

(1) 건국 전 원주민들의 살림집

발해국이 건립되기 전, 본 지역에는 주로 말갈족(靺鞨族)과 고구려족(高句麗族)이 거주하였다.

1) 말갈족의 살림집

발해국이 건립되기 전 말갈인(靺鞨人)들은 움집 혹은 반움집(半地穴式)의 거주생활을 하였다. 『수서(隋書)』에 의하면 '땅이 낮고 습하며 흙을 둑과 같이 쌓고 구덩이를 파서 거처하는데 출입구를 우로 향하게 내어 사다리를 놓고 드나든다(地卑濕 築土如堤 鑿穴以居 開口向上 以梯出入)'라고 하였고 『구당서(舊唐書)』에는 '집이 없고 산간이나 물가에 의지하여 움을 파고 그 위에 나무를 걸쳐서 흙으로 덮는데 모양은 마치 중국의 무덤과 같으며 서로 모여서 산다. 여름에는 수초를 따라 다니고 겨울에는 움 속으로 들어가 산다(无屋宇 幷依山水掘地爲穴 架木于上 以土覆之 狀如中國之塚墓 相聚而居. 夏則出隨水草 冬則入處穴中)'라고 하였다. 이는 발해국이 건립되기 전 말갈인들의 거주 생활 습성을 여실히 반영한다. 그러나 사회 생산력과 문화가 발전하고 고구려와 중원(中原)문화의 영향 아래에서 속말말갈과 백산말갈인들 가운데서 적지 않은 부분이 지상 혹은 반

지상 거주생활로 바뀌었다.

2) 고구려족의 살림집

고구려족의 거주 생활은 주로 통치계급의 거주 생활과 평민들의 거주 생활로 나누어 볼 수 있다.

통치계급의 살림집은 크고 화려하고 웅장하게 꾸렸다. 집은 기초를 튼튼히 다지고 토방 또는 돌로 쌓은 축대 위에 주춧돌을 놓고 기둥을 세웠으며 지붕에는 기와를 덮었다. 그의 좋은 실례로 고국원왕 무덤의 내부 구조와 벽화들이다. 즉, 서쪽 곁칸과 안칸은 살림방이고 동쪽 곁칸은 부엌, 외양간, 마구간, 방앗간, 우물, 창고 등 부대시설에 해당된다. 앞칸은 안뜰, 외랑은 뒤뜰, 무덤 안길은 대문간에 해당된다. 관료 귀족들의 집은 그 용도에 따라 지붕 형식은 배집지붕(맞배지붕), 모지붕(모임지붕), 우진각지붕, 합각지붕(팔작지붕) 등 여러 가지였고 큰 집은 두공을 써서 집을 높게 하고 통풍과 채광이 잘 되게 하였다. 통치계급의 집들은 높은 담장으로 둘러쌓여 있었다.

평민들의 집은 주로 지상 거주 생활을 하는 자그마한 집들이었는데, 집 가운데 한 줄로 기둥들을 세우고 그 위에 도리를 얹고 양면 경사의 지붕을 얹은 집으로서 서까래 끝은 담(돌과 흙으로 쌓은 담)위에 도리를 올려놓고 거기에 서까래를 걸쳐놓은 간단한 구조로 된 집들도 있고 또 앞 뒤 줄에 기둥을 세우고 도리를 건네어 중심도리(주심도리), 용마루와 연결하는 서까래를 둔 집도 있다. 모두어 말하면 고구려 평민들의 집은 주로 지상(地上) 초가집을 쓰고 살았다. 그러나 관료 귀족들과 부유한 사람들은 기와집을 쓰고 살았다. 『구당서』에는 고구려에서는 절간과 사당, 왕궁이나 관청에서만 기와를 얹었다고 하였는데 이는 고구려인들의 거주 생활의 일면을 보여준다. 고구려 지역에도 반지하의 움집 생활하는 것이 있었다.

고구려사람들은 빈부에는 관계없이 구들을 이용하여 방을 데웠다. 이것은 고대로부터 전해져 내려온 거주 생활 습성이다. 기후가 추운 이 지대에서의 주요한 난방시설이다.

고구려사람들은 창고도 잘 지었다. 『삼국지』권 30 「고구려 전」에는 집집마다 작은 창고인 '부경'이 있었다고 하였다. 부경(浮京)은 양식 창고이다.

고구려에서는 민간에서도 외양간, 마구간을 살림집의 한 부분으로서 부엌간에 곁달아 마련하는 습관이 있었다.

왕족이나 귀족, 부유한 계층은 집 가까이에 우물을 규모 있게 파고 용두레로 물을 퍼 올리었다. 평민들이 모여 사는 마을에서는 공동으로 우물을 파고 이용하였다. 이밖에 지대에 따라 샘물, 박우물 같은 것, 오염이 적은 하천(河川)도 널리 이용하였다.

(2) 발해인들의 살림집

1) 통치계급들의 살림집

왕족들은 화려하고 웅장하며 기와를 덮은 궁전(宮殿)에서 살았고 관료 귀족들도 화려 하고 웅장하게 꾸민 기와집에서 살았다. 발해 상경용천부 제4궁전(上京龍泉府 第四宮殿)은 '침전(寢殿)'이다. 침전은 기단위에 선 기와집으로서 회랑과 그 안에 동서로 길게 잇닿은 3개의 방으로 되었다. 기단은 길이 28.95m, 너비 17.31m인 동서로 놓인 긴 장방형이며 높이는 0.15m이다. 집안 바닥은 모래와 진흙을 펴고 그 후에 회를 발랐다. 남쪽 회랑의 주춧돌 위에는 연꽃을 돋우새긴 녹유를 바른 기둥 밑장식이 동그랗게 놓여 있었다. 방에는 모두 구들을 놓았고 구들 고래는 2개이다.

2) 평민 계층의 살림집

경제, 문화가 발전한 발해의 중심지구와 남부, 서부의 일반 평민들은 규모가 작고 구조가 간단하긴 하나 역시 실내에 칸을 나눈 지상건물(地上建物)에서 거주하였다. 이 건물은 모두 지붕을 풀로 덮은 초가집이었다.

변경지대와 낙후한 지구의 평민들은 지상건물 혹은 반움집, 움집에서 생활하였다. 흑수말갈(黑水靺鞨)은 주로 오늘의 흑룡강과 연해주 일대에서 살았다. 그들은 말갈족 가운데서도 비교적 낙후한 상태에 처해 있었다. 흑수말갈지역에서 발굴된 고고학 자료에 의하면 집터는 대부분 반움집(半地穴式)식이고 평면은 정방형이며 부뚜막이 있고 문길[門道]과 온돌이 없다. 부뚜막은 거주면의 중부에 있고 주위를 돌아가며 기둥을 세우고 천정에 구멍을 뚫고 사람이 드나들게 하였다. 세워놓은 기둥은 사다리의 작용을 하였다. 지붕은 나뭇가지 나무껍질 등으로 덮었는데 경사면이 두 면인 것도 있고 네 면인 것도 있다. 벽은 나무판 혹은 쪼갠 원목으로 무어 만들었다. 김태순 선생은 《발해시기의 평민 주택을 논함》

이라는 논문에서 발해 시기의 평민들의 주택은 초목결구의 반움집(草木結构的半地穴房址), 토목결구의 반움집(土木結构的半地穴房址), 토목결구의 지상건축(土木結构的地面建築)이라고 개괄하였는데 이 개괄은 주로 흑룡강성내 발해 유지를 발굴, 조사한 자료에 의해 지은 결론이다. 이런 결론은 실제에 알맞은 결론이다. 참고할 가치가 매우 크다.

3) 발해인들은 서로 모여서 살았다.

일본『유취국사(類聚國史)』권193에 '곳곳마다 마을이 있는데 모두 말갈부락이었다(處處有村里 皆靺鞨部落)'라 하였고『구당서(舊唐書)』에는 '… 모양은 마치 중국의 무덤과 같으며 서로 모여서 산다 ……(狀如中國之塚墓 相聚而居……)'라고 하였다.

4) 발해인들은 온돌 생활을 하였다.

발해인들은 빈부에 관계없이 온돌을 놓고 방을 덥혔다. 그러나 움집 혹은 반움집 생활하는 곳과 집들에서는 예외였다.

3. 불교 건축

발해의 사원(寺院)건축과 불탑(佛塔)건축 기술도 상당히 높은 수준에 도달하였다.

지금까지의 고고학발굴조사 자료에 의하면 발해국의 옛 지역 내에서 40여 개의 절간 자리를 발견 하였다. 그 가운데서 상경성에 있는 제1절간 자리와 제9절간 자리, 오매리(梧梅里) 절간 자리, 팔련성 동남절간 자리, 마제산 절간 자리에 대한 발굴 조사가 비교적 잘 되었다. 그 외의 절간 자리에 대해서는 앞으로의 새로운 발굴 조사 사업의 성과를 기다려

야 하겠다.

　40여 개 절간 자리의 규모는 각기 다르다. 그러나 대체로 대, 중, 소의 세 개 유형으로 나눌 수 있다. 대형에 속하는 것으로 상경성 제1, 제9절터를 들 수 있다. 상경성 제1절터의 정전(正殿)기단은 동서 50.66m, 남북의 너비는 가운데가 20m, 동서 두 쪽이 9.2m이다. 기단 위에 지어진 본채는 동서가 17.9m, 남북이 14.32m이고 곁채는 한 변의 길이가 6.9m인 방형이다. 이 정도의 정전은 당시로서는 아주 큰 규모의 정전 건물이라고 볼 수 있다. 이 절터는 건축 상에서 특수한 절간의 정전이다. 사명이 다른 본채[正殿]와 곁채[配殿]가 하나의 건축 용적으로 결합된 이 건물은 발해에서 새롭게 창조된 건축의 특징을 갖춘 것이라고 짐작된다. 이 절터에서는 절의 여러 집채 중에서 가장 중요한 법당(法堂)인 정전(正殿)만을 발굴하였다. 이 절터는 ㅐ모양으로 생긴 축대 위에 있는 바, 본채와 좌우의 곁채로 되었다.

　정전의 평면형태는 여러 가지였는바, 장방형으로 된 정전, 방형(方形)으로 된 정전, 근방형으로 된 정전, 회랑(回廊)이 있는 정전 등이다.

　절간의 건물 배치로는 주전(主殿-정전)만 설치된 것, 정전과 후전(後殿)으로 이루어진 2중 전식 건물 배치, 본채와 곁채 및 복도로 이어진 'ㅡ'자형 나열식 건물배치, 3중전 건물배치, 주전과 배전(配殿)으로 이루어진 절간자리, 탑 중심식 절간 건물 배치, 주전과 살림집 및 담장이 결합된 건물배치, 일탑일사(一塔一寺)가 결합된 분거식(分居式) 건물 배치, 정전, 담장으로 이루어진 절간, 회랑이 설치된 절간 건물, 석등탑이 있는 절간 자리 등이다.

　주전(主殿-정전) 건물의 구조를 살펴보면 기단은 모두 지면보다 높게 쌓고 지었기 때문에 주전은 높고도 웅장하게 보였다. 본채는 속간, 곁칸, 회랑으로 구성된 것과 단일집칸에 회랑이 결합된 것, 회랑이 없이 단일식간(單一式間)으로 된 것 등 세 가지 종류가 있었다. 주전 건물의 지붕은 심산 속에 지은 것이든 평원지대에 지은 것이든 도성 근처에 지은 것이든 도성의 외성(外城)내에 지은 것이든 할 것 없이 모두 기와로 지붕을 덮었다. 발해의 전 지역 내에서 절간 유지 40여 곳을 발견하였다. 모든 유적지에는 암기와, 수키와, 막새기와, 문자기와, 적수기와(암막새기와, 滴水瓦), 녹유기와, 처마기와, 치미, 귀면 등이 많이 산재해 있었다. 이러한 고고학적 자료는 40여개의 절간은 모두 기와로 지붕을 덮었다는 것을 설명하여 준다. 주전 건물은 기단석, 기초돌(초석), 기둥, 벽, 처마, 지붕에 이르기까지 많이 장식 하였다. 하여 주전건물은 경쾌하고 엄숙하며 웅장하고 화려하게 보였다. 그러나 그 절간의 위치, 지위, 작용, 명망에 따라 장식한 정도가 달랐다.

불교가 성행하고 사원이 흥기함에 따라 불탑(佛塔)도 적지 않게 일어섰다. 지금까지의 고고학 발굴 성과에 의하면 3개의 무덤 탑, 사원 내에 건축된 3개의 탑, 탑 터가 아닌가하고 의심하는 5개의 탑 터 등 11개 곳이 있다. 그 가운데서 영광탑을 실례로 설명하겠다.

영광탑(靈光塔)은 길림성 장백현(吉林省 長白縣) 현성에서 서북으로 1km 떨어진 탑산(塔山)의 서남 끝 평탄한 둔덕에 있다. 이 탑은 지금에 이르기까지 무너지지 않고 하늘 높이 우뚝 솟아 있는 오직 하나밖에 없는 발해 시기의 탑이다. 영광탑의 원명은 천여 년이란 오랜 역사가 흐르는 가운데서 일찍 실종되었다. 지금은 이에 대해 아는 사람이 없다. 청나라 이전까지 이 탑의 명칭에 대해 기록한 기재가 없다. 청나라 말기에 이르러서야 비로소 영광탑이란 이름을 갖게 되었다. 광서 34년 4월(1908년 5월)에 장봉대(張鳳臺)를 파견하여 장백부(長白府)를 설치한데 관한 각 항 사업을 맡아보게 하는 동시에 봉천성과 길림성의 탐계(勘界) 활동을 진행하도록 하였다. 장봉대는 장백에 이르러 취임하는 기간 옛 탑이 있는 것을 발견하고 그 탑이 오랜 세월을 경유하면서도 없어지지 않는데 대해 몹시 감탄하였다. 그는 이 탑이 한나라 때의 영광전(靈光殿)이 오랜 세월의 풍파를 겪으면서도 의연히 오늘까지 세상에 홀로 우뚝 솟아 있는 것과 같다고 하면서 영광탑(靈光塔)이라고 명명하였다. 이때로부터 이 탑을 영광탑이라고 부르게 되었다. 영광탑 기초 밑에는 지궁이 있다. 지궁 앞에는 무덤 안길과 무덤 바깥길이 있다. 지궁의 위치는 지상에 있는 무덤 탑의 방향과 같은 위치로 놓여 있다. 지궁은 좁은 장방형으로 되었는데 남북의 길이가 1.9m, 동서의 너비가 1.42m, 높이가 1.49m이다.[4] 지궁벽은 벽돌로 여러 층이 되게 쌓았고 방향은 탑의 방향과 같다. 바닥은 벽돌로 세층 펴고 판돌을 덮었다. 지궁의 벽과 윗부분에는 모두 회를 발랐는데 지금은 거의 다 떨어졌다. 벽과 위에 바른 회에는 그림을 그린 것이 없지만 간혹 붉은 색을 칠한 것이 있다. 이는 기둥 같은 것을 표시하는 간단한 벽화가 아닌가하고 짐작된다. 지궁 뒤 벽 밑 복판에서 동쪽으로 좀 치우친 곳에 돌로 쌓은 기단(臺座)이 있다. 기단 윗면은 평평하다. 이리하여 어떤 이들은 이 기단은 사리함(舍利函)을 놓았던 자리라고 주장한다.[5] 지궁의 윗부분은 판돌을 덮었다. 영광탑의 탑신(塔身)은 탑 기초위에 장방형벽돌과 규형벽돌(圭形磚), 다각형벽돌로 쌓였다. 높이는 12.86m이다. 탑신의 평면은 방형(方形)이고 높이는 5층인데 윗층으로 올라감에 따라 점점 안으로 좁혀졌다. 매 층의 정부(頂部)는 벽돌로 난간을 쌓았다. 난간 부분은 평행고임을 하였다. 탑찰(塔刹)은 탑신 위에 있는데 표주박형(葫蘆形)이고 높이는 1.98m이다. 탑신의 제1층 정면(正面-남쪽)에는 아치형 문이 하나 있는데 지면에서 80㎝ 높이에 있고 너비는 0.9m, 높이는 1.65m이다. 제2층, 제3층, 제5층 정면(남쪽면)에 방형(方形) 벽감(壁龕)을 각기 하나씩 설치하였다. 벽감을 감실(龕室)이라고도 한다. 벽감의 길이, 너비는 각기 약 20㎝이다. 탑신의 정면 제4층과 동서양측의 제2층으로부터 제5층까지에 모두 방형인 직릉창(直楞窓)이 있

---

4) 『장백현 문물지』, 71쪽.
5) 『박물관 연구』, 1984년 2기, 119쪽.

다. 직릉창(격자창)은 (세로로 살대를 끼운 형식인) 수격식(竪格式)으로 되었는데 한 변의 길이는 20㎝이다. 탑 안은 비었고 매 층의 탑정(塔頂)은 모두 궁륭식(穹窿式)으로 되었다. 제1층 아치형 문 위의 양측과 제1층 다른 3면의 난간 아래 정중(正中)에는 문자와 유사한 갈색꽃 무늬 벽돌을 쌓았다. 동서 양면의 것은 연꽃무늬 벽돌이고 남북양면은 구름무늬이다. 어떤 꽃무늬 벽돌이 놓인 형태는 도안화(圖案化)한 문자와 같다. 예하면 동쪽의 것은 '국(國)' 자형이고 남쪽의 것은 '입(立)' 자형이며 서쪽의 것은 '왕(王)' 자형이고 북쪽의 것은 '(土)' 자형이다. 이외 또 탑신 북쪽면의 제1층으로부터 제5층까지 이르는 사이에도 꽃무늬 벽돌을 쌓은 것이 있다.[6]

발해는 건축면에 있어서도 원유의 기초 위에서 적극적으로 당나라의 선진적 건축 기술을 받아들여 본지구와 본민족의 실제 정황에 알맞게 결합시켜 발해의 독창적인 건축 문화를 창조하여 발해 초기의 건축에는 고구려 건축 영향이 보이지만 중·후기부터는 당나라 건축 영향이 많이 보인다. 상경성 건축은 그의 좋은 실례이다. 그러나 또 발해 건축의 독특한 특징도 있다.

---

6) 『장백현 문물지』, 72쪽.

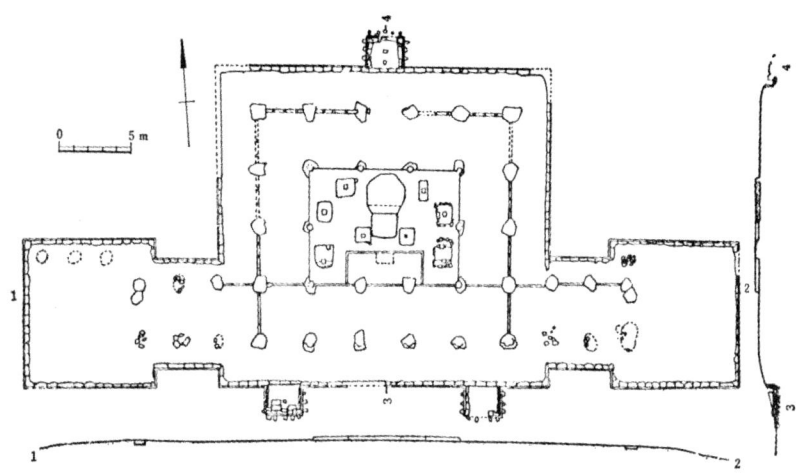

제1사찰터 평면도

제1사찰터 복원도

제1사찰터에서 출토된 치미

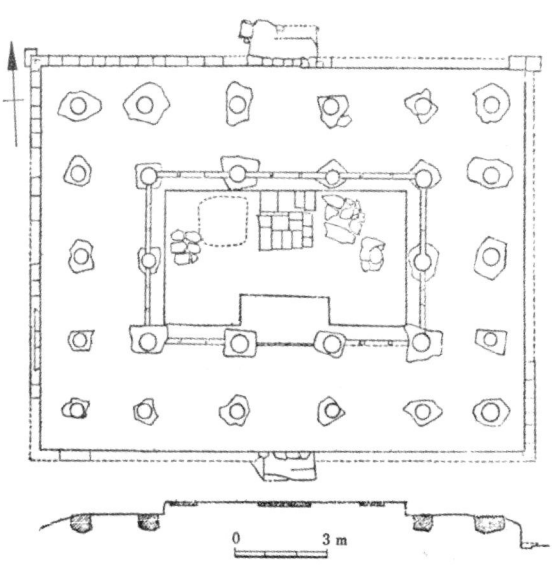

제9사찰터 평면도

영광탑

4. 교량 설계 기술

발해는 교량 설계 기술 방면에서도 상당히 높은 수준으로 발전하였다. 지금 다리(橋) 유적이 남아있는 곳은 상경성에서 서쪽과 북쪽 방향에 자리 잡고 있는 상관지(上官地), 우장(牛場), 하관지(下官地), 승리둔(勝利屯) 등이다. 이곳은 모두 상경성을 에워싸고 흐르는 목단강(牧丹江) 연안이다. 이 지역에서 발해 시기의 옛 다리 유지 다섯 곳을 발견하였다. 상관지 옛 다리 유지에 대해 당시 사람들은 '7공교(七孔橋)'라고 부른다. 그러나 실제로 조사한데 의하면 '7공교'인 것이 아니라 '7돈 8공교(七墩八孔橋)'이다. 다리 전체의 길이는 약 160m이고 다리 돈대(墩臺)와 돈대 사이의 거리는 17m이다. 이와 같이 큰 다리는 당시 동북 지역 역사에서는 보기 드문 것이었다. 돈대는 모두 큰 용암석으로 쌓아 올렸고 그 위에 나무로 다리를 놓았다. 그러므로 이 다리는 '석돈목교(石墩木橋)'라고 볼 수 있다. 아마 아치형식으로 다리를 놓는 기술을 채용한 듯하다. 그 외 네 곳에 있는 다리도 대체로 이와 같다.

5. 24개돌

발해의 '24개돌' 유지는 발해 건축을 연구함에 있어서의 진귀한 자료 중의 하나다. 때문에 역대로 발해사를 연구하는 많은 사람들의 주목을 받아왔다. 그러나 아직 원만한 결론을 얻지 못하고 있다.

발해의 '24개돌' 유지로는 강동 24개돌, 관지 24개돌, 해청방 24개돌, 요전자 24개돌, 경풍 24개돌, 석건평 24개돌, 경성군 24개돌, 회문리 24개 돌, 동홍리 24개돌, 송평구 24개돌 등 12개 유지가 있다. 아래에 강동 24개돌 유지 하나만 소개 하려고 한다.

(1) 강동 24개돌 유지(江東 二十四塊石遺址)

강동 24개돌 유지는 돈화시 시내의 동남쪽에 있는 높은 언덕위에 자리 잡고 있다. 북쪽으로 오동성(敖東城)과 강을 사이에 두고 마주하고 있다. 유지의 주위는 지세가 평탄하고 개활된 지대이다. 유지가 놓인 방위는 남북으로 배열된 방향이다. 남쪽으로는 돈화에서 연길, 영안으로 통하는 교통로가 있고 동쪽에는 강동향공소사(江東鄕供銷社)와 길을 사이에 두고 마주하고 있으며 서쪽에는 장도철로(長道鐵路)가 있고 북쪽으로 300m 떨어진 곳에 목단강(牧丹江)이 남에서 북을 향해 흐른다.

24개돌은 그 재료가 모두 현무암(玄武岩)이고 세 줄로 나뉘어 남북으로 배열되었다. 유지의 동서의 길이는 10.53m이고 남북의 너비는 7.85m이다. 북쪽 줄의 길이는 10.15m이고 8개의 초석이 놓였다. 중간 줄의 길이는 9.90m이고 동쪽으로부터 네 번째 초석이 없다. 남쪽 줄의 길이는 10.53m인데 8개의 초석이 놓여있다. 줄과 줄 사이의 거리는 2.30m이다. 초석과 초석 사이의 간격은 일반적으로 0.5m라고 하지만 실제는 각기 다소의 차이가 있다. 남으로부터 첫 번째 줄의 매개 초석간의 거리를 살펴보면 동쪽에 놓인 첫 번째 초석과 제2초석간의 간격은 30cm, 제2초석과 제3초석과의 거리는 50cm, 제3초석과 제4초석간의 간격은 40cm, 제4초석과 제5초석 사이의 간격은 30cm, 제5초석과 제6초석 사이의 간격은 30cm, 제6초석과 제7초석간의 간격은 47cm, 제7초석과 제8초석 사이의 간격은 70cm이다. 제1초석 윗부분 중심과 제2초석 윗부분 중심과의 거리는 1.20m, 제2초석 윗부분 중심과 제3초석 윗부분 중심과의 거리는 1.40m, 제3초석 윗부분 중심과 제4초석 윗부분 중심과의 거리는 1.20m, 제5초석 윗부분 중심과 제6초석 윗부분과의 거리는 1.30m, 제6초석 윗부분 중심과 제7초석 윗부분 중심과의 거리는 1.45m, 제7초석 윗부분 중심과 제8초석 윗부분 중심과의 거리는 1.60m이다. (제8초석이 서쪽으로 기울어졌기 때문에 다른 초석들의 간격보다 더 넓다) 제1초석의 직경은 80cm, 제2초석의 직경은 70cm, 제3초석의 직경은 60cm, 제5초석의 직경은 40cm, 제7초석의 직경은 80cm, 제 8초석의 직경은 80cm이다. 초석이 가장 높이 지면에 드러난 부분을 기준하여 보면 제1초석의 높이는 80cm, 제2초석의 높이는 50cm, 제3초석의 높이는 40cm, 제7초석의 높이는 60cm, 제8초석의 높이는 80cm이다.

각 줄의 동서 두 끝에 놓인 초석 윗부분을 평평하게 잘 다듬고 홈을 팠다. 그 구체적인 상황은 다음과 같다. 앞줄(제1행) 동쪽으로부터 첫 번째 돌의 윗부분을 잘 다듬고 가운데에 남북향으로 길이 60cm, 너비 33cm, 깊이 2cm 되도록 쪼아 팠고, 남북 두 끝에는 또 깊이 3cm 되도록 더 팠다. 앞줄 서쪽의 첫 번째 돌도 윗부분을 잘 다듬고 복판에 남북 향으로 길이 60cm, 너비 40cm, 깊이 2cm 되도록 쪼아 파고 남북 두 끝부분은 또 깊이 4cm 되도록 더 팠다. 가운데 줄 동쪽 첫 번째 초석의 윗부분도 잘 다듬고 남북 향으로 길이 62cm, 너비 34cm, 깊이 1cm 되도록 홈을 파고 남북 두 끝에 도 깊이 3~4cm 되도록 파서 턱을 만들었다. 가운데 줄 서쪽 첫 번째 초석의 윗부분도 잘 다듬은 다음 남북 향으로 길이 79cm, 너비 45cm, 깊이 2cm 되도록 파고 다시 남북 두 끝을 깊이 4cm 되도록 팠다. 뒷줄의 동쪽 제1초석도 윗부분을 남북 향으로 길이 79cm, 너비 40cm, 깊이 2cm 되도록 팠고 남북 두 끝에 깊이 3cm 되도록 다시 더 깊이 팠다. 뒷줄 서쪽 첫 번째 초석도 윗부분을 남북향으로 길이 70cm, 너비 40cm, 깊이 1cm 되도록 쪼아 판 다음 또 남북 두 끝에 깊이 3cm 되도록 파서 턱을 지었다. 이러한 정황은 건물 기재가 좌우, 전후 4면으로 움직이지 못하도록 하기 위한 것이다.[7] 매개 돌의 윗부분은 비교적 평평하게 만들었는데 지금도 그 가공한 흔적이 알리며 윗부분의 직경은 약 0.8m이다. 돌의 밑 부분은 흙에 묻혀 있고 지면에 드러난 부분의 높이

---

7) 방학봉 주편, 『발해사 연구』 (2), 연변대학출판사, 1991, 116~117쪽

	유지 명칭	방위	석질과 짜임새	현존 초석	유지 너비 동서	유지 길이 남북	줄 사이 간격	둘 사이 간격	초석 높이	초석 윗면 직경	출토된 유물	주변 유지
1	강동 24개 돌유지	남북으로 놓였다. 육정산 발해무덤 과의 거리는 6km 교통로 연선	현무암 3행배열. 매 줄에 8개.	23개	10.53m	7.85m	2.3m	0.30~0.5m	지면에 드러난 부분이 0.8m	0.8m	천무늬 기와, 수키와, 기스락 기와	오동성 과 목단 강을 사 이 두고 있다.
2	관지 24개 돌유지	동서향, 목단강 동쪽에 위치. 교통로 연선	현무암. 세줄로 배열. 한 줄에 8개	22개	9.05m	10.6m	2.7m~3m	0.30~0.8m	0.15~0.5m	0.75m	천무늬 기와조 각, 질 그릇 조 각	서남 2.5km 떨어진 곳에 석호 옛성이 있다
3	해청방 24개 돌유지	교통로 연선. 목단강 동쪽. 남북향	현무암. 세줄로 배열. 매 줄에 8개	24개	10.38m	8.28m	2.80~3m	0.30~0.80m	노출 부분의 높이 40cm	0.75m	천무늬 기와, 암키와 조각. 수키와, 조각. 기스락 기와조 각.목탄 가루와 굽은 흙	
4	요전자 24개 돌 유 지	남북향. 목단강 서쪽연안	현무암. 세줄로 배열. 매 줄에 8개	22개	9.5m	7.8m	2.60~m	0.50~0.80m	0.3~0.5m	가장 작은 것이 0.35m 일반적 으로 0.6~0.7m	암키와 조각. 수키와 조각. 기스락 기와	동으로 0.5km 떨어진 곳에 건 축유지, 북쪽산 상에 성새
5	경풍 24개 돌유지	동서향		5개							회색 천무늬 기와	서쪽으 로 5리 떨어진 곳에 남호두 옛성

6	완구 24개 돌유지	동서향	세줄로 배열. 매 줄에 8개. 기단높이1m. 기단의 남북모서리 각각 3m. 동서모서리 각각 5m. 기단 남쪽 부분에 층계가 있다.	24개	9.3m	7.8m		0.5m	1m	천무늬 기와. 굽은 흙기스락 기와	남으로 약10리 떨어진 곳에 완구 옛성터
7	마패 24개 돌유지	동서향 동쪽에 두만강	5각초석. 세줄로 배열. 줄마다 8개	9개	10여m	약 7.5m	움직여져불명확	움직여져불명확	0.9m	0.65m		
8	석건평 24개 돌유지	동서향. 동으로 500m 떨어진곳에 두만강	5각 초석	6개	대략 8m	대략 20m 라고 농민들이 반영하였다.			0.85m	0.60m	천무늬 암키와 조각	
9	경성군 24개 돌 유지											
10	회문리 24개 돌유지		세줄로 배열, 줄마다 8개, 정면7칸 측면2칸		7.8m	10m	3.9m		0.7~0.9m	0.7~0.9m	기와 조각, 자기 조각, 도기 조각,	어랑군 내에 지방리 산성과 어리천 강안 보루가 있다.
11	동흥리 24개											
12	송평구 24개 돌유지											

는 0.8m이다. 초석의 지변 밑에는 0.5m 되도록 흙으로 쌓은 층이 있고 그 아래에 두께 0.9m 되는 쇄석(碎石)과 흙을 혼합하여 쌓은 층이 있다. 24개 돌은 세 줄로 나누어 한 줄에 8개씩 배열되었기 때문에 쇄석기초(碎石基礎)도 세 줄로 나뉘어졌을 것이다. 줄과 줄 사이의 간격에는 흙층으로 되었을 뿐 쇄석기초가 없다. 유지 내에는 적갈색과 회색의 천무늬기와, 수키와조각, 기스락기와[滴水瓦] 등이 많이 널려있다.[8]

강동 24개돌 유지에는 응당 24개의 초석이 있어야 한다. 그러나 1개가 유실되고 지금 남아 있는 것이 23개이다. 1개 돌이 언제 어떻게 유실되었는지에 대해 알 수 없다. 청(淸)나라 때의 문헌기재에 의하면 100여 년 전에 사람들은 이곳에서 23개 밖에 보지 못하였다고 한다. 때문에 100여 년 전에 이미 유실되었다는 것을 알 수 있다.

유지의 주변에 암키와, 수키와, 기스락기와 등이 산재해 있는 것으로 보아 이 집은 기와지붕의 건축물이었음을 알 수 있다.

강동 24개돌 유지에서 서남쪽으로 6km가면 발해 시기의 무덤떼인 육정산 옛무덤떼가 있고 육정산 무덤떼에서 정남으로 4km가면 영승(永勝) 유지가 있다.

---

8) 《돈화시 문물지》, 79쪽

(2) '24개돌 유지'에 대한 초보적인 생각

지금까지 사학계에서 '24개돌 유지'를 해석한 정황을 귀납하면 대략 일곱 가지 서로 다른 관점이 있다.

첫 번째 해석은 사묘(寺墓) 혹은 궁전(宮殿), 관청(官廳)터라는 것이고 두 번째 해석은 발해 왕족들이 죽으면 상경에서 구국에 가져다 묻을 때 잠시 영구를 놓아두던 곳이며 세 번째 해석은 발해왕실의 기념물이라는 것이다. 네 번째 해석은 곡식 창고라는 것이고 다섯 번째 해석은 제를 지낼 때 쓴 건축 터이며 여섯 번째 해석은 사람들이 숭배하는 신석이라는 것이다. 일곱 번째 해석은 역참이다. 이중에서 역참설이 비교적 신빙성이 강하다.

위와 같은 정황에 따라 다음과 같이 필자의 생각을 이야기하고자 한다.

1) '24개돌 유지'는 오직 발해 때에만 있는 특수한 유지이다.

고구려는 근 700년 동안 존속하면서 유구한 문화와 빛나는 역사를 창조하였다. 그러나 지금까지 광대한 고구려 옛 지역 내에서 발해의 '24개돌유지'와 같은 유적지를 발견 못하였다. 그리고 요나라나 금나라의 서울 일대거나 그들의 기타 지역 내에서는 종래로 '24개돌 유지'와 같은 유적지를 발견한 적이 없다. 단지 마패 24개돌 유지에서만 발해시기의 유물과 함께 요·금시기의 유물 즉 기스락기와[滴水瓦], 사개기와[樺頭瓦], 수면기와[獸面瓦]등이 출토되었다. 이 사실은 발해시기에 건축 되어 사용하였는데 발해가 멸망된 후 요와 금나라 때에 그대로 사용하였다는 것을 설명한다. 청나라 시기의 많은 유적 가운데에도 24개돌 유지가 없다. 24개돌 유지는 발해 상경용천부로부터 구국 오동성에 이르는 목단강유역과 개산둔(開山屯)으로부터 도문(圖們)까지 가는 사이의 두만강 성안, 왕청현 백초구진(汪淸縣 百草溝鎭)으로부터 왕청진에 이르는 가야하(呀嘎河)유역인 서위자(西崴子), 조선 동해안 일대에 속하는 경성과 회문리, 동흥리, 송평구 등 지역에서 발견되었다. 지금까지 발견된 정황에 의하면 상경용천부로부터 구국 오동성에 이르는 목단강 유역에 집중되었는데 그 수는 도합 6개 곳이다. 이상과 같은 사실에 근거하여 '24개 돌 유지'는 오직 발해 시기에만 있는 건축물터, 발해 사람들이 남겨 놓은 특수한 유적지라고 결론짓게 된다.

2) '24개돌 유지'는 틀림없는 건축유지이다.

24개 돌은 그 위에 건물을 지었던 주춧돌이다. '강동 24개돌유지' 주춧돌의 밑 부분은 흙에 묻혀있고 지면 이하로 0.5m 좌우는 흙을 다져 쌓았고 그 아래에 두께 0.9m 되는 쇄석과 흙을 혼합하여 쌓은 층이 있다. '요전자 24개돌 유지' 주춧돌은 현유의 지면에서 지면 이하로 약 20~25cm는 흙을 쌓은 층이고 그 아래로 25~80cm[9])는 흙과 돌을 섞어 만든 층이 있다. 어떤 초석 밑은 보드라운 모래와 자갈을 단단히 다져 만든 기초가 있다. 어떤 초석에는 홈을 쪼아 판 것이 있다. 예를 들면 '강동 24개돌 유지'의 매개 줄 두 끝에 있는 초석에는 모두 깊이 3.5cm, 너비 40cm 되도록 오목하게 쪼아 판 것이 있다. 이는 그 위에 세우는 건물 기재가 좌우로 움직이지 못 하도록 한 것이다. 지금 상경용천부 터에 남아 있는 궁전 터의 주춧돌도 그 위에 세우는 궁전의 모양, 규모, 짜임새에 알맞게끔 여러 가지 형태로 쪼아 판 것이 보존 되어 있다. 그리고 유지에서는 또 목탄과 구운 흙(紅燒土)이 출토되는데 목탄의 발견은 초석 위에 목조 건물이 있었다는 것을 증명한다. 그리고 또 암키와, 수키와, 기스락기와조각 등이 출토 되는데 이는 이 기초 위에 세워진 건물의 지붕에는 기와를 덮었다는 것을 설명한다. 이상과 같은 사실로 보아 '24개돌 유지'는 건축유지라고 확인한다.

---

9) 《돈화시 문물지》, 83쪽.

24개돌 유지를 건축유지라고 확정한다면 그는 어떠한 건물 터였을까? 24개돌 유지는 그 어떤 사찰이거나 궁전, 관부(官府)와 같은 건물이 아니라는데 대하여 위에서 이미 서술하였기에 여기에서 부연하려 하지 않는다. 그러면 '일반 사택(舍宅)이 아니었을까?' 하는 의문도 생긴다. 그러나 자세히 살펴보면 일반 사택이 아닌 그 어떤 특수한 건물이라는 것을 느끼게 된다.

 왜냐하면 첫째, 당시의 사회경제와 역사 조건 하에서 그리고 광범한 백성들이 통치자들의 가혹한 착취와 압박을 받아 간고하고도 고통스러운 생활을 하는 형편에서 거석(巨石)의 기초 돌을 깔고 기와를 덮은 집을 짓고 살 수 없었다. 그러므로 이는 일반 백성들이 거주하는 자택일 수 없다. 둘째, 『신당서(新唐書)』「동이전(東夷傳)」에 의하면 "사람들은 산곡에 의지해 살면서 풀로 지붕을 이었다. 그러나 왕궁과 관부, 사원만은 지붕을 기와로 이었다.(居依山谷 以草?屋 惟王宮 官府 佛虛以瓦)"라고 하였다. 이 기록으로 보아 고구려에서 왕궁, 관부, 사원은 지붕을 기와로 이었고 일반 백성들의 집은 지붕을 풀로 덮은 초가집에서 살았다는 것을 알 수 있다. 발해 시기에도 마찬가지였을 것이다. 셋째, 만약 일반 자택이었다면 그렇게도 엄격하게 대소와 규모가 기본상 같게 지을 필요를 느끼지 않을 것이다. 24개돌 유지는 한 줄에 8개씩 3줄로 도합 24개 돌로 계획된 건축 터이다. 때문에 이는 통일적으로 계획된 규모의 집터이지 일반 백성들의 자택이 아니다. 넷째, 24개돌 유지는 상경성에서 돈화로 가는 목단강 연안과 동경용원부에서 상경용천부로 가는 두만강 구간 우안, 중경 현덕부에서 상경용천부로 가는 구간, 남경 남해부의 소재지 북청에서 동경용원부로 가는 함경북도 동해안 등 주요한 교통로 연선에 있고 기타 지역에서는 지금까지 발견된 것이 없다. 이상의 네 가지 사실로 보아 '24개돌 유지'는 발해 일반 자택이 아니라 특수한 건축물이라는 것을 알 수 있다.

3) '24개돌 유지'는 역참 터이다. 그 주요한 근거는 다음과 같다.

첫째, 지금까지 발견된 11곳의 24개 돌 유지는 모두 발해국 경내의 주요한 교통로 연선에 위치해있다.

『신당서』「발해전」에 의하면 '용원 동남은 바다에 임하였는데 일본으로 가는 일본도이며 남해는 신라로 가는 신라도이고 압록은 조공도이며 장령은 영주도이고 부여는 거란도이다 (龍原東南瀕海日本道也 南海新羅道也 鴨綠朝貢道也 長嶺營州道也 夫餘契丹道也)'라고 하였다. 이는 발해국이 대외로 통하는 주요한 교통로이다. 이와 마찬가지로 국내에도 주요한 교통로가 있었는데 서울에서 5경(五京) 소재지로 통하는 길은 국내 여러 갈래 길 가운데서 가장 중요한 교통로였다. 즉 상경성(상경용천부를 가리킴)에서 구국(舊國-오늘의 길림성 돈화시)으로 통하는 길, 동경용원부에서 상경용천부로 통하는 길, 중경 현덕부에서 상경용천부로 통하는 길, 남경 남해부에서 동경으로 통하는 길 등이다.

24개 돌 유지는 바로 발해국 내의 주요한 교통로 연선에서 발견되었다. 예를들면, 구국으로부터 상경용천부에 이르는 목단강 연안에 강동 24개돌 유지, 관지 24개돌 유지, 해청방 24개돌 유지, 요전자 24개돌 유지, 경풍 24개돌 유지, 완구 24개돌 유지 등 6곳 유적이 발견되었다. 개산툰으로부터 도문시에 이르는 두만강 우안 구간에서 2곳이 발견되었고, 중경현덕부에서 상경용천부로 가는 구간에서도 1곳이 발견되었다고 하며 함경북도 동해안에서 4곳이 발견되었다. 이미 확인된 것과 발견되었다고 하나 아직 완전히 확인되지 못한 것까지 합하면 13개 곳이 된다. 이와 같이 24개돌 유지는 발해국 국내의 주요한 교통로 연선에 분포 되어 있는 정황으로 보아 24개 돌 유지는 역참이었다는 것을 알 수 있다.

둘째, 지금까지 발견된 24개돌 유지는 그 모두가 모양새, 짜임새, 크기, 재료 등 여러 가지 면에서 기본적으로 같다는 점이다. 24개돌 유지의 초석은 세 줄로 배열되고 매개 줄에 8개씩 도합 24개돌이 놓였다. 줄과 줄 사이의 거리는 3m이다. 초석(礎石)은 거의 다 현무암(玄武巖)을 채용했고 유지는 부근에서 높은 지대를 선정하고 쌓은 기단위에 초석을 놓았다는 점들은 완전히 일치한다. 그리고 초석의 체적과 형태도 기본적으로 같으며 초석과 초석 사이의 간격, 매 줄과 줄 사이의 간격, 초석의 높이, 초석 윗면의 직경과 윗면을 평평하게 쪼은 것, 출토된 유물, 유지의 총면적 등은 유지마다 약간의 차이는 있지만 대체로 보아 기본적으로 같다. 이러한 사실은 발해령 역내의 각지에 건축된 '24개돌 유지'는 그 어떤 통일된 모양, 규격, 재료, 크기와 요구에 따라 지어진 것이라는 것을 알 수 있다. 초석의 크기에 따라 그 위에 세워지는 기둥과 집의 크기를 짐작할 수 있다. 돈화시 '강동 24개돌 유지'에 놓여 있는 초석의 평균 직경은 70㎝이고 평균 높이는 50㎝이다. 그러므로 이러한 초석 위에 세워지는 기둥과 건물은 일반적인 주택건물이 아닌 그 어떤 특수한 건물이었겠다고 짐작할 수 있다. 때문에 24개돌 유지는 각 지방에서 마음대로 짓고 관리한 것이 아니라 국가의 통제와 계획 하에서 통일된 규격과 요구에 따라 짓고 통일 관리하였다는 것을 설명한다. 발해국 국내의 주요한 교통로연선에 설치된 역참은 위와 같은 규격과 요구에 부합된다고 짐작한다. 때문에 '24개돌 유지'는 발해국 시기 국내의 주요한 교통로 연선에 설치된 건축유지라고 생각된다.

　강동 24개돌 유지의 기초 돌의 평균직경이 70㎝이고 평균 높이(두께)가 50㎝인 것으로 보아 그 위에 세워진 기둥은 실하고도 높았을 것이다. 그러면 얼마나 실하였는가? 이는 기초돌 윗면 즉 기둥이 놓이는 초석 표면의 직경, 기초 돌의 두께, 초석위에 가로 놓은 횡간목(橫干木)의 너비에 의해 기둥의 실한 정도를 짐작 할 수 있다. 매개 줄의 동서 두 끝에 놓인 초석의 윗부분은 모두 평평하게 잘 다듬고 가운데에 남 북향으로 길이 60㎝ 혹은 73㎝, 너비 33㎝ 혹은 40㎝, 깊이 2~3㎝ 되도록 쪼아 팠고 남북 두 끝에는 또 깊이 3~4cm 되도록 더 팠다. 이러한 사실은 이 초석 위에 세워진 기둥의 크기는 횡간 목을 놓을 수 있게끔 쪼아 판 초석의 너비 33~40cm 정도의 직경을 가진 기둥이거나 혹은 그보다 더 큰 기둥이었을 것이고 그보다 작지는 않았을 것이라는 것을 짐작케 한다. 만약 33cm를 직경으로 했을 경우에는 기둥의 둘레길이는 125cm이었을 것이다. 둘레 길이 103cm이었을 것이며 40cm를 직경으로 했을 경우에는 기둥의 둘레 길이는 125cm였을 것이다. 둘레 길이 103cm와 125cm의 기둥은 비교적 크고 실한 기둥이다.

유지에는 천무늬기와, 수키와, 기스락기와 등이 많이 널려 있고 질그릇과 불에 구워진 흙이 출토 되었다. 벽돌은 출토되지 않는다. 그러므로 이 집은 나무 기둥에 흙벽을 하고 기와를 덮은 비교적 웅장한 건물이었다고 생각된다. 이 건물은 한 줄에 초석 8개가 배열되고 세 줄로 놓인 건축 타이프로 정면 7칸 측면 2칸의 집터이다.

강동24개돌 주춧돌1

강동24개돌 주춧돌2

강동24개돌 주춧돌3

강동24개돌 주춧돌4

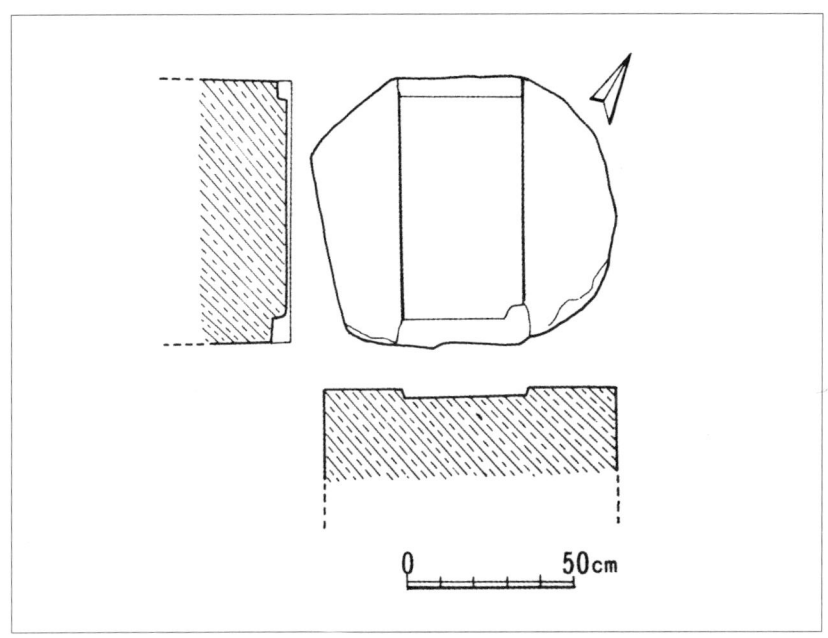

강동24개돌 실측도

요전자 24개돌 유지에서 출토된 적수기와

강동24개돌유지 평면도

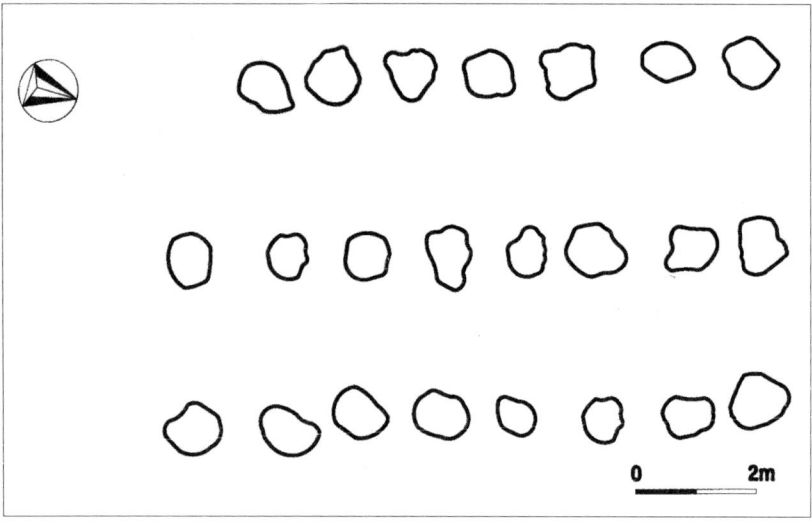

관지24개돌유지 평면도

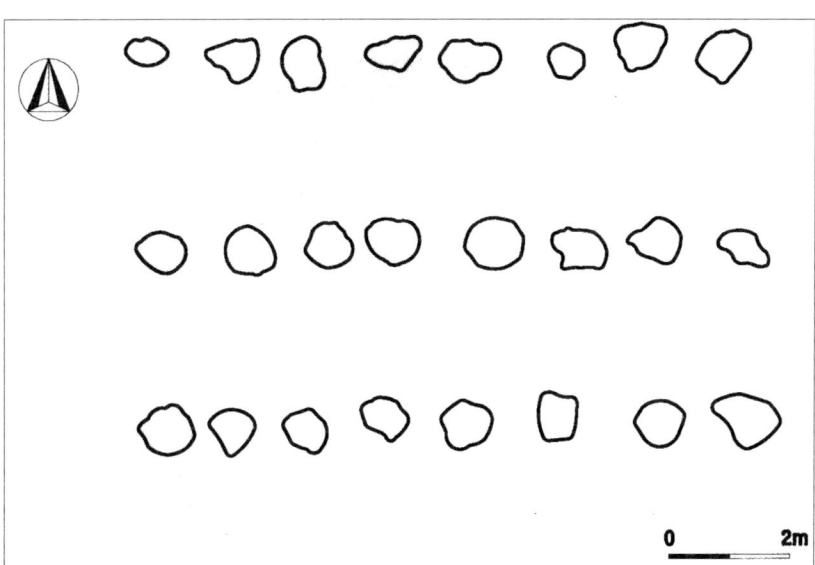

해방청24개돌 유지 평면도

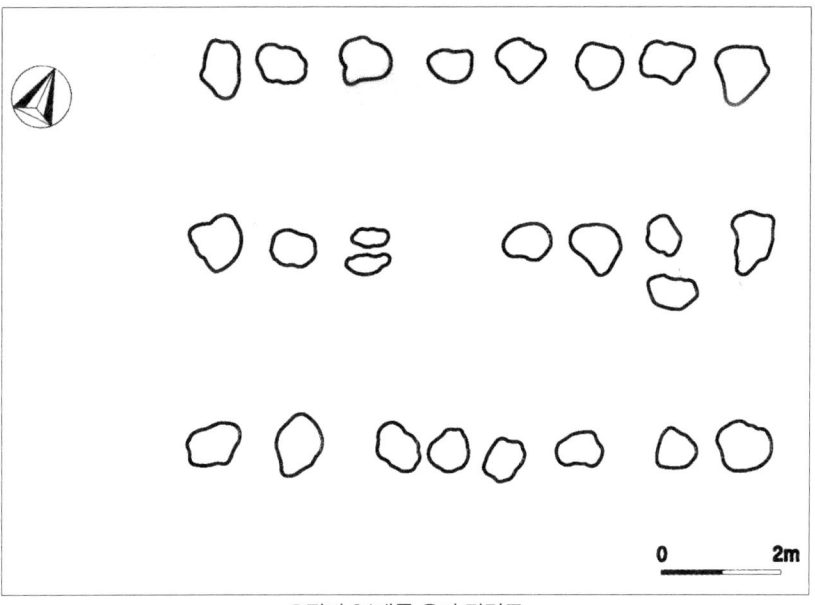

요전자 24개돌 유지 평면도

[부록 1]

1. 渤海世系表 발해세계표

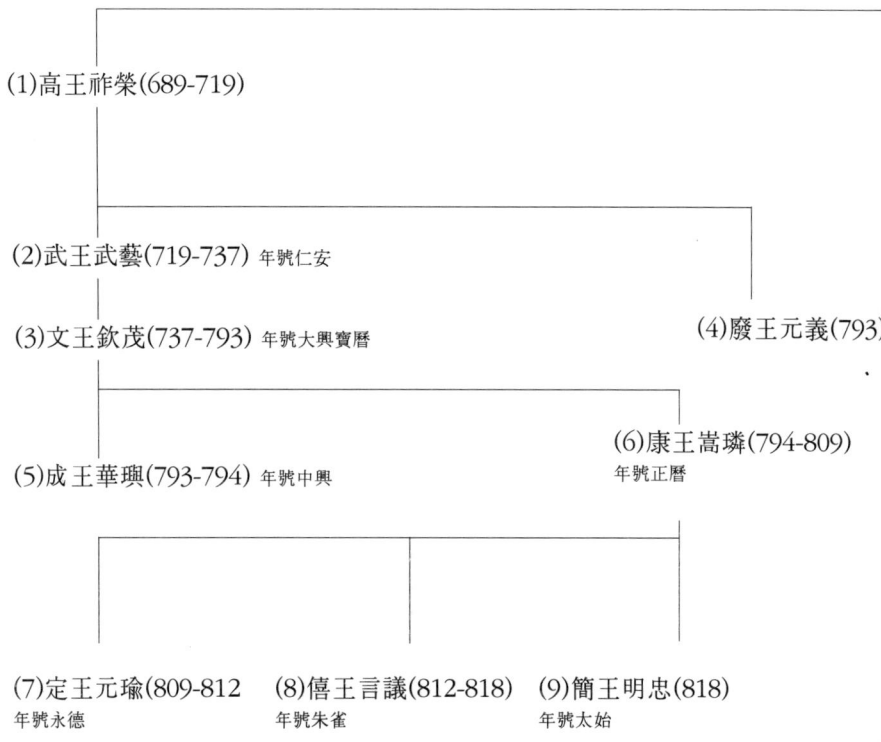

(1)高王祚榮(689-719)

(2)武王武藝(719-737) 年號仁安

(3)文王欽茂(737-793) 年號大興寶曆

(4)廢王元義(793)

(5)成王華璵(793-794) 年號中興

(6)康王嵩璘(794-809) 年號正曆

(7)定王元瑜(809-812) 年號永德

(8)僖王言議(812-818) 年號朱雀

(9)簡王明忠(818) 年號太始

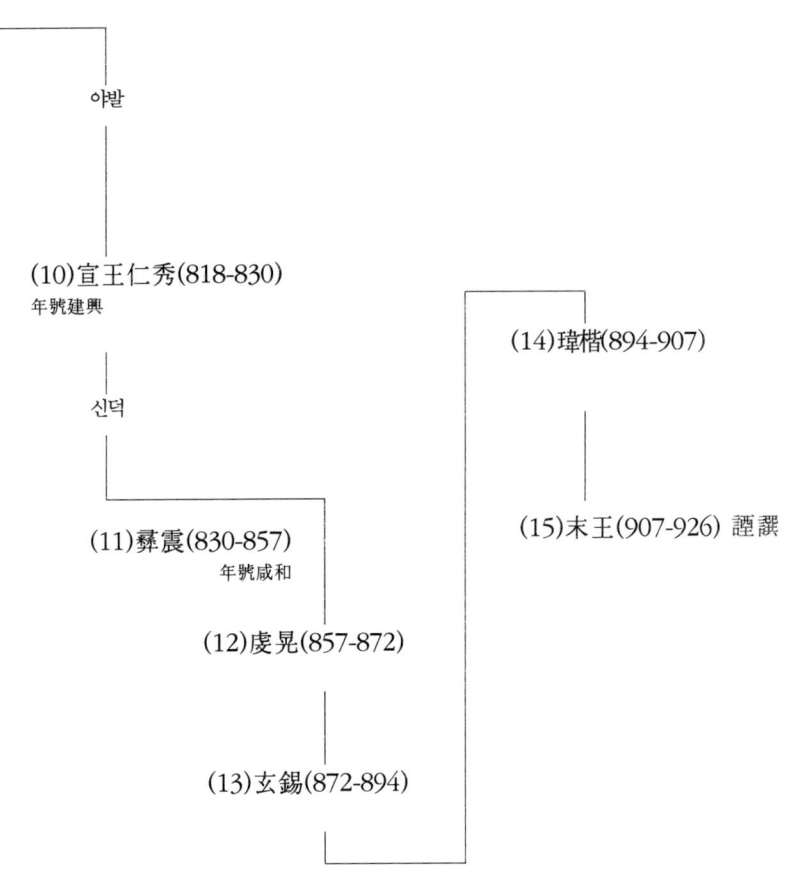

[부록 2]

2. 方學鳳著作一覽表(1981~2004年)
방학봉저작일람표(1981~2004년)

	著作	出版社名稱	出判年代
1.	歷史辭典 共著	延邊人民出版社	1983年
	역사사전 공저	연변인민출판사	1983년
2.	渤海史話 專著	黑龍江朝鮮民族出版社	1986年
	발해사화 전저	흑룡강조선민족출판사	1986년
3.	中國古代史常지 專著	延邊人民出版社	1986年
	중국고대사상지 전저	연변인민출판사	1986년
4.	延邊古代史話 共著	延邊人民出版社	1988年
	연변고대사화 공저	연변인민출판사	1988년
5.	渤海國事(譯文) 譯著	正音社(韓國)	1988年
	발해국사(역문) 역저	정음사(한국)	1988년
6.	延邊古硏究 專著	正音社(韓國)	1989年
	발해사연구 전저	정음사(한국)	1989년
7.	渤海史硏究(一) 主編	延邊大學出版社	1990年
	발해사연구(1) 주편	연변대학출판사	1990년
8.	東北民族 關係史 專著	大陸硏究所出版社(韓國)	1991年
	동북민족 관계사 전저	대륙연구소 출판사(한국)	1991년
9.	渤海文化硏究 專著	理論與實驗(韓國)	1991年
	발해문화연구 전저	이론과실험(한국)	1991년

	著作	出版社名稱	出判年代
10.	渤海史硏究(二)	主編 延邊大學出版社	1991年
	발해사연구(2) 주편	연변대학출판사	1991년
	- 獲第七屆 東北三性朝鮮文優秀圖書二等?及吉 林省優秀圖書二等狀		
	- 획제칠계 동북삼성조선 문우수도서이등장급길림성우수도서이등장		
11.	渤海遺址硏究 專著	延邊大學出版社	1993年
	발해유지연구 전 저	연변대학출판사	1993년
	- 吉林省長白山優秀圖書一等狀		
	- 길림성장백산우수도서일등장		
12.	渤海史硏究(三) 主編	延邊大學出版社	1992年
	발해사연구(3) 주편	연변대학출판사	1992년
13.	渤海史硏究(四) 主編	延邊大學出版社	1993年
	발해사연구(4) 주편	연변대학출판사	1993년
14.	中朝一關系史(上) 主編	延邊大學出版社	1993年
	중조일관계사(상) 주편	연변대학출판사	1993년
15.	渤海史硏究(五) 主編	延邊大學出版社	1994年
	발해사연구(5) 주편	연변대학출판사	1994년
16.	在中國境內高句麗及渤海遺址介沼 共著	延邊大學出版社	1995年
	재중국경내고구려급발해유 지개소 공저	연변대학출판사	1995년
17.	渤海史硏究(六) 主編	延邊大學出版社	1995年
	발해사연구(6) 주편	연변대학출판사	1995년
18.	渤海建築硏究 主編	延邊大學出版社	1995年
	발해건축연구 주편	연변대학출판사	1995년
19.	渤海史硏究(七) 主編	延邊大學出版社	1995年
	발해사연구(7) 주편	연변대학출판사	1995년
20.	渤海疆域旅行政制度硏究 專著	延邊大學出版社	1996年
	발해강역여행정제도연구 전저	연변대학출판사	1996년
21.	渤海佛敎遺址遺物 專著	景文化社(韓國)	1996年

	著作	出版社名稱	出判年代
22.	渤海佛教硏究 專著	延邊大學出版社	1998年
	발해불교연구 전저	연변대학출판사	1998년
23.	中國古代史上有名的朝鮮人 專著	延邊人民出版社	1998年
	중국고대사상유명적조선인 전저	연변인민출판사	1998년
24.	渤海史硏究(八) 主編	延邊大學出版社	1999年
	발해사연구(8) 주편	연변대학출판사	1998년
25.	渤海主要交通路硏究 專著	延邊人民出版社	2000年
	발해주요교통로연구 전저	연변인민출판사	2000년
26.	渤海文化硏究 主編	吉林人民出版社	2000年
	발해문화연구 주편	길림인민출판사	2000년
27.	발해화폐급24개석논저 주편	길림인민출판사	2000년
28.	中國境內〈渤海遺址硏究〉專著	白山資料院(韓國)	2000年
	중국경내〈발해유지연구〉전저	백산자료원(한국)	2000년
29.	中國古代文化對朝鮮和 日本的影向 (國家使料規劃基金資助項目) 共著	黑龍江朝鮮民族出版社	2000年4月
	중국고대문화대조선화일본적영향 (국가사료규획기금자조항목) 공저	흑룡강조선민족출판사	2000년4월
30.	渤海經濟硏究 專著	黑龍江朝鮮民族出版社	2001年10月
	발해경제연구 전저	흑룡강조선민족출판사	2001년10월
31.	渤海城郭(一) 專著	延邊人民出版社	2001年10月
	발해성곽(1) 전저	연변인민출판사	2001년10월
	- 獲 2002年 吉林省長白山優秀圖書一等狀 及 吉林省優秀圖書狀, 中國朝鮮族文化出版優秀圖書狀		
	- 획 2002년 길림성장백산우수도서일등장급 길림성우수도서장, 중국조선족문화 출판우수도서장		
32.	渤海城郭硏究 專著	延邊人民出版社	2002年10月
	발해성곽연구 전저	연변인민출판사	2002년10월

	著作	出版社名稱	出判年代
33.	大渤海建築的理解 共著, 監修	白山資料院(韓國)	2004年4月
	대발해건축적이해 공저, 감수	백산자료원(한국)	2004년4월
34.	渤海主要遺迹考察散記 專著	延邊大學出版社	2004年12月
	발해주요유적고찰산기 전저	연변대학출판사	2004년12월
35.	渤海文化-以社會生活風俗爲中心 專著	延邊大學出版社	2004年10月
	발해문화-이사회생활풍속위중심 전저	연변대학출판사	2004년10월

	論文	發表刊物名稱	發表年月
1.	渤海農業生產發展資料的輯述	延邊大學學報	1981年3月
	발해농업 생산발전자료적집술	연변대학학보	1981년3월
2.	渤海顯湊之布沃州之綿辨析	延邊大學學報	2000年2月
	발해현주지포옥주지면변석	연변대학학보	2000년2월
	- 世界學術貢獻狀(金裝)		
	- 세계학술공헌장(금장)		
3.	渤海以中京顯德府爲王都時期的商業試談	延邊大學學報	1983年4月
	발해이중경현덕부위왕도시기적상업시담	연변대학학보	1983년4월
4.	渤海與日本貿易的歷史略考	延邊大學學報	1984年2月
	발해여일본무역적역사약고	연변대학학보	1984년2월
5	關于渤海埴棉問題	學習與探索	1984年6月
	관우발해식면문제	학습여탐색	1984년6월
6.	渤海城鎭淺議	延邊大學學報	1985年2月
	발해성진천의	연변대학학보	1985년2월
7.	조선족간개	역사지지	1985년2월
8.	延邊古代農業發展歷程試談	延邊史志	1985年1月
	연변고대농업발전역정시담	연변사지	1985년1월

論文	發表刊物名稱	發表年月
9. 渤海以舊國,中京,東京爲王都時期的教育時談 발해이구국,중경, 동경위왕 연변역사연구 도시기적교육시담	延邊歷史研究	1986年1月 1986년1월
10. 渤海以舊國,中京,東京爲王都時期的佛教時談 발해이구국,중경, 동경위왕도시기적불교시담	延邊大學學報 연변대학학보	1986年4月 1986년4월
11. 渤海大元義被殺的社會背景及其性質研究 발해대원의피살적사회 배경급기성질연구	延邊大學學報 연변대학학보	1987年4月 1987년4월
12. 渤海以舊國,中京,東京爲王都時期的手工業時談 발해이구국, 중경, 동경 위왕도시기적수공업시담	延邊方志 연변방지	1987年2月 1987년2월
13. 渤海蹴鞠,擊球淺議 발해축국,격구천의 - 獲 國際優秀論文狀 創新實踐發展優秀 論文評選中獲特等狀 - 획 국제우수논문장 창신실천발전우수 논문명선중획특등장	延邊大學學報 연변대학학보	1988年4月 1988년4월
14. 元代高麗人遷入中國境內的一些資料輯述〈中國朝鮮民族遷入史論文集〉 원대고려인천입중국경내적 일사자료집술〈중국조선민족천입사논문집〉	黑龍江朝鮮民族出版社 흑룡강조선민족출판사	1989年12月 1989년12월
15. 東女眞與高麗之間貿易發展的原因及其性質	延邊大學第一次朝鮮學國際學術會議論文集	1989年8月

	論文	發表刊物名稱	發表年月
	동여진여고려지간무역발전적 원인급기성질	연변대학제일차조선학국제학술회의논문집	1989년8월
16.	淸代著名的書畵收集家安岐 청대저명적서화수집가안기	民族團結 민족단결	1989年6月 1989년6월
17.	封禁時期朝鮮人民對延邊農業生産發展資料輯術 봉금시기조선인민대연변농업생산발전자료집술	東北三省朝鮮族史學術會議論文集 동북삼성조선족사학술회의논문집	1984年11月 1984년11월
18.	蒲盧毛?女眞大王府地理位置考 포노모타여진대왕부지리위치고	延邊方志 연변방지	1989年6月 1989년6월
19.	中國文化交流史上的著名人物洪大容 중국문화교류사상적저명인물홍대용	民族團結雜志 민족단결잡지	1990年2月 1990년2월
20.	在中韓佛敎文化交流史上有貢獻的義湘 재중한불교문화교류사상유공헌적의상	民族團結雜志 민족단결잡지	1990年6月 1990년6월
21.	渤海以舊國,中京,東京爲 王都時期的儒學時談 발해이구국, 중경, 동경위 왕도시기적유학시담	延邊大學學報 연변대학학보	1990年2月 1990년2월
22.	貞孝公主墓志反映出的儒家思想硏究 정효공주묘지반영출적유가사상연구	韓國學硏究(韓國) 한국학연구(한국)	1990年6月 1990년6월
23.	渤海人的埋葬習俗及其特征硏究 발해인적매장습속급기특정연구	韓國傳統文化硏究(韓國) 한국전통문화연구(한국)	1990年6月 1990년6월
24.	貞孝公主墓志考釋 정효공주묘지고석	延邊大學出版社(渤海史硏究)(一) 연변대학출판사(발해사연구)(1)	1990年12月 1990년12월
25.	貞惠公主墓與貞孝公主墓比較硏究 同上 정혜공주묘여정효공주묘비교연구 동상		1990年12月 1990년12월

	論文	發表刊物名稱	發表年月
26.	渤海滅亡之因 同上		1990年12月
	발해멸망지인 동상		1990년12월
27.	試談盤岑溝口地理位置及其作用 同上		1990年12月
	시담반령구구지리위치급기작용 동상		1990년12월
28.	試談渤海多人葬	延邊大學學報	1991年1月
	시담발해다인장	연변대학학보	1991년1월
	- 西部異論與發展 學術成果評選中 獲特等狀		
	- 서부이론여발전 학술성과평선중 획득등장		
29.	渤海時期延邊的交通考	延邊大社學出版(延邊歷史地理)	1991年12月
	발해시기연변적교통고	연변대학출판사(연변역사지리)	1991년12월
30.	歷代延邊行政沿革略考		同上 1991年12月
	역대연변행정연혁약고		1991년12월
31.	關于唐册封大欽茂爲 渤海國王的兩次勅命(譯文)	延邊大社學出版(渤海史研究)(一)	1991年12月
	관우당책봉대흠무위 발해국왕적양차칙명(역문)	연변대학출판사(발해사연구)(일)	1991년12월
32.	경泊湖周圍山城遺址的調查(譯文) 同上		1991年12月
	경박호주위산성유지적조사(역문) 동상		1991년12월
33.	試談渤海度量衡 延邊大社學報獲		1991年3月
	國際優秀論文狀 2001年中國新時期 人文科學優秀成果二等狀		
	국제우수논문장 2001년중국신시기인문과학우수성과이등장		
34.	試談新羅都城至渤海都城的交通路線	延邊大社第二次朝鮮學國際學術會議論文集 1991年8月	
	시담신라도성지발해도성적교통노선	연변대학제이차조선학국제학술회의논문집 1991년8월	
35.	振國考(譯文) 渤海史研究(二)	延邊大社出版社	1991年10月
	진국고(역문) 발해사연구(2)	연변대학출판사	1991년10월

	論文	發表刊物名稱	發表年月
36.	渤海舊國卽敖東城置疑(譯文) 同上		1991年10月
	발해구국즉오동성치의(역문) 동상		1991년10월
37.	有關渤海文化硏究的幾介問題(譯文) 同上		1991年10月
	유관발해문화연구적기개문제(역문) 동상		1991년10월
38.	渤海圖書价值論(譯文) 同上		1991年10月
	발해도서개치론(역문) 동상		1991년10월
39.	略論渤海與 鄰族關系(譯文) 同上		1991年10月
	약론발해여린족관계(역문) 동상		1991년10월
40.	關于喪葬儀觀(書評) 同上		1991年10月
	관우상장의관(서평) 동상		1991년10월
41.	渤海時期用蠻子-密江段交通路線小考	延邊大學學報	1992年1月
	발해시기용만자-밀강단교통노선소고	연변대학학보	1992년1월
42.	關于渤海中京的幾介問題 韓國史學論叢(上)		1992年6月
	관우발해중경적기개문제 한국사학론총(상)		1992년6월
43.	關于渤海上京的幾介問題 先史地古文(二)		1992年8月
	관우발해상경적기개문제선사지고문(2)		1992년8월
44.	略談渤海都城的演變過程 渤海史硏究(三)		1992年8月
	약담발해도성적연변과정 발해사연구(3)		1992년8월
45.	渤海貞孝公主墓與河南村墓比較硏究	韓國學報(韓國)	1993年
	발해정효공주묘여하남촌묘비교연구	한국학보(한국)	1993년
46.	關于渤海五京的硏究	歷史敎育(韓國)	1993年6月
	관우발해오경적연구	역사교육(한국)	1993년6월
47.	渤海四次遷度之因	白山學報(韓國)	1993年3號
	발해사차천도지인	백산학보(한국)	1993년3호
48.	渤海上京城與唐長安城的比較硏究 高麗大學渤海史國際學術討論會論文集,		
		延邊大學學報	1993年3月

	論文	發表刊物名稱	發表年月

발해상경성여당장안성적비교연구 고려대학발해사국제학술토론회논문집,
연변대학학보　　　　　1993년3월

- 1993年3期獲 2001年國際優秀論文狀 "新世紀,新思路,新實踐" 理論與實踐學術　研究及領?大會上獲特等?

- 1993년3기 획2001년국제우수논문장 "신세기,신사로, 신실천" 이론여실천학술연구급반장대회상획특등장

49.	近年來在中國渤海史研究情況	韓民族共榮體	1993年 創刊
	근년래재중국발해사연구정황	한민족공영체	1993년 창간
50.	東淸渤海遺址的發現及其意義 民族文化的諸問題		
		世宗文化	1994年2月
	동청발해유지적발현급기의의 민족문화적제문제		
		세종문화	1994년2월
51.	淺談渤海中央行政機構	渤海史研究(4)	1993年12月
	천담발해중앙행정기구	발해사연구(4)	1993년12월
52.	渤海軍事制度初談(譯文)	渤海史研究(5)	1993年12月
	발해군사제도초담(역문)	발해사연구(5)	1993년12월
53.	關于渤海上京龜趺的兩介問題(譯文) 同上		1993年12月
	관우발해상경귀부적양개문제(역문) 동상		1993년12월
54.	渤海上京成道路考(譯文) 同上		1993年 12月
	발해상경성도로고(역문) 동상		1993년 12월
55.	中國古代史上民族關系中的幾介問題	延邊大學學報	1993年12月
	중국고대사상민족관계중적기개문제	연변대학학보	1993년12월
56.	試論渤海的滅亡 中國朝鮮族歷史研究論叢		1992年12月
	시론발해적멸망 중국조선족역사연구론총		1992년12월
57.	試談渤海之疆域	渤海史研究(5)	1994年12月
	시담발해지강역	발해사연구(5)	1994년12월
58.	試談渤海之中央行政機構 渤海史研究(5)		1994年12月
	시담발해지중앙행정기구 발해사연구(5)		1994년12월

	論文	發表刊物名稱	發表年月
59.	高句麗先都考(譯文)	渤海史硏究(5)	1994年 12月
	고구려선도고(역문)	발해사연구(5)	1994년 12월
60.	渤海墓上建築試談	延邊大學學報	1995年3期
	발해묘상건축시담	연변대학학보	1995년3기
61.	在中國渤海史硏究動向 日本〈亞細亞硏究〉12		1995年12月
	재중국발해사연구동향 일본〈아세아연구〉12		1995년12월
62.	渤海塔址試談 韓國〈多寶〉16號		1995年12月
	발해탑지시담 한국〈다보〉16호		1995년12월
63.	渤海僧侶在渤海,唐,日本關係中的作用 同上		1995年12月
	발해승려재발해,당,일본관계중적 작용 동상		1995년12월
64.	試談渤海上京城宮殿建築 渤海史硏究(6)		1995年12月
	시담발해상경성궁전건축 발해사연구(6)		1995년12월
65.	試談渤海佛敎盛行及其原因 韓國〈多寶〉17號		1996年3月
	시담발해불교성행급기원인 한국〈다보〉17호		1996년3월
66.	試談渤海佛敎盛行及其遺物 同上		1996年3月
	담발해불교성행급기유물 동상		1996년3월
67.	渤海上京龍泉府宮殿建築復原(譯文) 渤海史硏究(6)		1995年12月
	발해상경용천부궁전건축복원(역문) 발해사연구(6)		1995년12월
68.	淺談烟筒砬子渤海建築地出土文物性質和年代(譯文) 同上		1995年12月
	천담연통립자발해건축지출토문물성질화년대(역문) 동상		1995년12월
69.	泊汋口位置考(譯文) 同上 1995年12月 박작구위치고(역문) 동상		1995년12월
70.	김책시동흥리이십사개석유지(편) 동상		1995년12월
71.	渤海婚姻與家庭 韓國〈中央日報〉社 月刊雜誌〈원〉		1995年12月
	발해혼인여가정 한국〈중앙일보〉사 월간잡지〈원〉		1995년12월호
72.	渤海塔址渤海史硏究(七)		1996年12月
	발해탑지 발해사연구(7)		1996년12월

	論文	發表刊物名稱	發表年月
73.	大渤海上京寺廟址 現狀的調査(譯文) 同上		1996年12月
	대발해상경사묘지 현상적조사(역문) 동상		1996년12월
74.	〈寧安文物志〉〈渤海文物〉(譯文)同上		1996年12月
	〈영안문물지〉〈발해문물〉(역문)동상		1996년12월
75.	對高産渤海史廟的新想法 同上		1996年12月
	대고산발해사묘적신상법 동상		1996년12월
76.	中國古代都城制對朝鮮,日本古代都城制的影響 〈延邊大學社會科學學報〉		1997年1期
	중국고대도성제대조선,일본고대성제적영향 〈연변대학사회과학학보〉		1997년1기
77.	시담발해(이십사개석) 일본〈동아세아연구〉제15호		1997년 2월 발행
78.	渤海驛站試談 韓國古代史學會〈先史與古代〉(9)		1997年12月
	발해역참시담 한국고대사학회〈선사여고대〉(9)		1997년12월
79.	王思禮〈老人世界〉	延邊人民出版社	1998年1期
	왕사례〈노인세계〉	연변인민출판사	1998년1기
80.	李寧 同上		1998年2期
	이영 동상		1998년2기
81.	試談渤海薩滿敎存在與否問題 韓國第四回高句麗國際學術大會論文		1998年9月
	시담발해샤만교존재여부문제 한국제사회고구려국제학술대회논문		1998년9월
82.	延邊地區渤海遺址與朝貢道 韓國〈先史與古代〉10		1998年6期
	연변지구발해유지여조공도 한국〈선사여고대〉10		1998년6기
83.	延邊地區渤海遺址日本道 韓國〈白山學報〉50號		1998年5月
	연변지구발해유지일본도 한국〈백산학보〉50호		1998년5월
84.	試談高句麗柵城 韓國〈京畿史學〉三號		1999年8月
	시담고구려책성 한국〈경기사학〉3호		1999년8월
85.	試談渤海國武器 日本〈東亞細亞硏究〉		1999年25號
	시담발해국무기 일본〈동아세아연구〉		1999년25호

	論文	發表刊物名稱	發表年月
86.	試談渤海農器 渤海史硏究(8)		1999年12月
	시담발해농기 발해사연구(8)		1999년12월
87.	在渤海國貨幣硏究中需要一澄淸的一些問題(譯文) 同上		1999年12月
	재발해국화폐연구중유요병일징청적일사문제(역문) 동상		1999년12월
88.	先史時代東北境內的原始居民〈老年世界〉	延邊人民出版社	1999年4期
	선사시대동북경내적원시거민〈노년세계〉	연변인민출판사	1999년4기
89.	奴隷制時期東北的民族關系(1) 同上		1999年6期
	노예제시기동북적민족관계(1) 동상		1999년6기
90.	奴隷制時期東北的民族關系(2) 同上		1999年7期
	노예제시기동북적민족관계(2) 동상		1999년7기
91.	秦漢時期東北的民族關系(1) 同上		1999年8期
	진한시기동북적민족관계(1) 동상		1999년8기
92.	秦漢,兩晋時期東北的民族關系(2) 同上		1999年9期
	진한,양진시기동북적민족관계(2) 동상		1999년9기
93.	秦漢,兩晋時期東北的民族關系(3) 同上		1999年10期
	진한,양진시기동북적민족관계(3) 동상		1999년10기
94.	張保皐 同上		2000年 1-2期
	장보고 동상		2000년 1-2기
95.	渤海土地制度 韓國〈國學硏究〉第6輯 國學硏究所		2001年12月
	발해토지제도 한국〈국학연구〉제6집 국학연구소		2001년12월
96.	渤海農作物小考 韓國〈白山學報〉65號		2003年4月
	발해농작물소고 한국〈백산학보〉65호		2003년4월
97.	渤海農業發展的情況及其原因 韓國〈國學硏究〉第7輯		2002年12月
	발해농업발전적정황급기원인 한국〈국학연구〉제7집		2002년12월